北京学研究

主　编　张宝秀
副主编　张勃　陈喜波

2024

中国社会科学出版社

图书在版编目（CIP）数据

北京学研究. 2024 / 张宝秀主编. -- 北京：中国社会科学出版社，2025. 6. -- ISBN 978-7-5227-5141-2

Ⅰ. C912.81

中国国家版本馆 CIP 数据核字第 20254S839J 号

出 版 人	赵剑英
责任编辑	吴丽平
责任校对	刘　娟
责任印制	李寡寡

出　　版	中国社会科学出版社
社　　址	北京鼓楼西大街甲 158 号
邮　　编	100720
网　　址	http：//www.csspw.cn
发 行 部	010-84083685
门 市 部	010-84029450
经　　销	新华书店及其他书店

印　　刷	北京明恒达印务有限公司
装　　订	廊坊市广阳区广增装订厂
版　　次	2025 年 6 月第 1 版
印　　次	2025 年 6 月第 1 次印刷

开　　本	710×1000　1/16
印　　张	18.25
字　　数	309 千字
定　　价	98.00 元

凡购买中国社会科学出版社图书，如有质量问题请与本社营销中心联系调换
电话：010-84083683
版权所有　侵权必究

编委会

主　　编　张宝秀
副 主 编　张　勃　陈喜波
编　　委　(按姓氏拼音排序)
　　　　　陈喜波　成志芬　龚　卉　李建平
　　　　　刘少华　张宝秀　张　勃　张妙弟
　　　　　张　艳　周小华　朱永杰

目 录

北京历史文化研究

都城肇始
  ——从北京金代考古成果看金中都城市建设 ………… 吴梦月（3）
论辽南京各阶层佛教信徒的实践活动……………………… 尤　李（14）
明清北京地区关帝信仰与中华民族共同体意识 …………… 于　洪（38）
论明中后期北京长城防务的变化及影响 …………………… 姚　晚（47）
晚清北京庙产兴学下的僧学堂……………………………… 董立丽（56）
他者视域下的近代北京
  ——以中野江汉《北京繁昌记》为例 ………………… 张雨盟（65）
"五次提议，十年始成"
  ——近代北海公园曲折的开放历程…………………… 马淑敏（72）
从万牲园、什刹海公园、中央公园看清末民初北京
  公园的建设历程………………………… 王　龙　吕红梅（81）

北京文化遗产研究

关于《通州文物志》部分重要文物认定观点的商榷 ……… 池　源（93）
中轴线建筑的镇物…………………………………………… 谭烈飞（114）
浅议北京中轴线北延长线的空间和文化 …………………… 滕朝阳（121）
北京中轴线文化资源的开掘
  ——以北京市第五中学分校跨学科项目化学习设计
  为例…………………………………………………… 李　蕾等（129）

北京历史文化名城保护

2017年新版总体规划实施以来北京老城保护更新
  模式探索 ································· 赵长海（145）
诗意地栖居：北京法源寺历史文化街区活化策略
  研究 ····························· 王子尧　贾煜渤（158）
北京中轴线体育文化资源时空演变分析 ········· 周翰文等（170）
北京市新民主主义革命时期红色法治文化遗存研究：
  理论基础、现状分析和保护机制 ············ 李　驰（183）

全国文化中心建设研究

北京市民感知的北京全国文化中心建设：内容方面与
  情感分析 ······························· 王晶鑫等（201）
大运河文化标识的居民感知及影响因素对比分析
  ——以北京老城大运河国家文化公园传统利用区
    为例 ······················· 杜　峰　成志芬（222）
开拓老北京民俗文化传播的新形式
  ——以首都博物馆"岁华纪胜——老北京民俗展"
    为例 ··································· 陈　思（244）
外部嵌入与内生赋能：乡村旅游带动乡村振兴的路径
  ——以北京市密云区金叵罗村为例 ·········· 宋青芳等（258）

北京学人

勤奋造就事业
  ——记北京学研究基地学术委员孔繁敏教授 ······ 张宝秀（277）

# 北京历史文化研究

民間文学論叢

都城肇始

——从北京金代考古成果看金中都城市建设

吴梦月*

摘要：金中都是12世纪中期中国北方独立政权的都城，作为北京建都之始，在很长一段时间内，公众一直存在对金中都整体和价值认识不足的问题。本文通过梳理从20世纪50年代至今金中都考古研究成果，试图根据城墙、城门、水关、皇城、宫城、街、坊等相关考古成果探析真实的金中都，发掘金中都的文化价值，为弘扬古都文化，探索、构建和保护北京这一历史文化名城作出努力。

关键词：金中都；文化遗产；考古遗址；考古学

金朝（1115—1234）是中国历史上少数民族女真族建立的统治中国东北和华北地区的封建王朝，其第四代皇帝完颜亮于天德三年（1151）决定扩建辽南京（又名燕京）旧城，贞元元年三月乙卯诏告中外迁都于此，更名为中都，距今已有871周年。金中都作为金朝都城历时62年，开创了金朝飞速发展的新阶段，是金朝最重要也是政治、经济、文化发展最为鼎盛时期的都城。同时，金中都拉开了北京作为一国之都的新篇章，确立了北京在我国古代都城发展史上的重要地位。金中都文化是北京古都文化的重要内容。2020年4月，《中共北京市委关于新时代繁荣兴盛首都文化的意见》强调，传承源远流长的古都文化，彰显中华优秀传统文化的时代价值，其中提到保护和利用好金中都遗址。2021年，《北京市"十四五"时期文物博物馆事业发展规划》提出，加强对金中都历史文化研究和遗址保

---

* 吴梦月，北京联合大学文物与博物馆专业硕士研究生，研究方向：文化遗产和建筑考古。

护和展示。本文通过梳理金中都城墙、城门、水关、皇城和宫城、街坊和市等相关考古成果，总结金中都城市建设特点，探究形制渊源以及对后世影响，从而发掘金中都历史文化价值，促进遗址保护以及历史文化名城建设。

一 外城城墙、城门和水关遗址

金中都是在辽南京城的基础上扩建的。文献记载，"燕城之南广斥三里"，"西南广斥千步"[1]，东扩较少（因避燕王冢[2]），北与辽南京城北城墙基本相合[3]。外城平面略呈方形。

（一）城墙

东城墙。20世纪50年代，在永定门火车站广场之北还有百余米长的南北向土岭，其北与明代梁园遗址相连[4]，再向北隔护城河为城内的陶然亭，又北有土台称窑台[5]。在陶然亭正北偏西曾发现金代建筑遗址，出土许多沟纹砖，以及瓦蹲兽和伽陵频伽，大定款铜钱，贞祐三年款"万户所印"等；稍东又发现许多石球。因此推断东城墙南端在四通路（永定门火车站西南洋桥北里），北端在翠花湾（街）西，全长约4510米。[6]

南城墙。1943年，故宫博物院对凤凰嘴一带土城遗迹进行调查测绘，西自凤凰嘴村一段长30余米金代土城墙东渐，经鹅凤营北、万泉寺、祖家庄和三官庙南，有断断续续的土城墙残迹。右安门大街以东虽未见土城遗迹，但自凤凰嘴土城墙之南，有与土城平行东流的"萧太后护城河"（凉水河）。经花园村北至四路通南而南流，即中都南城墙护城河。南城墙东端在四路通村（永定门车站南），南城墙全长一说4065米，一说近4750

---

[1] 转引自于杰、于光度《金中都》（北京出版社1989年版）第14页《永乐大典·顺天府》"大觉寺"条北京。

[2] 徐苹芳：《古代北京的城市规划》，《环境变迁研究》第一辑，海洋出版社1984年版，"金中都城"条说："东有燕王冢"，正是金中都扩大后的东南角。

[3] 于杰、于光度：《金中都》，北京出版社1989年版，第17—19页。

[4] 于杰、于光度：《金中都》，北京出版社1989年版，第16页：金中都"东垣亦应在今虎坊桥偏西之南北线上"。

[5] 于杰、于光度：《金中都》，北京出版社1989年版，第16页。

[6] 参见阎文儒《金中都》，《文物》1959年第9期。

米①。1991年，北京市文物研究所在金中都南城垣的护城河岸边距离地表2—4米深的淤沙中，发现大定七年（1167）的"吕君墓表"一方，为进一步断定南城垣及护城河的位置提供了新的考古学证据。

图1　万泉寺、凤凰嘴南城墙、西南角城墙遗址

西城墙。西城墙西北角在今军事博物馆南的黄亭子，南端在凤凰嘴村西南角，其间有断断续续的土城墙残迹。夯土城墙夯层厚5—10厘米，夯土层内含唐代青白瓷片、宋代钧窑和定瓷片、辽金时期的沟纹砖残块等。1950年，北京文物调查组调查中都时，在广安门外申州馆以南发现许多土城残迹。1958年，再调查时仅在马连道仓库院内保存高约4.4米的残墙，同时在蝎子门（又称蝎子口）发现门址。该门址基宽近18.5米，残高约6米（至20世纪80年代残高仅存3米余）。蝎子门北，深州馆南有湾子村，该村曾有石桥（俗称卧虎桥），桥西北水口子（水口子当为从西湖即今莲花池流出之水进入西护城河的水口）之东有枯河道。此枯河道过湾子村石桥下分二支，一支东流过甘石桥南；一支南流至凤凰嘴村土城之西，即为

---

① 4065米说，参见北京文物研究所编《北京考古四十年》，北京燕山出版社1990年版，第160页。4750米说，参见阎文儒《金中都》，《文物》1959年第9期。

中都西护城河遗迹。西城墙长一说4087米，一说约4530米。①

此外，西城墙外23米处发现了护城河遗迹，深度2.15米，堆积有六层，分为早晚两期。西城墙和护城河之间还发现了排水沟遗迹。

北城墙。一般认为，金中都北城墙沿用唐幽州城和辽南京城北垣，并向东西扩展。今白云观北侧之东、西尚有断垣，向东可至今头发胡同稍北到翠花街，西延伸到会城门村至黄亭子，黄亭子与翠花街之间即金中都北城墙。② 北城墙全长一说约4486米，一说为4900米。③

(二) 城门

《金史》④记载：金中都"城门十三，东曰施仁、曰宣曜、曰阳春；南曰景风、曰丰宜、曰端礼；西曰丽泽、曰灏华、曰彰义；北曰会城、曰通玄、曰崇智、曰光泰"。《大金国志》⑤记十二门，缺光泰门；《析津志》⑥记为十二门，但又别出镇夷、光泰二门。经考证，金中都确有光泰门⑦（推测在世宗中期，或章宗时才增辟光泰门）。中都城各正门为三个门洞，余者各为一个门洞。

金中都外城诸城门的位置。20世纪60年代，经中国科学院考古研究所徐苹芳等人考古调查，结合文献考证，其情况大致如下：东城墙城门，正门称宣曜，在辽南京城迎春门东，位于今西城区南横街东口与贾家胡同交汇之处，其南称阳春，在永定门车站北，南岗子土垣之南，四路通以北东庄村处。其北称施仁，在辽南京城安东门之东，位于今骡马市大街魏染胡同南口处。西城墙城门，正门称灏华，在辽南京城显西门之西，位于蝎子门处（前述城门遗迹）。其南称丽泽，在凤凰嘴之北。其北称彰义，在辽南京城清晋门之西，位于广安门外大街湾子处⑧。南城墙城门，正门称

---

① 4087米说，参见北京文物研究所编《北京考古四十年》，北京燕山出版社1990年版，第160页。4530米说，参见阎文儒《金中都》，《文物》1959年第9期。

② 于杰、于光度：《金中都》，北京出版社1989年版，第17—19页。

③ 4486米说，参见北京文物研究所编《北京考古四十年》，北京燕山出版社1990年版，第160页；4900米说，参见阎文儒《金中都》，《文物》1959年第9期。

④ （元）脱脱撰：《金史·地理志》，集古书屋，清光绪二十四年。

⑤ 宇文懋昭、崔文印：《大金国志校证》上，中华书局1986年版。

⑥ （元）熊梦祥：《析津志辑佚》，北京古籍出版社1983年版，第9页。

⑦ 徐苹芳：《古代北京的城市规划》，《环境变迁研究》第一辑，海洋出版社1984年版；于杰、于光度：《金中都》，北京出版社1989年版，第21页。

⑧ 于杰、于光度：《金中都》，北京出版社1989年版，第24页。

丰宜，在辽南京城丹凤门南，位于祖家庄南、石门村东，西铁匠营村北凉水河之北（民国时西铁匠营村北凉水河上仍有石桥，似为丰宜门外护城河桥）。其东称景风，在辽南京城开阳门之南，位于右安门外大街与凉水河交会处稍北。其西称端礼，在今万泉寺偏西南处，凉水河上有桥，或为门外护城河桥的遗址。北城墙城门，正门称通玄，即辽南京城通天门，位于白云观东北，真武庙之南。其西称会城，在今会城门村附近，位于木樨地南河流向东拐弯处的河湾稍南。其东称崇智，即辽南京城拱辰门，在今南闹口内东太平街西口和西太平街东口交会处偏南。再东为光泰门，约在今头发胡同东口附近。①

（三）水关遗址

1991年3月，北京市文物研究所对金中都南城垣水关遗址进行了全面的揭露和细致的解剖，确认了水关遗址的建筑结构。

水关遗址位于金中都景风门和丰宜门中间偏于景风门城墙一侧。从堆积叠压关系来看，该水关约毁弃于元代中晚期。水关遗址上部被破坏，基底保存较完整。水关遗址为正南北方向，北部为入水口，南部是出水口（流向城外护城河，即今凉水河）。现存遗迹有城墙下水涵洞底部的地面石、洞内两厢残石壁，进出水口两侧有四摆手，水关之上尚残存城墙夯土。

水关遗址为木、石结构，使用大量石、木、铁、砂等建筑材料，其中以柏木桩所占比例较大。水关发现少量铜、陶、瓷、石质的器物。该遗址底部结构是中国已发现古代都城水关遗址中体量最大的，其结构与宋代《营造法式》"卷輂水窗"的做法基本一致，是研究我国古代建筑和水关结构设施的重要实证。从中不仅可以看出金代建筑的工艺水平，而且还确定了金中都通过古代洗马沟（今莲花河）河道，自城西引"西湖"（今莲花池）水入中都城，至鱼藻池（今青年湖），过龙津桥下，向南斜穿丰宜门和景风门间南城墙下，继而流入金代护城河（今凉水河）的较准确行水路线。②

---

① 诸门位置参见于杰、于光度《金中都》，北京出版社1989年版，第23—24页。
② 北京辽金城垣遗址博物馆编：《金中都水关遗址考览》，北京燕山出版社2007年版。

图 2　水关遗址全景

二　皇城和宫城

金中都的皇城和宫城建于辽南京子城基址之上。1990年，北京市文物研究所在鸭子桥南里3号楼发现一处南北长36米的金代建筑基础夯土，在南滨河路31号楼前发现一处南北长70余米、东西残长60余米的连为整体的建筑基础夯土。结合文献，前者考证为应天门遗址，后者则为大安殿所在，推测两者之间的白纸坊西大街与滨河西路交叉路口发现的夯土区应为大安门遗址。据勘探，大安殿面阔十一间，与文献记载相符，并且在宫殿区出土了铜坐龙、铜镜、灰陶吻兽等文物。这次历经一年多的考古钻探、发掘工作，基本确定了应天门、大安门和大安殿等遗迹的具体位置，证实了金中都在辽代宫殿基础上扩建。大安殿遗址在白纸坊桥北广安门外南滨同路鸭子桥北里31号楼前，向北达北京钢厂东门口小马路中央，东延至滨河公园（西界因被现代建筑破坏，不明），在此范围内发现大面积夯土遗迹。夯土残迹连为一体，南北70余米，东西60余米，残存最大厚度达3.65米，夯层厚度不同部位有差异，大体在5—10厘米。夯土总的来看，质地紧密，夯窝明显。①

目前学者多以内城中应天门之北为宫城，应天门南与宣阳门间为皇城。持此说者考证，内城东墙在今南线阁稍东的南北直线上，北端即内城东北角在老君地或在辽南京子城燕角楼旧址，东距外城东城墙2300米。内城西墙在白云观铁道西大土堆南至小红庙村的南北直线上，西距外城西城墙近1500米。内城南墙在鸭子桥以南的东西直线上，南距外城南城墙近1100米。内城北墙在白菜仔村北的东西延长线上，东隅为老君地，北距外城北城墙近1800米。上述内城周长约5000米，与《大金国志》所记内城周围九里三十步基本相当。并说，"内城应分为两重，宣阳门是皇城的南门"，"应天门是宫城的南门"，"来宁馆、会同馆、千步廊、尚书省、太庙等建筑，都应在皇城以内，宫城以外"；"金内城一定就是辽的旧子城"。②

三　街和坊

（一）街

1996年，北京市文物研究所对金中都的街道进行了勘探，勘定了中轴线上的南城门丰宜门、南垣西边的端礼门、北垣西边的会城门三门的内大街，以及丰宜门和端礼门之间的横向街巷。近年来，为配合丽泽商务区建设，发掘丽泽门西北道路，包括十字路口、车辙痕迹、房屋基址。

在丰台区万泉寺村金中都外城西南端礼门附近4000平方米，发掘区域如下图所示。根据道路的位置、规模和路土包含物推测该条道路可能是端丽门内大街。

（二）坊

《日下旧闻考》③卷三七引《元一统志》记载，金中都西南、西北二

---

① 北京市文物研究所编：《北京考古四十年》，北京燕山出版社1990年版，第163页。
② 阎文儒：《金中都》，《文物》1959年第9期。关于金中都皇城宫城的范围和分界，目前多采用此说。
③ （清）于敏中等编纂：《日下旧闻考》，北京古籍出版社1985年版，第6页。

隅42坊，东南、东北隅20坊，共62坊。考古钻探表明，这里东西向街道大都是一些平行的等距离的胡同。东、西扩展部分，在东西干道之外，则是一些南北向排列的胡同，如宣武门大街及其东侧的椿树胡同、陕西巷等。[1] 金中都62坊的位置多数不明，于杰先生根据文献记载的寺、观、庙、院、楼、阁与现在尚存的寺院宫观位置进行对照排比，大致比定出36坊的地望。[2]

四 其他遗址

兵营遗址。2010年，为配合丽泽金融商务区工程，在金中都城垣遗址内西南部发现一处兵营遗址，出土的金代铁盔甲在国内尚属首次发现。2014年，在这处兵营遗址和南城墙水关遗址之间发现一处南北向道路遗迹，并在道路两侧发现排水沟遗迹，出土有精美的定窑瓷器。

莲花池遗址。1992年3月至1993年4月，西客站工程区地靠金中都皇家园林——莲花池（又称同乐园、西华潭），在此勘探达60万平方米，较重要的发现如下：金中都西城墙从申州馆至莲花池的地下基础700余米，测定了古莲花池东、南、北三面界地，找到一段出水河道，及一座湖心岛；在莲花池东部还发现一条年代早于辽金时期的古河道，这对莲花池水域形成年代的探讨颇有意义。古莲花池范围、出水口及诸河道的探明，为进一步研究北京地区的历史地理变迁和金中都供水系统的状况提供了可靠资料。莲花池北门，即广安门外发现了古甘石桥残迹和夯土区，这也为确定辽南京城垣及其护城河的位置提供了证据。

鱼藻池遗址。1996年，为配合"金王行宫"工程，北京市文物研究所对宣武区白纸坊青年湖游泳场内的鱼藻池遗址进行了考古勘探，探明了鱼藻池早、晚两期湖域的范围，明确晚期湖域较早期湖域面积有所减少；此外，还探明了4处夯土建筑基础，推测规模最大的一处是瑶池殿，辽代所建，金代重修，稍小的一处为金代营建的鱼藻殿。

1956年，为配合永定河引水工程，北京市文物调查组在白云观护城河北岸即赵营乡中新庄村东80米处发现了很多石雷和金代铜钱，西便门外

---

[1] 徐苹芳：《古代北京的城市规划》，《环境变迁研究》第一辑，海洋出版社1984年版。
[2] 于杰、于光度：《金中都》，北京出版社1989年版，第30—46页。

大石桥以西，河道北岸还发现一堆石雷，埋藏在离地表一米深处，排列的行次非常整齐，均用青石打成，球状，大小不同，直径11.3—18.5厘米，最轻的重约2.5千克，重的不超过10千克。辽、金时代的石雷，过去在北京陶然亭、凤凰嘴等地都有发现，最重的在10千克以上。这种石雷是当时用炮（抛石机）发射的，据宋曾公亮《武经总要》记载，当时石雷的大小是根据抛石机的大小而有所不同的，这里的石雷很可能是"攻城"工具，因此证实了金中都北壁的位置。[①]

大觉寺遗址位于北京市西城区右安门内白纸坊东街以南（金中都东开阳坊）金中都光源里遗址中。2019年以来持续发掘，尤以2022年的发掘最为重要，此次发现的建筑基址组群，初步判断，很可能是金代大觉寺遗址。1号基址通面阔达22米，通进深达20米。虽然只有三开间，但达到这个尺度规模的三开间殿堂仍属罕见。在目前发现的金代三开间建筑基址中，光源里1号基址规模仅小于张家口市太子城的9号基址，其规模甚至大于吉林省安图县金代长白山神庙大殿，太子城9号基址和长白山神庙大殿都是皇家建筑，这表明光源里1号建筑的规格已是皇家御用级别。

图3　出土玉册

---

① 苏天钧：《北京西郊白云观遗址》，《考古》1963年第3期。

图 4 出土佛头

此外，还有位于金都城外的墓葬、陵墓、佛教遗址，如延庆区晏家堡村金墓，石景山八角村金赵励墓、斋堂壁画墓，这些墓葬呈现的壁画资料为研究金代的社会经济和生活习俗，提供了重要的一手资料。

五 金中都形制特点以及后世影响

（一）城市规划

金中都是以北宋东京开封府城为蓝本在辽南京城基础上对东、南、西三面进行拓展而形成的。金中都营建时极力效仿北宋都城开封，采用外城、皇城、宫城重重相套的"回"字形布局。金中都城的营建是我国古代都城营建的重要成就，使"王者居中"的思想首次落实在皇城建设上，对明清故宫的营建具有重要的启示意义，为明清都城规划格局奠定基础。此外，金中都在城市的宏观布局上，形成了一条以外城城门、交通干道、皇城宫殿构成的中轴线。这条中轴线突出了帝王所居之地在全城的中心地位，为后来北京城市中轴线的发展奠定了基础，元大都的中轴线有极大可能直接受金中都的中轴线布局影响。金中都采用了坊巷划分的方式，状如棋盘，这一规划方式也为后来北京的城市街区布局所继承和发展，元大都的城市街区划分在一定程度上受到金中都的影响。

(二) 水系

由于人口的增加和城市功能的扩大，对饮用、灌溉、漕运、城池宫苑的建设和园林绿化美化等的水源需求也日益加大。从蓟城初立，到战国燕都、唐幽州城、辽南京城直到金朝中都城，都是依赖莲花池水系发展而来的。为了解决护城河与城内宫苑的水源问题，一方面，仍引西湖水入护城河环绕全城；另一方面，将洗马沟上游一段圈入城中，在原辽南京城的显西门以南分为两支，其一支则进入皇城内，作为宫廷园林的水源。因此，金朝建造了风景秀丽的同乐园（又称西华潭）。因从同乐园南端又分出一支清流东入宫墙，在宫城西南开辟鱼藻池，其遗址即今广安门南、白纸坊西的青年湖一带。鱼藻池的南端又开凿了一条南流的小渠，水流在皇城南墙外重新汇入洗马沟。经过这样一番整治后的莲花池水系，基本满足了金中都城池格局的用水需求，并在中都城内营造出优游享乐的风景区，开辟了北京引水造池修建皇家园林的先河。[①]

从水系建设的角度来看，金中都作为都城的格局和功能日趋成熟和完备，完成了由北方重镇到王朝首都的转折，在北京城市发展史上具有里程碑的意义。在城市园林水系及水利格局等多方面，金中都为后来元明清定都北京奠定了坚实基础。

金中都的建立使北京完成了由"城"到"都"的身份转换，成为金朝的政治中心，这是北京都城史的开端，确立了北京作为国家首都的重要地位，为元明清定都北京奠定了基础。金中都是首都市民群众文化自信的根和北京建城史、建都史丰厚的魂。然而作为古今重叠型城市，几乎所有金代遗迹都沉睡地下，虽然有丰富的考古发掘资料，但对其进行梳理整合的文献资料较少，宣传力度小，出土文物活化利用程度不高，难以发挥文物价值。金中都开启了北京作为大国都城的新纪元，对后世北京城发展产生了深远影响。然而，普通公众对金中都的关注度以及认知远远不如明清老城，因此融合现代化科技与新兴传媒手段，以生动趣味的方式展示金中都的考古成果，提升公众对金中都的认识与关注是十分必要的。

[①] 吴文涛：《北京都城水系格局的奠基与肇始：金中都时期的开源济漕》，《北京史学论丛》2017年第1期。

论辽南京各阶层佛教信徒的实践活动[*]

尤 李[**]

摘要：在辽南京，各阶层佛教信徒的实践活动呈现出绚丽多彩的特征。地方官与世家大族的佛教实践活动包含日常修行与出家、筵僧与做法事、诵读佛经、参与刻经事业、修建寺院和塔幢。普通民众的佛教实践活动则包括日常修行与出家、做道场与法事、佛诞日巡礼以及修建塔幢。辽南京佛教信徒还结成社邑组织，无功利资助佛事活动。佛教活动深深融入信徒的日常生活。这些实践活动在很大程度上赓续了中原社会的特征，但在胡汉交融的社会背景下又显示出自己的特色。这些佛教信徒注重功德事业、朝圣活动和法会仪式，以祈福禳灾、追福亲人，甚至为统治者祈祷。同时，其中好些活动显密兼修、儒佛兼容，深受佛教福田思想、感应故事以及儒家孝道的影响，呈现出家学传承、社邑组织与民间风俗交相辉映的亮丽风景。毫无疑问，这已然成为南京道地区寺院经济繁荣的坚实基础。佛教活动成为各族群、各阶层人士共同演绎的大舞台，对消弭族群畛域、缩小阶层差距、促进社会整合发挥着不可取代的作用，谱写出北京历史上富有魅力的璀璨篇章。

关键词：辽朝；南京；佛教；信徒；实践活动

---

[*] 本文为北京市社会科学基金重点项目"北京佛教通史"（项目号15ZXA007）的阶段性成果。

[**] 尤李，北京大学历史学博士，现为北京市海淀区圆明园管理处研究馆员，研究方向：圆明园文化和北京史。

论辽南京各阶层佛教信徒的实践活动　15

辽朝的南京析津府（今北京）系南京道地区的行政中心①，汉人的人口数量占据绝对多数，汉文化非常强势。同时，南京析津府又是辽朝的佛教中心，佛学发达①。在辽南京，佛教不仅深刻影响着人们的精神世界，还与世俗社会关系密切，渗入日常生活的方方面面。

在辽南京，上至皇帝、贵族官僚、地方豪富，下到普通民众，无不对佛顶礼膜拜，各阶层人士通过多种方式积极参与佛教活动。学界对辽南京佛教的研究，多集中于统治者的奉佛行为、国家的佛教政策、佛教管理及僧官制度、佛教宗派和著述、刊刻房山石经、寺院修建、寺院经济、对外交流和佛教艺术等方面。②至今无人系统论述辽南京各阶层信徒的佛教实践活动。关于这方面的情况，文献记载极少，所幸考古资料为我们了解辽南京佛教信徒的实践活动提供了珍贵信息。本文将着力挖掘佛教《大藏经》和世俗文献之外的碑刻材料，尝试部分复原辽南京各阶层人士信奉佛教的丰富图景。

一　地方官和世家大族奉佛

不少入仕辽朝的汉族官僚信奉佛教。辽南京的地方官与世家大族热忱参与当地的佛教活动③。

（一）日常修行与出家

辽景宗保宁元年（969）《王守谦墓志》载：王守谦因随父亲仕宦而"家蓟门"，属燕地望族。其女伴姑"奉浮图之教"④。王守谦在辽朝初年

---

① 杨若薇：《契丹王朝政治军事制度研究》，中国社会科学出版社1991年版，第212—213页。
① 何孝荣：《辽朝燕京佛教述论》，原载《北京联合大学学报》2012年第1期。此据怡学主编、北京佛教文化研究所编《辽金佛教研究》，金城出版社2012年版，第31—32页。
② 详见尤李《北京佛教通史》（辽金卷），待刊。
③ 王善军教授挖掘石刻材料，系统探讨过辽代世家大族崇佛的问题，指出：辽代世家大族普遍信仰佛教，其成员起名与佛相关者甚多，多有出家为僧尼者，还有修建寺院、佛塔及经幢之类，施舍土地、奴隶、货币等与寺院，传播和发展佛学。辽代世家大族崇佛的主要原因是满足自己的精神需求和调节社会关系（参见王善军《从石刻资料看辽代世家大族与佛教的关系》，原载日本《东亚文史论丛》2007年号，此据王善军《阳都集》，中国社会科学出版社2012年版，第36—54页）。该文未专门分析辽南京世家大族崇佛的特点，本文拟论述此问题。
④ 向南、张国庆、李宇峰辑注：《辽代石刻文续编》，辽宁人民出版社2010年版，第10页。

担任过"蓟州军事衙推"①。"蓟州军事衙推"当为南京道长官南京留守的僚属。

由于辽朝统治者对僧人优待有加，人们遂对进入佛门趋之若鹜，"贵戚望族化之，多舍男女为僧尼"②。南京也有不少官僚、大族"舍男女为僧尼"。

在契丹建国之初，幽州卢龙节度使刘仁恭之子刘守奇归附辽朝，刘守奇之子刘承嗣在辽朝担任要职，"因缘私门，崇重释教。创绀园（即佛寺）之殊胜，独灵府之规谋"③。刘承嗣有一女出家，"幼居香刹，恒护戒珠"④。由此可见，燕地刘氏家族奉佛，即便其后裔归附辽朝，也依然如此。

保宁十年（978）《李内贞墓志》于清乾隆三十五年（1770）在北京琉璃厂被发现。李内贞在后唐庄宗朝举秀才，先后担任守雁门县（今山西雁门关之新广武）主簿、蔚州兴唐县（今河北蔚县）主簿、守妫州怀来县（今河北怀来县东南怀来）丞，在辽太祖朝归附辽朝，逐步升任要职，于保宁十年（978）六月一日死于南京卢龙坊私第，享年八十岁。他的弟弟为僧人，法号可延，"天顺皇帝（即辽穆宗）授普济大师、赐紫"⑤。

《董匡信及其妻王氏墓志铭》曰："董匡信，字仲孚，其先济阴人。自狐称良史，贤登辅相，仲舒为大儒，才杰间出，代不乏人。"后来，其家迁居于燕。董匡信"幼识雅道，长而好文"。辽圣宗统和二十三年（1005），董匡信"始籍名于三班院，迩后临财以廉平，莅事以勤敬，功考余羡，率越常绩"。他每于公务之暇，"专以奉佛筵僧，持诵经教为所急"。董匡信之妻太原王氏亦崇佛，她"恒以清净心，日课《上生》、《法花·观音品》。十数年间，持六斋戒"⑥。这份墓志将董匡信家攀附历史上著名的良史董狐和汉代著名的大儒董仲舒，可知董匡信受到良好的汉文化教育，同时崇佛。其妻王氏每日念诵之《上生》，全称《佛说观弥勒菩萨上

---

① 向南、张国庆、李宇峰辑注：《辽代石刻文续编》，辽宁人民出版社2010年版，第10页。
② 旧题（宋）叶隆礼撰，贾敬颜、林荣贵点校：《契丹国志》卷八《兴宗文成皇帝》，上海古籍出版社1985年版，第82页。
③ 《刘承嗣墓志》，向南辑：《辽代石刻文编》，河北教育出版社1995年版，第48页。
④ 《刘承嗣墓志》，向南辑：《辽代石刻文编》，河北教育出版社1995年版，第49页。
⑤ 《李内贞墓志》，向南辑：《辽代石刻文编》，河北教育出版社1995年版，第53—54页。
⑥ 《董匡信与妻王氏墓志》，向南辑：《辽代石刻文编》，河北教育出版社1995年版，第337—338页。

生兜率天经》，而《法花·观音品》当指《妙法莲华经·观世音菩萨普门品》。

王泽的家族在燕地"号为著族"，"本大枝繁"，为官僚世家。[1] 王氏家族几乎代代信教、人人崇佛。王泽"素重佛乘，淡于权利"，夫人去世后，"杜门不仕，惟与僧侣，定为善交。研达性相之宗，薰练戒慧之体。间年看《法华经》千三百余部，每日持陀罗尼数十本。全藏教部，读览未竟。□□财则欢喜布施，闻胜利则精进修行"[2]。可见，王泽十分虔诚地信佛。王泽的继母"仇氏慕崇觉行，落发为尼"[3]。王泽之妻李氏为"故燕京留守家令使、左奉宸讳鉴之女"，她"近于佛乘，净信三归，坚全五戒，清旦每勤于焚祝，常时惟切于诵□"[4]。王泽与其妻李氏有三个女儿，长女法微，"出家，受具戒，讲传经律"，第三女崇辩，"亦出家，诵全部莲经，习讲经律"[5]。王泽的三个女儿中，竟有两个出家为尼。王泽之孙王安裔的六个女儿中，亦有两人出家为尼[6]。信仰佛教已然成为王氏家族的门风。

据辽道宗大安六年（1090）《郑恪墓志》所述，燕京涿州前左都押衙郑恪之女[7]清河县君的五个孙女中有三个——三喜、迎璋和省哥皆"落发为尼"[8]。

悟空大德发塔位于北京房山小西天东十五里玄心寺，六面刻，正书。《悟空大德发塔铭》称辽兴宗、道宗朝宰相、守太尉、兼侍中刘六符之女"五拂"寡居之后，"誓志不再嫁，训毓诸孤，皆长立，乃落发为精行尼"。她于辽道宗寿昌二年（1096）落发，"时年五十六，寻授十戒，为沙弥尼"。七月，"赐紫方袍，赐号悟空大德"[9]。

撰写于辽道宗寿昌三年（1097）的董庠及其妻墓志发现于北京阜成门外。董庠墓志的中间刻有"灭罪真言""智炬如来破地狱真言"和"生天

---

[1] 《王泽墓志》，向南辑：《辽代石刻文编》，河北教育出版社1995年版，第259页。
[2] 《王泽墓志》，向南辑：《辽代石刻文编》，河北教育出版社1995年版，第261页。
[3] 《王泽墓志》，向南辑：《辽代石刻文编》，河北教育出版社1995年版，第261页。
[4] 《王泽妻李氏墓志》，向南辑：《辽代石刻文编》，河北教育出版社1995年版，第240页。
[5] 《王泽妻李氏墓志》，向南辑：《辽代石刻文编》，河北教育出版社1995年版，第241页。又见于《王泽墓志》，向南辑：《辽代石刻文编》，河北教育出版社1995年版，第262页，用词略有不同。
[6] 《王安裔墓志》，向南辑：《辽代石刻文编》，河北教育出版社1995年版，第688页。
[7] 《郑恪墓志》，向南辑：《辽代石刻文编》，河北教育出版社1995年版，第429页。
[8] 北京市文物管理处：《近年来北京发现的几座辽墓》，《考古》1972年第3期。
[9] 向南辑：《辽代石刻文编》，河北教育出版社1995年版，第511页。

真言",经咒为汉字音译梵文。其墓志末尾云"所有勋业、异政、氏族具如幢文,故此不书"①。那么,董庠的墓地原本应当立有佛顶尊胜经幢。董庠"举进士第,授著作佐郎,累迁朝散大夫、守殿中少监、知惠州(今辽宁建平北)军州事、赐紫金鱼袋"②。《董庠妻张氏墓志》载:董庠有"孙女五,三喜、迎璋、省哥落发为尼"③。

天祚帝乾统三年(1103)《柳谿玄心寺洙公壁记》言:佛教徒洙公,"字浼之,姓高氏,世籍燕为名家。生而被诗书礼乐之教"。后来,他嗜于佛学,"乃卜居丰阳玄心寺,研探六艺子史之学……积十数岁,不舍铅素,寖然声闻,流于京师"④。显然,洙公出自燕地名门,是一位儒佛兼通之高僧。

北京大兴区芦城镇东芦城村有一座唐梵佛顶尊胜陀罗尼经幢,为八角直棱状,汉白玉质,仅存幢身,高80厘米,六面刻《佛顶尊胜陀罗尼经》及真言,汉文、梵文相间,首题"唐梵佛顶尊胜陀罗尼曰",两面刻题记,约460字。文字上部饰卷草纹,下饰云纹。乾统九年(1109)《唐梵佛顶尊胜陀罗尼经幢记》载:法出大德"俗姓吴氏",其父为辽道宗朝参知政事吴湛,其母为"东海郡徐氏"。法出"自幼岁不乐发留,矢志慕出家,父母不能适其□意,生阀阅之族,享膏粱,被纨绮,繁华富贵之事耳。目所熟悉而能割舍于俗累,归心于空门,向非有高世出伦□见则□能至。于是年二十二始受具戒,住持净院。晚岁授慈净大德"⑤。由此视之,法出本出身于汉人高官家庭,因自幼好佛,遂舍弃荣华富贵而出家,于22岁受具足戒,在持净院修行。法出"生平读诵《白莲》《金刚》《行愿》等经数各五百,《高王经》二万卷。又持诸佛名号约一百万,伏此白品足能超迷途至净地"⑥。

《杜悆墓志》于1996年出土于北京石景山区鲁谷西小区,青石质,近正方形,长92.5厘米,宽89.5厘米,厚20厘米,志文楷书竖刻,凡

---

① 北京市文物管理处:《近年来北京发现的几座辽墓》,《考古》1972年第3期;《董庠灭罪真记》,向南辑:《辽代石刻文编》,河北教育出版社1995年版,第484页。
② 《董庠妻张氏墓志》,向南辑:《辽代石刻文编》,河北教育出版社1995年版,第409—410页。
③ 《董庠妻张氏墓志》,向南辑:《辽代石刻文编》,河北教育出版社1995年版,第410页。
④ 向南辑:《辽代石刻文编》,河北教育出版社1995年版,第539—540页。
⑤ 向南、张国庆、李宇峰辑注:《辽代石刻文续编》,辽宁人民出版社2010年版,第264页。
⑥ 向南、张国庆、李宇峰辑注:《辽代石刻文续编》,辽宁人民出版社2010年版,第264页。

44行，满行50字，存字2156个。按《杜悆墓志》所言，杜悆出自官僚世家，其叔祖为"太子太师、兼中书令、尚父、韩王"杜防。其"从叔公谓，礼部尚书、兼门下侍郎平章事、监修国史、知枢密院事、赠中书令。公清秀会神，温恭植性，孕金虎精华之气，会山川石麟纯粹之灵。……素禀英明，尤加追琢。辨豕悞己亥之文，识鱼有丙丁之字。至如河图八卦系词辨其吉凶，洛书九畴洪范明其休咎。治乱之音声，褒贬之笔削。莫公下邳之兵法，玄女涿鹿之神符，皆一览而悟矣。公之居世，郁为人瑞。如木之丹桂，草之灵芝。非在变常时所生之物也"①。依此可知：杜悆气度不凡，学识渊博，精通术数、兵法。在辽道宗朝和天祚朝，杜悆担任过一系列要职，甚至跻身决策层。他"始登孔子之堂，后入维摩之室，志在圆觉行在，庄严南北之宗乘，东西之祖印"②。显然，他通晓儒学，后来成为佛教徒。他的其中一名侄孙女"净严寺出家，法讳行宜，授持敬大德"③。

（二）筵僧与做法事

辽兴宗重熙三年（1034）《秦王发愿纪事碑》发现于北京广渠门外，呈竖长方形，其额为半圆形，碑座已失，碑高91厘米，宽52厘米，碑文真书，10行，行14字，共132字。该碑云：

> 燕京留守、兵马大元帅、守太师、兼政事令、秦王制文。维重熙三年（1034），年五十四，病染沉疴，身颓十分。爰有二子，长曰知足，次曰无曲。眼前血泣，腹内心酸。虔愿焚香，敬请启誓。舍财画像，发愿筵僧。于时秦王，其疾顿痊，复安如旧。不消神理，偶遇时通。然以二男，并蒙□愿，顺忠置矫。倏然一世，传斯万年。漾义岂微，后人可效。写容于寺，叙事在碑。东禅林。④

---

① 《杜悆墓志》，向南、张国庆、李宇峰辑注：《辽代石刻文续编》，辽宁人民出版社2010年版，第304页。
② 《杜悆墓志》，向南、张国庆、李宇峰辑注：《辽代石刻文续编》，辽宁人民出版社2010年版，第305页。
③ 《杜悆墓志》，向南、张国庆、李宇峰辑注：《辽代石刻文续编》，辽宁人民出版社2010年版，第306页。
④ 《秦王发愿纪事碑》，向南辑：《辽代石刻文编》，河北教育出版社1995年版，第198页。

其中"燕京留守、兵马大元帅、守太师、兼政事令、秦王"当是萧孝穆。①萧孝穆为辽圣宗钦哀皇后之弟、辽兴宗仁懿皇后之父。由碑文可知，萧孝穆生病时，其二子通过焚香、发誓、"舍财画像，发愿筵僧"的方式为乃父祈福，结果，孝穆痊愈，遂"写容于寺，叙事在碑"。

位于北京房山的《井亭院圆寂道场藏掩感应舍利记》，详细记载了僧人行柔等于辽道宗大康六年（1080）二月十五日，在南京城东井亭院"欲酬法乳之恩，遣致生天之路"，而"依法建圆寂道场三昼夜"，并掩藏感应舍利之事②。圆寂道场法事及藏舍利的具体经过由"慧化寺故教大师曾孙、讲经律论沙门普瓖述"、由"云居寺讲经比邱（丘）思迪助缘书"，参与此事的包括"崇教寺涅槃座主"，"建圆寂办塔主、崇教寺讲经律论沙门行柔、门人同办塔事、诵《法华经》比邱（丘）为照、同建圆寂办塔主、燕京大延寿寺诵《法华经》沙门云逈"，"同办塔将仕郎、试太子正字王肱，男乡贡进士君儒，剋字匠人吴世民"③。以是观之，南京的一些僧人和官僚王肱等共同参与井亭院的圆寂道场法事和藏舍利的活动。

天祚帝乾统十年（1110）《房山天开塔舍利石函记》曰：

大辽燕京良乡县金山乡乐深村西约一里地，有古岩陵洞。洞北约五十步，有旧塔破损遗址处。去乾统九年（1109）二月二十一日，严陵洞僧法云等因去□□到黄昏时，从西北上有云气、雷声、风声、雨雪。法云等为见此灵，并虑有圣事，迤逦出巘，不多时间出看一石匣。其石匣内开觑见有银匣，内有绿瓶儿一个。石匣上镌着文字，该说者良乡护世寺僧法询、法艺等建办此塔。至大唐贞观十三年（639）三月十三日，其僧法询春秋七十有五迁化，遗嘱下门资令纠僧尼四众等同办。至龙朔三年（663）三月二十八日，九级塔成，就内有舍利一十五粒。其塔西南约五十步有石碑，该说去大唐开元七年（719）七月内重修此浮图来。至大辽乾统九年（1109）二月二十三日，僧法云并本地首领刘铨等同共申县司。当日，知县郭北部便来洞内顶戴烧香毕，开觑舍利一十五粒，存在获时转申留衔。蒙留守出台二日，却

---

① 《秦王发愿纪事碑》，向南辑：《辽代石刻文编》，河北教育出版社1995年版，第198页注释1。

② 向南辑：《辽代石刻文编》，河北教育出版社1995年版，第387—389页。

③ 向南辑：《辽代石刻文编》，河北教育出版社1995年版，第388—389页。

令比部亲自送舍利一十五粒，赴朝廷去讫。①

在唐初，良乡（今北京房山区东南）护世寺僧人法询、法艺等在此地建九级塔藏舍利，至唐高宗龙朔三年（663），方建成九级塔，藏舍利15粒。至天祚帝乾统九年（1109），僧人法云望见此旧塔遗址上出现神异现象，遂打开石匣，发现舍利，并与本地首领刘铨等共同报官衙。知县郭北部遂亲自前来顶礼膜拜舍利，然后由南京留守（时任南京留守是耶律和鲁斡②）命令"比部"（应为南京留守的属官。限于史料，其具体职责无法详考）送舍利至朝廷。值得注意的是：耶律和鲁斡（天祚帝之叔祖）乃与天祚帝相对立的势力，他任职南京留守长达40年，在南京道地区声望颇高，已经形成足以与中央政府抗衡的力量。③ 可是，他却在乾统九年（1109）命当地官吏向朝廷进献舍利。此充分证明：尽管耶律和鲁斡与朝廷有对立的一面，但是，双方仍然通过佛教活动进行沟通，调和关系。

《房山天开塔舍利石函记》又云：

> 自后不过十日内，有当村孙文质、杨铨并同家僧却于塔遗址处因□土获得应化舍利一粒。自后于所盛着水晶瓶内，即渐增胤颗粒，约一月内却到一十三粒。每夜人来随喜，或现直光、灯光、金塔形像者，多递相归。仰其洞家僧并当村人刘铨、葛颜等，为见如此，欲再建灵塔。共请到五侯村刘孝贞为都维那，崔文千、周义远、周义深、谢俊，次吕村张恒、刘谓、□陶济。及请到侧近方右远近村坊，并四众共办此塔。其当村办石匣底座莲花腰子三事人等，岳清、岳栋、岳江、岳仙、岳思、岳诠、岳峰、岳可行、岳津、岳元、岳相、岳远、岳祥、岳可儒、梁庆、梁师鉴、陈进、岳文援、岳可崇。维大辽乾统九年岁次已（己）丑（1109）七月甲辰朔七日甲辰日造。④

---

① 向南、张国庆、李宇峰辑注：《辽代石刻文续编》，辽宁人民出版社2010年版，第279页。
② 杨若薇：《辽五京留守年表》，杨若薇《契丹王朝政治军事制度研究》附录三，中国社会科学出版社1991年版，第292页。
③ 详见陈述《契丹政治史稿》，人民出版社1986年版，第153—156页；关树东《耶律和鲁斡、耶律淳父子与辽末政治》，姜锡东主编《宋史研究论丛》第十五辑，河北大学出版社2014年版，第617—628页。
④ 向南、张国庆、李宇峰辑注：《辽代石刻文续编》，辽宁人民出版社2010年版，第279页。

法询、法艺等所藏舍利被送往朝廷之后，当地信徒又在旧塔遗址处获得感应舍利。新获舍利渐增粒数，又出现"直光、灯光、金塔形像"等灵异，于是，当地僧俗信徒欲再修塔藏舍利。参与此事的俗信徒中，岳姓人士居多，推知岳家当系地方豪族。

（三）诵读佛经

在辽道宗朝，拥有大量田产的张文绚向南京谷积山院捐资，资助广大僧侣在此诵读大藏经，功德无量。

据辽道宗大康四年（1078）《大辽析津府良乡县张君于谷积山院读经之记》所载，谷积山院位于形胜之地，不仅自然风光秀丽，而且佛事活动井然有序。该碑记述：

> 以兴善崇胜司空大师怀本提振而主领之，由是邑落忻怡，檀信归慕。顷以善众，特市良材，于此净坊创彼华藏，饰焜煌之金碧炫间杂之。丹青虽绣栭云楣素，尽庄严之具，而宝函钿轴，谁兴览阅之心？
>
> 清河张君讳文绚，良乡县之绣户也，妻田氏，皆性钟纯，吉名闻乡间。家有余资，靡好奢华之乐，身惟积善，颇信浮图之法。越一日，谓亲族曰：我兴佛刹，饭僧徒，修植善根，鸠集福聚固亦多矣。然于藏典，似缺胜经。乃启白司空大师，议于谷积山院，请众僧侣读大藏经，便从今季四月十五日为启读之始，他时亦然。乃将县北公村别墅一所，田土园林约近陆柒顷，庄院房舍依旧住佃。携所收地利斛粟果实等，并元买券契，共壹拾陆道，并分付院司常住收附，以充逐岁刍流蒲塞之费。约曰：为僧徒不怠，经课无缺，及不别将货卖典质他，后子孙无得取索，苟或反此，取之可也。仍刻贞珉，以贻后来者，置于院之文绚地。①

佛教信徒在谷积山院建起藏经，置于庄严绮丽的建筑中。良乡县富户张文绚及其妻田氏虔诚信佛，张文绚还与司空大师怀本商议，邀请众僧侣在谷积山院诵读大藏经，还捐赠大量资产资助读经活动，并刻写石碑立为

---

① 《大辽析津府良乡县张君于谷积山院读经之记》，北京辽金城垣博物馆编：《北京辽金元拓片集》，北京燕山出版社2012年版，第20页。

契约。这无疑对佛教的广泛传播具有重大推动作用。对此,《谷积山院读经之记》称颂道:

> 噫!凡人帑廪盈溢,衣食丰足,甚不以声色弋猎自娱,而张君能去此取彼,□难事矣。是知富而不奢,积而能施,义也;舍今生爱,求过去福,智也;虑身后事,立石为约,信也。五常之中而有三焉,所谓淑德善人者矣!①

该文褒扬张文绚虽然富有,却不贪图享乐,不追求奢侈,慷慨布施于佛教事业,在儒家五常(即仁、义、礼、智、信)中具备三种(义、智、信)美好品德。佛教信徒在公共空间诵读佛经,并且将这项佛事活动及捐资者的事迹刊刻于石碑,口头文化与书面文化并重。这对塑造信徒的公共形象、增强他们对佛教的集体感知至为重要。

(四) 参与刻经事业

唐末五代,房山石经雕刻事业曾一度中辍,到辽代又重新恢复。在北京房山石经山九层塔前,刻有《石经山韩绍勋题记》,铭石高34厘米,宽21厘米,正书,竖刻6行,凡58字。题记曰:

> 永兴宫都部署、权知军州事韩绍勋与县郡夫人及儿女等,去太平六年(1026)正月十七日因来巡礼,烧香到此,睹尊容伤缺不圆,再补接讫,合家永为供养。②

韩绍勋为辽太祖佐命功臣韩延徽之重孙、韩德枢之孙,"仕至东京户部使"③。

辽圣宗太平年间(1021—1031),出自燕地大族的韩绍芳奏闻皇帝,请续刻石经。《涿州白带山云居寺东峰续镌成四大部经记》谓"公(指韩

---

① 《大辽析津府良乡县张君于谷积山院读经之记》,北京辽金城垣博物馆编:《北京辽金元拓片集》,北京燕山出版社2012年版,第20页。
② 向南、张国庆、李宇峰辑注:《辽代石刻文续编》,辽宁人民出版社2010年版,第67页。
③ (元)脱脱等:《辽史》卷七四《韩延徽传附绍勋传》,中华书局2016年版,第1359页。

绍芳）一省其事，喟然有复兴之叹。以具上事，奏于天朝"①，又云：

> 我圣宗皇帝，锐志武功，留心释典，暨闻来奏，深快宸衷。乃委故瑜伽大师法讳可元，提点镌修。勘讹刊谬，补缺续新。释文坠而复兴，楚匠废而复作。
>
> ……
>
> 迫及我兴宗皇帝之绍位也，孝敬恒专，真空夙悟，菲饮食致丰于庙荐，贱珠玉惟重其法宝。常念经碑数广，匠役程遥，借檀施则岁久难为，费常住则力乏焉办。重熙七年（1038），于是出御府钱，委官吏伫之。岁析轻利，俾供书经镌碑之价。仍委郡牧相丞提点，自兹无分费常住，无告借檀施，以时系年，不暇镌勒。
>
> 自太平七年（1027）至清宁三年（1057），中间续镌造到《大般若经》八十卷，计碑二百四十条，以全其部也。又镌写到《大宝积经》一部，全一百二十卷，计碑三百六十条，以成四大部数也。……如是经典，镌之以石，藏之以山，四部（即《大涅槃》、《大华严》、《大般若》和《大宝积》）必备，壮矣哉！……清宁三年（1057）五月十二日，《大宝积》初成。②

由此可见，辽代大规模的刻经事业始于辽圣宗时期。韩绍芳乃开国功臣韩延徽之重孙、韩德枢之孙，于辽兴宗重熙年间（1032—1055）任"参知政事，加兼侍中"③。正是他在辽圣宗太平年间（1021—1031）发起并组织了房山石经续刻活动。石经续刻事业得到辽圣宗、兴宗和道宗三帝的大力支持。至辽道宗清宁三年（1057），云居寺完成了《涅槃》《华严》《般若》《宝积》这四大部佛经的刻造。就君主治世策略而言，辽圣宗此番在辽宋边界兴建如此大规模的文化事业，对于向天下宣扬辽朝的国威，树立大辽国的形象，具有深远意义。④

---

① 《涿州白带山云居寺东峰续镌成四大部经记》，向南辑：《辽代石刻文编》，河北教育出版社1995年版，第285页。
② 《涿州白带山云居寺东峰续镌成四大部经记》，向南辑：《辽代石刻文编》，河北教育出版社1995年版，第285—286页。
③ （元）脱脱等：《辽史》卷七四《韩延徽传附绍芳传》，中华书局2016年版，第1359页。
④ ［日］塚本善隆：《石经山云居寺与石刻大藏经》，载［日］塚本善隆、长广敏雄等编《房山云居寺研究》，汪帅东译，北京联合出版公司2016年版，第168页。

房山石经《力庄严三昧经》题名出现"施主窦景庸相公女赐紫比丘尼"①。

据《辽史·窦景庸传》所载，窦景庸为"中京人，中书令振之子。聪敏好学。清宁中（1055—1064），第进士，授秘书省校书郎，累迁少府少监。咸雍六年（1070），授枢密直学士，寻知汉人行宫副部署事。大安（1085—1094）初，迁南院枢密副使，监修国史，知枢密院事，赐同德功臣，封陈国公。有疾，表请致仕；不从，加太子太保，授武定军节度使。审决冤滞，轻重得宜，以狱空闻。七年（1091），拜中京留守。九年（1093）薨，谥曰肃宪。子瑜，三司副使"②。可见，窦景庸家族乃汉人官宦世家，本人在辽道宗朝担任要职。其女因信佛而出家，还获得"赐紫"的恩宠，并亲自参与南京的刻经事业。

（五）修建寺院和塔幢

辽穆宗应历十年（960）《三盆山崇圣院碑记》载，"范阳（今北京）僧人惠诚，俗姓张"，幼年出家于惠华寺，拜玉藏主为师，师父"授以天台止观"。其后，师徒二人云游至南京西三盆山崇圣院，见"殿宇颓毁，古迹犹存，石幢一座，乃晋唐之兴修，实往代之遗踪"。惠诚等"遂乃发心，募化众缘。郡公王希道、张仲钊、萧名远、杨从实等同发诚心，各舍己资，于大辽应历二年戊辰岁（952）三月内兴工，至应历八年甲戌岁（958）八月中秋，营理大殿三间。中塑释迦牟尼佛，左大智文殊师利菩萨，右大行普贤菩萨。两壁悬山应真一十八尊罗汉，东西伽蓝祖师。二堂两廊，僧舍二楹。钟鼓二楼，晨昏梵呗，用宣佛化，引导群迷"。修缮之后的寺院"殿宇金碧交辉，圣容灿烂争鲜。钟声朗朗响山川，鼓韵鼕鼕□霄汉"③。出资修缮崇圣院的"郡公王希道、张仲钊、萧名远、杨从实等"，当属有爵号的官僚。尽管"郡公"很可能只是虚封，但是这几名信徒仍然享有一定的政治地位，拥有胜于普通百姓的经济实力。

---

① 北京图书馆金石组、中国佛教图书文物馆石经组编：《房山石经题记汇编》第四部分《诸经题记（辽金）》，书目文献出版社1987年版，第361页。

② （元）脱脱等：《辽史》卷九七《窦景庸传》，中华书局2016年版，第1549页。

③ 《三盆山崇圣院碑记》，向南辑：《辽代石刻文编》，河北教育出版社1995年版，第30—31页。

受唐幽州密教信仰和佛教艺术的影响，杂密陀罗尼信仰盛行于辽南京，很多地方官吏建造陀罗尼经幢，这类经幢又常常被视为塔。①

二 民众崇佛

上有好者，下必有甚焉。辽南京亦有大批平民笃信佛教，民众崇佛之风一直持续而不衰。

（一）日常修行与出家

在辽南京，被剃度为僧尼的人数十分惊人。辽道宗咸雍五年（1069），南京高僧法均大师"自春至秋，凡半载，日度数千辈。半天之下，老幼奔走，疑家至户到，有神物告语而然"②。"日度数千辈"虽系夸张之辞，但也充分表明民众的狂热。

辽道宗大安五年（1089）《六聘山天开寺忏悔上人坟塔记》在北京房山西南55里上方山，高49.5厘米，宽69.5厘米，记文29行，行19字，正书。此碑文载：忏悔上人曹守常"兼放菩萨戒坛十余次，所度白黑四众二十余万"③。曹氏的度僧数目亦相当可观。

天祚帝乾统五年（1105）《白继琳幢记》载：良乡县刘李村人白继琳生性善佛，居家持五戒，其三子中有二人为僧，孙子圆迪出家，"诵经十余部，里人讶其强记敏慧"，后来他"不食荤血，奉五戒，终身无惰"④。

辽代石刻材料对崇佛和出家的事例给予关注，并加以特别记录，可以窥见辽朝社会主流价值观对这些行为的认同、对佛教的推崇。

（二）做道场与法事

辽南京盛行元宵节燃灯供养佛塔及舍利的习俗。在唐玄宗时代，上元日连续三天燃灯的习俗已经开始流行，唐代官府特许此节前后弛禁，放三

---

① 详见尤李《唐代幽州地区的佛教与社会》，中国社会科学出版社2019年版，第287—289、304—306、310—321页。
② 《法均大师遗行碑铭》，向南辑：《辽代石刻文编》，河北教育出版社1995年版，第438页。
③ 《六聘山天开寺忏悔上人坟塔记》，向南辑：《辽代石刻文编》，河北教育出版社1995年版，第413页。
④ 陈述辑校：《全辽文》卷一〇《白继琳幢记》，中华书局1982年版，第272页。

夜花灯。一些地区出现僧寺与民间共度灯节的盛况，寺院也在上元日前后燃灯供养佛或兼祭奠祖师。① 虽然《辽史·礼志》和《契丹国志·岁时杂记》均不记元宵节，但是，辽朝民众受汉族影响，也在元宵夜举行庆祝活动，特别是汉人众多的南京地区。在南京，民间上元节燃灯、观灯三昼夜的风俗也被推衍到佛寺。天祚帝乾统十年（1110），崇效寺沙门行鲜撰《大辽涿州云居寺供塔灯邑记》云："每岁上元，各揆己财，广设灯烛，环于塔上。三夜不息，从昔至今，殆无缺焉。"②

天祚帝天庆七年（1117）《大辽燕京涿州范阳县白带山石经云居寺释迦佛舍利塔记》详细记载了一批佛教信徒在云居寺供养舍利以护法的情景，其碑阳曰：

案诸传记，并起寺碑。原其此寺，始自北齐。迄至隋代，有幽州智泉寺沙门智苑，精炼有学，终有锁骨，此寺见有塔焉。发心磨莹贞石，镌造大藏经，以备法灭。相继至大辽天庆七年（1117），已镌造了经近三百帙，秘于东峰，满八石岩。

此塔前相去一步，在地宫有石经碑四千五百条。原其舍利于东峰石岩，名花严堂，苑法师秘此堂石柱内。后因修饰，得获琉琉（璃）瓶内，有舍利三百余粒，昼夜放光一月余。有当寺前易州管内都纲、功德塔主沙门绍坦发心建砖塔一十三檐，举高六十余尺。及施己净财，特命良工造银塔一座，高一尺五寸。金释迦卧如来，银钵、盂子、匙、筋，金净瓶内有舍利，在石匣中。其余供具输铭、香炉、铜罩、持瓶、净瓶、铃杵、护摩蛳锣、盂子、火炉、汤瓶、烛台、素镜两面。当寺具戒比丘常不减五百余众，庄园典库，供瞻有余。时天庆七年岁次丁酉（1117）四月巳（己）未朔十五日癸酉丙时葬。

寺主讲论沙门善灯，尚座讲论沙门志温，都和讲经沙门智宁，首座沙门志珂，前涿州管内都纲沙门道渊，东峰山主沙门志范、法总。

---

① 李斌城主编：《唐代文化》中册，中国社会科学出版社2002年版，第1073—1076、1330页。
② 录文根据：第一，《涿州云居寺供塔灯邑记》拓片，云居寺文物管理处编：《云居寺贞石录》，北京燕山出版社2008年版，第77页；第二，《涿州云居寺供塔灯邑记》录文，陈述辑校：《全辽文》卷一〇，中华书局1982年版，第308页；第三，《涿州云居寺供塔灯邑记》录文，北京图书馆金石组、中国佛教图书文物馆石经组编：《房山石经题记汇编》第一部分《碑和题记（唐至民国）》，书目文献出版社1987年版，第25—26页；第四，《涿州云居寺供塔灯邑记》录文，向南辑：《辽代石刻文编》，河北教育出版社1995年版，第614—615页。

该碑碑阴云：

> 燕京右街管内僧录、通慧圆照大师、赐紫沙门善定，讲经沙门善锐。
> 《造塔功德经》：尔时世尊说是偈言：诸法因缘生，我说是因缘。因缘尽故灭，我作如是说。
> 建塔匠作头李德辛、男祐圣，砖匠张从善、画师刘彦忠。①

多名僧官或前任僧官、普通僧人参与这次埋藏舍利活动，规模庞大。而且"前易州管内都纲、功德塔主沙门绍坦"还组织修建砖塔，出资"特命良工"来制作此次活动的各类器物，云居寺具戒比丘五百余人以寺院的"庄园典库"供养。这次活动定能在当地产生重大影响。

（三）佛诞日巡礼

在晚唐时期，佛诞日到云居寺巡礼已经成为幽州地方社会各阶层人士共有的风俗，俨然成为幽州地域文化的重要组成部分。这一习俗后来影响到辽朝。② 如在应历年间（951—969），辽穆宗就曾到云居寺巡礼。应历十五年（965）《重修范阳白带山云居寺碑》云：

> 风俗以四月八日，共庆佛生。凡水之滨，山之下，不远百里，仅有万家，预馈供粮，号为义仓。是时也，香车宝马，藻野缛川，灵木神草，艳赫芊绵，从平地至于绝巅，杂沓驾肩，自天子达于庶人，归依福田。维摩互设于香积，焉将通戒于米山。……醵施者，不以食会而由法会。巡礼者，不为食来而由法来。观其感于心，外于身，所燃指续灯者，所炼顶代香者，所堕岩舍命者，所积火焚躯者，道俗之

---

① 录文根据：其一，《大辽燕京涿州范阳县白带山石经云居寺释迦佛舍利塔记》拓片，云居寺文物管理处编：《云居寺贞石录》，北京燕山出版社2008年版，第79页；其二，北京图书馆金石组、中国佛教图书文物馆石经组编：《房山石经题记汇编》第一部分《碑和题记（唐至民国）》，书目文献出版社1987年版，第26—27页；其三，《石经寺释迦佛舍利塔记》录文，向南、张国庆、李宇峰辑注：《辽代石刻文续编》，辽宁人民出版社2010年版，第293页。

② 尤李：《唐代幽州地区的佛教与社会》，中国社会科学出版社2019年版，第275—280页。

间，岁有数辈。噫！佛之下生，人即如是。①

所谓"风俗以四月八日，共庆佛生"，表明这原本就是当地民众的习俗。在这一天，有"万家"为庆祝佛诞日提供粮食，可见做功德之盛况。其中"义仓"和"归依福田"值得注意。据刘淑芬教授研究，在中古时期，佛教经典中阐扬视众生如亲眷"以是义故"，而加以救济帮助的观念，促使中古佛教徒所组织的各种团体、社会福利事业等，皆以"义"为名。受此影响，在北齐时代，国家向百姓征收"义租"，以备水旱荒年赈济。至隋代，出现纠集地方民间力量，设立救济饥荒的"义仓"。"义租"和"义仓"虽然属于国家行政命令和地方组织能力的社会救济，但是均为佛教福田思想影响的产物②。由此推测，辽南京地区设置"义仓"，当亦为带有佛教色彩的社会救济组织。

不仅如此，僧尼和民众信仰狂热，甚至牺牲自己的身体"燃指""炼顶""舍命""焚躯"以供养佛。而且，这种行为已经"岁有数辈"。照此推算，至迟在晚唐时期，当地已然开始流行这些风俗。契丹皇帝参与汉族民众的佛事活动，"与民同乐"，可以贴近大众、收服民心。正如日本学者野上俊静先生所说：胡族国家最适应的宗教是佛教，它不讲族群差异，是汉族与胡族的精神纽带③。

（四）修建塔幢

建于辽道宗大康二年（1076）的一座坟幢现存北京大兴区黄村火神庙内。幢石仅存幢身，汉白玉石质，上下两端均有断失，残高165厘米，八楞体，宽面宽19厘米，窄面宽11厘米，六面满刻《广大圆满无碍大悲心陀罗尼经》，其余两面刻有题记。题记为楷书竖刻，计存曰1400字，部分文字已漫漶难辨。幢记曰："□□四代二亲特建陀罗尼之幢。"其后出现一系列平民的题名，其中"曾祖清信，世讳福兴。曾祖母浩氏，拜念精心修

---

① 向南辑：《辽代石刻文编》，河北教育出版社1995年版，第33页。
② 刘淑芬：《北齐标异乡义慈惠石柱——中古佛教社会救济的个案研究》，原载《新史学》第5卷第4期，1994年，此据刘淑芬：《中古的社邑与信仰》，上海古籍出版社2023年版，第246—249、264页。
③ 野上俊静：《胡族国家与佛教》，原载《真宗同学会年报》第1辑，1943年，此据野上俊静：《辽金的佛教》，平乐寺书店1953年版，第87—95页。

习，励志《莲经》，可□读于千部，□灵尸不朽"。守用与弘农杨氏"信敬圆崇于三宝，孝慈普洽于二亲"。该幢建于"大康二年岁次丙辰（1076）七月甲申朔二十六日巳（己）酉庚时"，参与修建的除了众多平民，还有"同建侄乡贡进士惟成"①。建造这一经幢的经典依据是杂密经典《大悲心陀罗尼经》，全一卷，全称《千手千眼观世音菩萨广大圆满无碍大悲心陀罗尼经》。该经又称《千手千眼观世音菩萨大悲心陀罗尼》《千手大悲心陀罗尼经》《千手陀罗尼经》《大悲总持经》《千手观音大悲心陀罗尼经》《千手千眼大悲心经》《千手经》和《千手无碍大悲心陀罗尼经》，一卷，唐西天竺沙门伽梵达摩译。② 经文初述观世音菩萨说大悲心陀罗尼的因由及其誓愿；次说诵此咒可远离饥饿困苦死、枷禁杖楚死等15种恶死，而得所生之处常逢善王、常生善国等15种善生③。经文还明确宣称："诵持如是陀罗尼神妙章句，外国怨敌即自降伏。各还政治，不相扰恼，国土通同，慈心相向。"④ 佛告诉其弟子阿难："若为摧伏一切怨敌者，当于金刚杵手。"⑤

天祚帝乾统五年（1105）《白怀友为亡考妣造陀罗尼经幢记》位于北京良乡琉璃河，八面刻，先经后记，正书。该幢记讲述出自平民家族的白怀友为其亡父母建佛顶尊胜经幢，以表达"孝子永思之道"。怀友之弟了扃"为比丘，隶名于都之崇孝寺。戒行学能，闻之当世，所至聚徒百千"。怀友之孙"圆迪，为比丘于里之兰若"，"诵经十余部，里人讶其强记敏慧"⑥。

1979 年，北京门头沟区清水河畔斋堂发现一座辽代晚期壁画墓。在墓顶附近的地堰上，发现辽天祚帝天庆元年（1111）所刻《陀罗尼破地狱真言》和《佛顶心真言》的墓幢一座，其题记记载斋堂村杜从顺等为其父母起置"大坟一所，并幢子一座"⑦。

---

① 向南、张国庆、李宇峰辑注：《辽代石刻文续编》，辽宁人民出版社 2010 年版，第 158—159 页。

② ［日］高楠顺次郎等编：《大正新修大藏经》（以下简称《大正藏》），第 20 册，东京：大正一切经刊行会，第 106—111 页。

③ ［日］高楠顺次郎等编：《大正藏》第 20 册，东京：大正一切经刊行会，第 106 页下—107 页中。

④ ［日］高楠顺次郎等编：《大正藏》第 20 册，东京：大正一切经刊行会，第 109 页下。

⑤ ［日］高楠顺次郎等编：《大正藏》第 20 册，东京：大正一切经刊行会，第 111 页上。

⑥ 向南辑：《辽代石刻文编》，河北教育出版社 1995 年版，第 549—550 页。

⑦ 鲁琪、赵福生：《北京市斋堂辽壁画墓发掘简报》，原载《文物》1980 年第 7 期，此据孙进己、苏天钧、孙海主编：《中国考古集成》华北卷，第 15 册，哈尔滨出版社 1994 年版，第 37 页。

天庆二年（1112），白怀祐为亡父母修建经幢一座，"欲报先亡之德，遂命良工，造成名幢，上刊密语……所愿先亡，有此胜因，与法群生，同登觉岸。"此经幢在北京良乡琉璃河，八面刻，正书。①

概括而言，南京平民信徒建造塔幢的活动，常常体现孝道，彰显儒家价值观的影响，系儒佛共融之典范。

三 佛教社邑组织的活动

辽朝佛教信徒为行善事，以求正果，积极兴造佛寺，建塔造幢。在这一过程中出现了佛教社邑。这是完全凭信仰自发结成的组织，集资无功利目的地资助佛事活动。②

在辽南京，因为佛教兴盛，民众信仰热情极高，出现规模庞大的"千人邑"组织，有官吏、僧侣和百姓参与。不过，千人邑组织并非皆确定为一千户组成，一千只是一个约数，形容参与人数众多。邑会成员定期对寺院布施，当有兴建佛塔、寺院、刊刻佛经、举行法事等活动时，由邑社成员给予支持，捐赠财物。③

辽世宗天禄三年（949）《仙露寺葬舍利佛牙石匣记》于清康熙二十六年（1687）出土于北京宣武门西南，其后"有千人邑三字，具列大辽皇帝、皇后、东明王夫人、永宁大王、燕主大王、国舅相公、宣徽令主李可兴、洛京留守侍中刘晞、齐国夫人张氏、男三司使道纪、衙院马九、故太师侍中赵思温、男延照、司徒李允、药师奴华喜、寺行仙马知让、邑头尼定徽、幼澄、喜婆，舍利六百三十三粒，钦送到舍利一百一十粒"④。辽世

---

① 《白怀祐造幢记》，向南辑：《辽代石刻文编》，河北教育出版社1995年版，第630—631页。
② 王晓薇教授指出：在宋辽金元时期，华北乡村邑众的佛教活动，日益体现出世俗化和平民化的趋向。佛教社邑名目众多。这些社邑基本由州县官吏、军士及妻属、僧尼和村民四大群体组成。其中村民占多数。社邑组织内部有邑首、邑头、邑长、邑录和录事等，是仿照世俗政权的社邑首领。而都维那头、维那头、维那以及副维那等，属于按照寺院组织的社邑领袖（参见王晓薇《10—13世纪华北佛教社邑组织和民众信仰活动探析——以石刻为中心的考察》，姜锡东主编：《宋史研究论丛》第三十六辑，中国社会科学出版社2024年版，第313—346页）。
③ 关于辽代"千人邑"的研究现状，参见尤李《辽代佛教研究评述》，原载《中国史研究动态》2009年第2期，此据尤李：《多元文化的交融——辽代历史与文化研究》，中国社会科学出版社2013年版，第195页。本文进一步爬梳辽南京地区的碑刻材料，补充论述这一问题。
④ 此处据《辽代石刻文编》所引《析津日记》，向南辑：《辽代石刻文编》，河北教育出版社1995年版，第5页注释2。

宗、皇后、一些契丹贵族官僚、汉官及千人邑会成员参与了仙露寺葬舍利的活动。

位于北京房山区的《北郑院邑人起建陀罗尼幢记》曰："应历五年岁次乙卯（955）肆月己亥朔八日丙午巳时建陀罗尼幢。"题名有官员、僧人，还有参与建幢的邑人：

> 青白军使、兼西山巡都指挥使、银青崇禄大夫、检校尚书右仆射、御史大夫、上柱国陈贞。郎君李五、菩萨留。……卢龙军随使押衙、兼衙前兵马使、充营田使刘彦钦。……北衙栗园庄官王思晓、妻都氏。北衙栗园庄官许行福、妻张氏、男重霸。前摄顺州长史郑彦周、母王氏、妻李氏、男马五、马六、忙儿。①

僧人有"石经寺主讲经论大德谦讽、都维那院主僧惠信、门人僧审纹、门人僧审因"。另外，此《幢记》还有一连串男性、女性邑人的题名。书经人中有"乡贡学究韩承规"②。由此可见，辽穆宗应历五年（955），参加建造此陀罗尼经幢活动的众多邑人包含汉官、僧人和平民。

应历十五年（965）《重修范阳白带山云居寺碑》位于北京房山云居寺，其碑额篆书"重修云居寺一千人邑会之碑"③。《重修范阳白带山云居寺碑》曰：

> 以谦讽（云居寺寺主）等同德经营，协力唱和，结一千人之社，合一千人之心，春不妨耕，秋不废获，立其信，导其教。无贫富后先，无贵贱老少，施有定例，纳有常期，贮于库司，补兹寺缺。维那之最者，有若前涿牧天水公珣，当举六条，甚敬三宝。次则三傅陇西疑佳披法服，亦笃佛乘。说无缘为有缘，化恶果为善果。和尚则生生世世，应报宿缘；施者则子子孙孙，共酬前愿。故寺不坏于平地，经

---

① 北京辽金城垣博物馆编：《北京辽金元拓片集》，北京燕山出版社2012年版，第31页；向南辑：《辽代石刻文编》，河北教育出版社1995年版，第11—12页。
② 北京辽金城垣博物馆编：《北京辽金元拓片集》，北京燕山出版社2012年版，第31页；向南辑：《辽代石刻文编》，河北教育出版社1995年版，第11—12页。
③ 向南辑：《辽代石刻文编》，河北教育出版社1995年版，第32页。

不坠于东峰。①

南京地区的佛教信徒结成千人邑组织支持房山刻经活动，这一组织不妨碍成员的日常农作，不分年龄、阶层和贫富，定期捐助佛教事业。作为俗信徒的前任官僚赵珣担任此千人邑的领袖"维那"。这是借用佛教寺院中管理僧人的"三纲"（即寺主、上座和维那）的名号。

辽圣宗统和二十三年（1005），沙门智光撰《重修云居寺碑记》言："皇朝应历十四载（964），寺主苾刍谦讽，完葺一寺，结邑千人，请右补阙琅琊王公正作碑。"② 云居寺有千人邑组织无疑。

辽道宗清宁二年（1056）《涿州超化寺诵法华经沙门法慈修建实录》位于北京房山西北二十五里庄公院。其载："燕南良乡县黄山之阳，有古院曰□□。境□一川，地吞百顷。"年岁久远，"廊宇圮毁，垣墉废倾"。在这种情况下，重熙十年（1041），"有瓦井村邑人王文正三十余众，特以兹院，施于芯郡，超化招提，为上院之备也。乃有纲守沙门守能等，愍此荒秽，遂于当寺僧腊间，擢大有□□者主焉。众谓我师行望素高，寻以固请，不果辞让。是往往（持）□后，克殚已（己）力，善化他财，得一钱一饭之费，曾不自给。止以□□□□常□□□特于正面建慈氏堂一坐（座），三间四椽，赤白结□□□□□□人七菩萨并已了毕。西位盖僧堂一坐（座），三间四椽□□□□□□□二十坐。定光佛舍利塔一座，三檐八角。内收藏□□□□□□到□□果木二千余根。"③ 由此可知，瓦井村邑人和僧人共同出资修缮当地废弃的超化寺。法慈在募集经费方面发挥着关键作用。经过修葺，超化寺建起了慈氏（即弥勒）堂、僧堂和定光佛舍利塔等，已具规模。

辽道宗咸雍元年（1065）《弥勒邑特建起院碑》（位于辽南京归义寺）碑阴的题名包含"邑众姓名……其余邑首、邑长、邑正……钱物名号不一，又数十人"④。"弥勒邑"当为信奉弥勒之社邑组织，"邑首""邑长"

---

① 向南辑：《辽代石刻文编》，河北教育出版社1995年版，第34页。
② 《重修云居寺碑记》，向南辑：《辽代石刻文编》，河北教育出版社1995年版，第117页。
③ 《涿州超化寺诵法华经沙门法慈修建实录》，向南辑：《辽代石刻文编》，河北教育出版社1995年版，第277页。
④ 《弥勒邑特建起院碑》，向南辑：《辽代石刻文编》，河北教育出版社1995年版，第325—326页。

和"邑正"当为其执事人员,邑首和邑长应居于主导地位。

位于北京西山戒坛明王殿门右侧的辽道宗大康三年(1077)《为故坛主传菩萨戒大师特建法幢记》系八面经幢,末尾的题名包括:

> 崇国寺大兜率邑。邑人前管内左街僧录、净慧大师、赐紫沙门裕方,邑人前东京管内僧录、诠论大师、赐紫沙门裕企,邑人提点张□恒、邑长康德从,邑正石王,邑录邢文正。①

以此推之,"崇国寺大兜率邑"的成员当信奉弥勒。该邑会的成员包括获得"赐紫"荣宠的前任僧官,担任执事人员的"提点""邑长""邑正"和"邑录"皆为俗信徒。其中,提点和邑长当为崇国寺大兜率邑的领袖。

辽道宗大安六年(1090)《芹城邑众再建舍利塔记》在北京昌平区秦城龙泉寺,高70厘米,宽48厘米,记文正书。塔记云:

> 奉为天祐皇帝皇后万岁,芹城邑众再建舍利塔记,殿试进士韩琛撰。……我国朝幽燕都邑北,神山之阳,有里曰芹城。里西北先有舍利塔一座,倾毁殆尽,孰分年廿及知是何佛菩萨圣贤名号。迄于夜兮往往举放其光,凡众视之,无不谓之惊骇。时有当里信俗乐安郡□备合十指掌头□礼已叹曰:"见一土木殿堂绘塑形像,必勇猛精进。旋绕供养□兹的身遗形绵世不绝,忍芜没土壤而曝露风月,以骄慢不生恭敬耶!"乃召同邑众等,具述以为导首众,则欣欣然共发菩提心,并力出撅果得舍利,尤广是议。揆之以时,取大安四年(1088)三月十日不移旧所,复建塔庙。遂购材慕匠,儆伇僝功,随化助缘者,翕然风从。应如影响,春秋无辍,不数岁而功竟。巍然崛起,拔地嵌举绝一方。望极四远,见闻随戏者,仰赞无尽。②

其中"天祐皇帝"是辽道宗。而"皇后"应指辽道宗的第二位皇后萧坦思。辽道宗大康二年(1076),因为权臣耶律乙辛的称誉,萧坦思得以

---

① 向南辑:《辽代石刻文编》,河北教育出版社1995年版,第384页。
② 向南、张国庆、李宇峰辑注:《辽代石刻文续编》,辽宁人民出版社2010年版,第197页。

被立为皇后。大康八年（1082），因耶律乙辛失势，萧坦思降为惠妃①。此后，辽道宗再未册立皇后。可是，萧坦思被黜降之后八年，《芹城邑众再建舍利塔记》依然称呼其为"皇后"，或许因为当地邑众不清楚这场宫廷剧变，此碑刻材料的信息遂存在一定的滞后性。"奉为天祐皇帝皇后万岁""我国朝"之辞可见作者"殿试进士韩琛"及参与此佛事活动的邑众认同契丹的统治。据塔记所载，辽南京城北芹城里之西北原先有一座毁坏的舍利塔，夜晚出现放光的灵异现象，有信徒向邑众讲述自己所见之佛教神异现象，并引导邑众出资重修这座舍利塔。邑众掘出舍利后，积极筹资，很快重建起一座壮观的舍利塔。

大安八年（1092）《舍利塔题名》刻石在北京昌平区秦城龙泉寺，高71厘米，宽45厘米，正书。《舍利塔题名》曰："邑长孙备"、"维那、工部尚书耶律迪列"、耶律曹洛之"男儒州（今北京延庆）知事特末"，邑众有"前柴库院使高令闻"、"三班奉职、武骑尉张贻构"、"麻峪寨前指挥使张惟亮、前指挥使郭璘"、"旗鼓军使张五儿、神山院主僧未孚、讲《华严经》僧德才"，其余为平民邑众或村民的题名。②"邑长孙备"表明此社邑由平民俗信徒孙备领导，工部尚书耶律迪列担任该邑领袖"维那"。一些官员或退职官员、僧人也是此邑会成员。正是这些社邑成员共同建造了这座舍利塔。

天祚帝乾统十年（1110），崇效寺沙门行鲜撰《大辽涿州云居寺供塔灯邑记》（以下简称《供塔灯邑记》）云：

> 是时有寺僧文密，与众谋议，化钱三万余缗，建塔一座，砮砖以成。中设睟容，下葬舍利，上下六檐，高低二百余尺，以为礼供之所。
>
> 是以灯邑高文用等，与众誓志，每岁上元，各揆己财，广设灯烛，环于塔上，三夜不息。从昔至今，殆无阙焉。而后有供塔邑僧义咸等，于佛诞之辰，炉香盘食，以供其所。花菓并陈，螺梵交响。若缁若素，无不响应。郁郁纷纷，若斯之盛也。然而为善虽异，于治亦

---

① （元）脱脱等：《辽史》卷七一《道宗惠妃萧氏传》，中华书局2016年版，第1326—1327页。
② 《舍利塔题名》，向南、张国庆、李宇峰辑注：《辽代石刻文续编》，辽宁人民出版社2010年版，第210页。

同。盖从人之所欲，固无定矣。

噫！末法之代，去圣愈远。沙门则道眼昏昧，檀越则信心寡薄，往往陷于饕餮之者众矣！苟非舍利因缘，暨我曹循循善诱之力，其孰能与于此乎？所愿邑众等，承是胜缘，俾资遐福，世世生生，恒跻圣处。今具录姓名于碑阴。传之无穷，永垂不朽，以俟来哲，见而迁矣！维乾统十年岁次庚寅（1110）九月丙寅朔七日壬申辛时建。①

《供塔灯邑记》言灯邑成员每年上元（即正月十五）日出资"广设灯烛"环绕于塔上，持续三夜；供塔邑僧义咸等在佛诞日用"炉香盘食""花菓"以及"螺梵交响"大规模供奉佛舍利，广大僧俗信徒纷纷响应，场面颇为浩大。

关于灯邑、供塔邑成员供奉舍利之动机，碑文末尾说得非常清楚：供养舍利是为了应对末法时代的来临，以佛教教化众生，实与刊刻石经相同。放在云居寺这一特定的宗教空间及刻经事业的背景下，邑人在元宵节和佛诞日燃灯供养舍利，凸显出神圣性。

撮要而言，在辽南京，僧俗信徒自由组织的佛教信仰团体——社邑广泛流行，反映出佛教信仰渗入南京各阶层民众的日常生活，佛教信仰的普遍性，而且超越族群和阶层的界限，成为连接各族与各阶层信徒的纽带。邑会成员的捐赠和佛事活动对寺院经济、佛教事业的发展意义重大。这也反证辽朝政府对民间结社的监控松散，未实行相关制约措施。

四　结语

辽南京为人口稠密、市井繁华的大都市，多元文化的交融互鉴、政治地位的逐步提升，促使其成为北方的文化重镇与佛教中心。

佛教活动深深融入信徒的日常生活。在辽南京，上至皇帝、贵族官

---

① 录文根据：第一，《涿州云居寺供塔灯邑记》拓片，云居寺文物管理处编：《云居寺贞石录》，北京燕山出版社2008年版，第77页；第二，《涿州云居寺供塔灯邑记》录文，陈述辑校：《全辽文》卷一〇，中华书局1982年版，第308页；第三，《涿州云居寺供塔灯邑记》录文，北京图书馆金石组、中国佛教图书文物馆石经组编：《房山石经题记汇编》第一部分《碑和题记（唐至民国）》，书目文献出版社1987年版，第25—26页；第四，《涿州云居寺供塔灯邑记》录文，向南辑：《辽代石刻文编》，河北教育出版社1995年版，第614—615页。

僚、地方豪富，下到一般民众，都非常虔诚地信奉佛教，各阶层人士采用多种方式积极参与佛教活动，如日常奉佛、出家为僧尼、筵僧与做法事、佛诞日巡礼、诵读佛经、参与刻经事业和修建寺院塔幢。辽南京的广大佛教徒结成社邑组织参与佛教活动，并为寺院提供经济资助。从宗教社会史角度来说，辽南京各阶层佛教信徒的实践活动在很大程度上赓续了中原社会的特征，但在胡汉交融的社会背景下又显示出自己的特色。

简言之，在辽南京，各阶层佛教信徒的实践活动呈现出绚丽多彩的特征。他们注重功德事业、朝圣活动和法会仪式，以祈福禳灾、追福亲人，甚至为统治者祈祷。同时，其中好些活动显密兼修、儒佛兼容，深受佛教福田思想、感应故事以及儒家孝道观念的影响，呈现出家学传承、社邑组织与民间风俗交相辉映的亮丽风景。毫无疑问，这已然成为南京道地区寺院经济繁荣的坚实基础。

辽南京的佛教信徒不分族群、阶层和性别差异，体现出普及性特征。佛教活动成为各族群、各阶层人士共同演绎的大舞台，对消弭族群畛域、缩小阶层差距、促进社会整合发挥着不可取代的作用，谱写出北京历史上富有魅力的璀璨篇章。

明清北京地区关帝信仰与中华民族共同体意识

于 洪*

摘要：关帝信仰作为中华民族传统文化的重要组成部分，代表着中国传统文化中的忠义、勇敢和诚信等美德。北京明清时期的关帝庙达百余座，广泛分布于城市各个角落。作为历史文化遗产，它承载着丰富的民族记忆和历史情感。这些庙宇不仅是汉族祭拜关羽的场所，也吸引了满族、蒙古族等前来参拜。关帝信仰还在佛释道三教中得到广泛传播和享有崇高地位，它在传承和弘扬过程中，使得各民族在共同的文化符号下找到了归属感，增强了彼此之间的认同感，为中华民族共同体意识的形成提供了文化基础。

关键词：北京；明清关帝信仰；中华民族共同体意识

明清时期，北京关帝信仰十分盛行，北京城内外到处都有关帝庙，潘荣陛所著《燕京岁时纪胜》记载，"关圣庙遍天下，而京师尤胜"[①]。根据20世纪30年代国立北平研究院的《北平庙宇通检》，城内最多的庙宇是关帝庙。[②] 城门是联系城内外的交通要道，与日常生活关系最为密切，北京城内九门的瓮城内均建有庙宇，除德胜门、安定门供奉真武大帝外，其余各门均有关帝庙，民谚有"九门十个庙，一庙无神道"之说，反映了北京地区民众的关帝信仰之普遍和深入。

---

* 于洪，北京联合大学应用文理学院历史系副研究员，研究方向：民族与宗教。
① （清）潘荣陛：《帝京岁时纪胜》，北京古籍出版社1981年版，第23页。
② ［日］多田贞一：《北京地名志》，张紫晨译，书目文献出版社1981年版，第82—83页。

一 关帝信仰的由来

（一）历史上关羽人物的忠义文化

关羽是一位历史人物，《三国志》有关于关羽生平的记载："关羽字云长，本字长生，河东解人也。先主于乡里合徒众，而羽与张飞为之御侮。先主为平原相，以羽、飞为别部司马，分统部曲。先主与二人寝则同床，恩若兄弟。而稠人广坐，侍立终日，随先主周旋，不避艰险。"[①]这里的先主指的是刘备。刘备与关羽、张飞在桃园结义后，关羽对刘备忠心耿耿，帮助刘备成就大业。关羽最终被孙权杀害。《三国志》："权已据江陵，尽虏羽士众妻子，羽军遂散。权遣将逆击羽，斩羽及子平于临沮。追谥羽曰壮缪侯。"[②]此后，人们把关羽神圣化，通过祭祀关羽，缅怀这位历史英雄。特别是《三国演义》一书，将关羽人物形象刻画得十分完美，如《三国演义》里，曹操把关羽围困在屯土山，张辽劝降，关羽约三事，其中最重要的就是"降汉不降曹"，在讲究名分的社会中，充分体现了关羽忠于国家的意识。关羽始终追随刘备，就是因为刘备代表着汉室江山。关羽的义更是让人印象深刻，为了回到兄长刘备身边，舍弃曹操给予的高官厚禄，"过五关斩六将"，"千里走单骑"；为了曹操对自己的知遇之恩，不惜被杀头释而放走陷于绝境的曹操。关羽的勇也令人称道，温酒斩华雄，斩颜良诛文丑，赴东吴"单刀赴会"，水淹七军，威震华夏等。关羽身上所拥有的忠诚、守信、义气的美德超越了时代，他的忠义品质不仅赢得了人们的尊敬，也为社会大众树立了鲜活的榜样，因而备受推崇，成为忠义的化身。

（二）关帝忠义信仰崇拜及祭祀

早在魏晋南北朝时期，关羽为国尽忠的英雄形象就在荆楚和四川民间产生影响，民间开始建庙祭祀关羽。隋唐时期，佛教把关羽纳为护法神，为民间信佛者所广为接受。此后，对关羽的崇拜在民间迅速传播开来。宋代，宋徽宗绍圣三年（1096）赐关羽玉泉祠额"显烈庙"，崇宁元年

[①]《三国志·蜀书》卷36《蜀书第六》。
[②]《三国志·蜀书》卷36《蜀书第六》。

（1102）追封关羽为"忠惠公""崇宁真君"。崇宁三年（1104）改封"崇宁至道真君"，大观二年（1108）加封"武安王"，宣和五年（1123）敕封"义勇武安王"①，从此就有了关羽的封赠与朝廷的国家祭祀。元代除了继续敕封外，还"遣使祠其庙"。明朝官方对关羽的崇拜开始不断升温。从明太祖朱元璋开始直到明神宗在位时曾多次加封，万历皇帝加封他为"三界伏魔大帝神威远镇天尊关圣帝君"，至此关羽被称为关帝。据《茶香室三钞》记载："至明万历二十八年封协天护国忠义帝，四十二年封三界伏魔大帝神威远镇天尊关圣帝君，自是始相沿有关帝之称。"②

元末明初，小说家罗贯中根据《三国志》及民间传说创作长篇章回体历史演义小说《三国演义》，使得三国故事在民间得以广泛流传，其中关羽人物忠义神勇的形象与民间推崇的伦理道德相契合，广受民间青睐，其信仰益加普及。民间戏曲、评书、相声等多从《三国演义》中创作曲目，特别是关羽的角色符合官民的社会期待，直接推动了关羽崇拜在民间的普及，关羽成为社会各行各业的楷模。清朝在入关之前，统治者就对关羽崇拜有加，因此关羽的封赠也得到了延续，在盛京建造关帝庙祭祀，并赐庙额"义高千古"。顺治元年（1644）定祭祀关圣帝君庙之礼，"建关帝庙于地安门外宛平县之东，岁以五月十三日，遣官致祭"。顺治九年（1652）敕封关羽为"忠义神武关圣大帝"。雍正时，将关帝崇拜正式列入国家祀典，岁时致祭。乾隆三十三年（1768）加封关帝为"忠义神武灵佑关圣帝"，并决定将关帝祭祀之礼按照新封号安排，同时升级地安门外关帝庙建筑制式，"地安门外关帝庙正殿及大门，改用纯黄琉璃"③。嘉庆、道光、咸丰、同治、光绪历朝继续加封，嘉庆十九年加封仁勇，道光八年加封威显，咸丰二年加封护国、三年加封保民、六年加封精诚、七年加封绥靖，同治九年加封翊赞，光绪五年加封宣德，关羽加封长达26字，即"忠义神武灵佑仁勇威显护国保民精诚绥靖翊赞宣德关圣大帝"。咸丰三年，关羽祭祀规格被进一步提升，"升入中祀。所有一切典礼，自明年春祭始，悉照中祀遣官例举行。……又奏准：历代帝王庙乐章六走用平字……凡六成……今关帝庙乐章，照历代帝王庙用六成。又奏准关帝庙佾舞，照历代

---

① 田福生：《关羽传》，中国文史出版社2007年版，第476—479页。

② （清）俞樾：《茶香室三钞》卷19，《笔记小说大观》第34册，江苏广陵古籍刻印社1984年版，第355页。

③ 胡小伟：《关公崇拜溯源》，北岳文艺出版社2009年版，第645页。

帝王庙用八佾。"①

清代民间对关羽的崇拜更加狂热，关羽的诚信礼义精神为各行业所追求，也特别符合"义利合一"的商业理念，由此关羽又化身为财神。关羽的姓氏很好，在官本位的封建社会，"关"与"官"谐音，加上财神形象，"官运亨通、财源广进"的文化内涵与民众追求特别贴合，关帝信仰因而愈加受到追捧。可以说，关羽的忠义信仰影响至深，社会对关羽的崇拜古已有之，从魏晋到明清，从皇室到百姓一直都有延续。但在明清两代，关羽的崇拜达到顶峰。

二 明清北京的关帝庙

早在明以前，北京城内外就有关帝庙，《析津志》记载大都城内有关王庙，"太和宫，在天师宫北，去关王庙义井头东第二巷内"。②《日下旧闻考》记载："阜成门内关帝庙，不知何时所建，元泰定间修。"③

明朝统治者对关帝信仰也非常推崇。明太祖朱元璋首先在南京鸡鸣山建立汉寿亭侯庙，祭祀关羽。明成祖迁都北京后，在北京建汉寿亭侯庙祭祀关羽。"成化十三年，奉敕建庙宛平之东，中塑神像，前为马殿，外为庙门。嘉靖十年，南京太常少卿黄若以汉寿者封邑，而亭侯者，爵也；止称寿亭侯，误矣。乃改称汉前将军汉寿亭侯。岁五月十三日，致祭。先十日太常题，遣本寺堂上官行礼。凡国有大灾，则祭告。祝曰：惟神生禀忠义，死后神灵，御灾捍患，历代昭著，兹当生辰，谨以牲醴致祭，尚享。"④明代《帝京景物略》和《长安客话》中皆提到正阳门关帝庙。该庙位于正阳门瓮城西侧，建于明永乐年间。"正阳门庙者，祀汉前将军关侯。侯庙祀遍天下，而称正阳门者，为都城作也。"⑤嘉靖十年（1531），正阳门关帝庙进入国家祀典，地位进一步提升，"每岁五月十三日，以侯（关羽）生辰，用牛一、羊一、豕一、果品五、帛一，遣太常寺堂上官行

---

① 《钦定大清会典事例》卷438，《续修四库全书》第805册史部政书类，第20—24页。
② （元）熊梦祥：《析津志辑佚·寺观》，北京出版社1983年版，第93页。
③ （清）于敏中等编纂：《日下旧闻考》卷52《城市》，北京古籍出版社1981年版，第831页。
④ （明）沈榜：《宛署杂记》卷18《万字·恩泽》，北京出版集团公司、北京出版社2018年版，第216页。
⑤ （明）蒋一葵：《长安客话》卷2《皇都杂记》，北京古籍出版社1994年版，第24页。

礼，国有大事则告"。① 万历皇帝十分崇拜关羽，据《酌中志》记载，明神宗万历时期，紫禁城内"宝善门、思善门、乾清门、仁德门、平台之西室及皇城各门，皆供关圣之像"。②

明朝关帝信仰在北京地区得到提升，北京城内外广建关帝庙，当时关羽尚未封为帝君，故明代称作关王庙。《京师五城坊巷胡同集》中记载城内街巷中，就有好几条街巷或村落因关王庙而形成，中城明照坊关王庙、大时雍坊红庙儿，东城黄华坊关王庙、南居贤坊白庙、仁寿坊红庙街，西城咸宜坊红庙儿街、鸣玉坊关王庙、金城坊关王庙，南城正东坊关王庙、崇北坊关王庙、宣北坊关王庙、宣南坊关王庙，北城教忠坊关王庙、中乡白庙村。③ 沈榜所著《宛署杂记》记载有宛平县城内外的关王庙，在宛平县北京城内的关王庙："一在积庆坊"，"一在安福坊"，"在大时雍坊者三"，"在小时雍坊者二"，"在朝天日中坊者三"，"在鸣玉坊者三"，"在金城坊者二"，"在阜财坊者二"，"在发祥坊者二"，"在北城日中坊者一"，共20座关王庙。在宛平县北京城外的关王庙有32座。④ 同样与宛平县并列管辖北京城乡东半部的大兴县的关王庙数量也应当与此差不多，明嘉靖年间北京城内外关王庙应该有上百座。为了弘扬关羽的忠义神勇精神，明朝军队中也有关帝庙，据《日下旧闻考》记载，德胜门外正黄旗教场北"西红庙在"，"其东北里许有团营关帝庙则团营祀神之处，今称东红庙焉"，东红庙又称"忠义庙"，"旧称团营关帝庙，考明景泰间于谦选三大营兵分十营团练，号曰团营。英宗复辟废之，成化间复立，增为十二此庙，乃明代团营所祀之神俗称东红庙，与西庙对峙者也。"⑤

清朝也大力推广关帝信仰。康熙、雍正、乾隆等皇帝均对关羽怀有深厚的崇拜之情，在北京城新建或重修关帝庙。顺治九年（1652），敕封关羽为"忠义神武关圣大帝"，新加封号较以前更加尊贵，而且将地安门外以西的白马关帝庙作为官方专门祭祀之庙，"汉寿亭侯庙在宛平县东，成化十三年

---

① 鲁愚：《关帝文献汇编：关圣帝君征信编》，国际文化出版公司1995年版，第357页。
② （明）刘若愚：《明宫史·金集》，北京出版集团公司、北京出版社2018年版，第19页。
③ （明）张爵：《京师五城坊巷胡同集》，北京古籍出版社1982年版，第5—20页。
④ （明）沈榜：《宛署杂记》卷19《言字·寺观》，北京出版集团公司、北京出版社2018年版，第232—234页。
⑤ （清）于敏中等编纂：《日下旧闻考》卷107《郊坰》，北京古籍出版社1981年版，第1776页。

建，俗呼白马关帝庙，盖隋之旧基也。每岁五月十三遣太常官致祭"。[①] 清代在海淀建造皇家园林，园内设置供奉关帝之所。清漪园宿云檐建于乾隆年间，"上有楼，奉关圣"[②]。圆明园碧桐书院之西为慈云普护，"前殿南临后湖，三楹，为欢喜佛场；其北楼宇三楹，有慈云普护额，上奉观音大士，下祀关圣帝君"[③]。"日天琳宇，四十景之一……中前楼上奉关帝。"[④]

城门是各色人员出入之所，便于文化的交流与传播，北京城内城九门皆有关帝庙，而在京师九门关帝庙当中，"士民香火之盛，以正阳门为首"，朝廷每年遣官祭祀正阳门关帝庙，"关帝庙在正阳门月城之右，每年五月十三日致祭，先十日太常寺题遣本寺堂上官行礼，是日民间赛会尤盛"。[⑤] 康熙帝更是御笔题写"忠义"匾额给正阳门关庙。关羽受到皇家层面的大力崇拜，无疑提升了关羽在皇室心中的地位，也推动了关帝信仰在民间的普及。绘制于乾隆十五年（1750）的《乾隆京城全图》，比较清晰地反映了当时北京城内情况，图上标有关帝庙116座。据清代《燕都丛考》《日下旧闻考》，关帝庙从数量上排在所有寺庙类型的第一位。1928年北平城郊关帝庙286座，明代以万历年间修造的关帝庙最多，占到明朝关帝庙的50%。清朝新修的关帝庙约有164座，其中道光年间修建的关帝庙最多，乾隆次之。[⑥] 文献中对关帝庙的记载，说明关帝庙在当时北京城内随处可见；对皇家敕建的关帝庙往往记载详细，百姓私建的关帝庙则少见于文献记载，但私建的关帝庙数量很多。如北京城阜成门内朝天宫旧址，毁于明天启年间，其旧址被民居所占，但老百姓还是开辟出一块地方专门建造关帝庙，"今阜成门东北虽有宫门口、东廊下、西廊下之名，其实周回数里，大半为民居矣。西廊下有关帝庙，乃土人因其余址而葺之者"。[⑦]

三山五园是清朝皇帝重要的办公之所，他们在各园林内供奉关帝，也促进了周边地区的关帝信仰的发展，因此海淀一带也建有很多关帝庙，圆明园大宫门东有慧福寺，"土人亦称关帝庙以寺内供关帝像也"[⑧]；另外，

---

① （清）孙承泽：《春明梦余录》卷22，北京出版集团公司、北京出版社2018年版，第318页。
② （清）于敏中等编纂：《日下旧闻考》卷84《国朝苑囿》，第1400页。
③ （清）于敏中等编纂：《日下旧闻考》卷80《国朝苑囿》，第1339页。
④ （清）于敏中等编纂：《日下旧闻考》卷81《国朝苑囿》，第1355页。
⑤ （清）于敏中等编纂：《日下旧闻考》卷43《城市》，第672页。
⑥ 王铭珍：《北京的关帝庙》，《北京档案》2011年第5期。
⑦ （清）于敏中等编纂：《日下旧闻考》卷52《城市》，第837页。
⑧ （清）于敏中等编纂：《日下旧闻考》卷99《郊坰》，第1651页。

长春园大东门外大石桥有关帝庙，西北一里许地名二河闸，也有关帝庙；圆明园和颐和园之间的大有庄前御道北侧有关帝庙；青龙桥红石山有关帝庙。雍正皇帝在《御制关帝庙后殿崇祀三代碑文》曾写道："自古圣贤名臣各以功德食于其土，其载在祀典，由京师达于天下郡邑，有司岁时以礼致祭者，社稷山川而外，惟先师孔子及关圣大帝为然。孔子祀天下学宫，而关帝庙食遍薄海内外，其地自通都大邑，下至山陬海澨，村墟穷僻之壤。其人自贞臣贤士、仰德崇义之徒，下至愚夫愚妇、儿童走卒之微贱，所在崇饰庙貌，奔走祈禳，敬畏赡依，凛然若有所见。"[①] 文中表明关羽信仰遍及海内，上至达官显贵，下至黎民百姓，无不对其崇拜有加。

关羽英勇善战的形象符合满人善于骑射的尚武精神，关帝信仰普遍存在于满族贵族和普通旗人生活当中。清北京内城作为满洲劲旅驻扎之地，是全国最大的满城，城中关帝庙多达百座。清朝全国各直省驻防满城均建有关帝庙。在海淀皇家园林周边的驻防旗营当中，如安河桥、树村、健锐营、正红旗、镶白旗等各旗营内均有关帝庙。

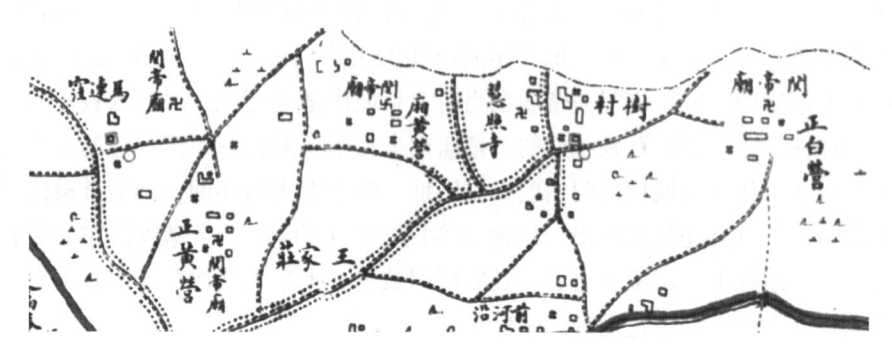

图 1　近代地图中所反映的海淀附近旗营与关帝庙的关系

三　明清北京关帝信仰与中华民族共同体意识

明清时期北京地区的关帝信仰体现在社会生活的各个方面，特别是在儒家、佛家和道家思想和制度体系当中体现得尤为明显。

---

① （清）于敏中等编纂：《日下旧闻考》卷44《城市》，第698页。

(一) 关帝庙与道教有深厚的联系

道教宫观里供奉关羽像，称其为"财神"或"三界伏魔大帝"，是道教中的一位神仙。明清时期的北京城中，有很多类型的关帝庙，如红马关帝庙、白马关帝庙、回马关帝庙、双关帝庙、双旗杆关帝庙、伏魔大帝宫等。百姓俗称关羽为"关老爷"，后来关帝庙也简称为"老爷庙"。还有一些与关帝合祀的道教宫观，如火德真君庙、三义庙、五虎庙、天仙庵、马王庙、财神庙等。民间通过修建关帝庙、举办庙会等方式来表达对关羽的崇拜和敬仰。

(二) 关帝信仰与佛教的关系

佛教将关羽尊为护法伽蓝菩萨，视为守护佛法及佛教徒的神祇，称其为"伽蓝菩萨""护法天神"[1]。伽蓝菩萨的职责是守护寺庙和佛教徒的安全，驱逐邪灵和邪恶力量，带来平安和吉祥。关羽被纳入佛教神谱的过程，可以追溯到天台宗的创始人智𫖮大师。此后，关羽的护法地位在佛教中逐渐巩固和提升，各佛教寺院争相将其安奉为伽蓝神。比如：始建于辽代咸雍四年（1068）的北京大觉寺中，位于大殿的东侧配殿，作为供奉伽蓝神（关羽）的主要场所。北京著名的藏传佛教寺院雍和宫中，设有关帝殿（或称为伽蓝殿），专门供奉关帝及其部将关平和周仓。关帝殿的布局和塑像设计，都体现了对关帝的敬仰和信仰。在雍和宫的正殿或配殿的唐卡画中，经常可以见到关帝的画像，这都见证了关帝信仰与佛教的关系十分密切。在很多佛教寺庙中，都有供奉关羽的殿堂。

(三) 关帝信仰与儒家文化的关系

在关帝庙以及民间关羽题材的文艺作品中，经常出现关羽夜读《春秋》的代表性形象。《春秋》是儒家文化的代表作，该书通过隐晦的方式来表达善恶、是非等观念，充分阐述了儒家思想的伦理和规范。关羽读《春秋》的形象，非常契合儒家文化的理念和追求。儒家将关羽纳入其文化体系之中，尊称其为"武圣"，与"文圣"孔子并列。这种推崇不仅体现了儒家对关羽道德品质的认可，也反映了儒家文化在民间信仰中的广泛

---

[1] 王同桢：《寺庙北京》，文物出版社2009年版，第16页。

影响。儒家学者又把关帝尊奉为"武文昌"之一。关羽的忠义仁勇精神与儒家思想高度契合，共同构成了中华民族传统文化的重要组成部分。儒家学者通过编写经籍、修建关帝庙等推动关帝信仰的发展与传播。在社会影响方面，关羽信仰与儒家文化相互促进、相互影响，共同塑造了中华民族的精神文化。

从上面的介绍可以看到，关帝信仰随着历史的演化渗透到社会生活的各个方面当中，无论儒学，还是道教、佛教均需要关羽所体现的社会伦理道德，因此均将关羽纳入各自的文化体系当中，用以招收信徒，扩大自身影响。也正基于社会各界对于关帝的崇拜，传播宣扬其所代表的忠义精神，使得民间对于关帝最为认同，普遍建造关帝庙用以祭祀。在北京的庙宇当中，以供奉关帝的庙宇数量最多。

（四）佛释道中的关帝信仰与中华民族共同体意识

明清北京关帝信仰是中华传统思想文化的一个典型案例，反映了社会各阶层对于关羽忠义精神的崇拜和追求，体现在明清时期儒家、佛教和道教等各文化体系的建筑制度体系当中。这充分反映了关帝信仰作为中华传统文化的重要组成部分，具有跨宗教、跨文化的信仰基础，为中华民族共同体意识的形成提供了重要的支撑。无论是信仰佛教、道教还是儒家文化的信众，都可以通过关帝信仰找到共同的精神寄托和文化认同。在中华民族的历史长河中，关羽所代表的忠义精神一直激励着人们为社会正义奋斗。综上所述，明清北京关帝信仰与中华民族共同体意识之间存在深刻而紧密的联系。这种联系不仅体现在关帝信仰在佛释道三教中的广泛传播和崇高地位上，更在于它所承载的中华民族共同体的精神内核和文化认同。通过传承和弘扬关帝信仰中的忠义精神、加强文化认同等方面的努力，可以更好地铸牢中华民族共同体意识、推动中华民族伟大复兴。

论明中后期北京长城防务的变化及影响

姚 晚[*]

摘要：依据前人研究长城相关的历史专著与历史文献等资料，探析明北京长城工程选址的影响因素，以及明中期北京外围增设军镇防务的变化。前期系统性的长城工事与"屯垦戍边"结合的军事布防，维护着明廷初期的边疆稳定。但将明宣德年间与万历时不同的《明时期全图》对照分析，联系到嘉靖二十九年（1550）发生的"庚戌之变"，明朝的军政腐败与防务废弛加重，可以联系万历年间，河套农耕区与靠近京师北方的部分疆域领土的丢失，两者之间紧密关联。明北京长城的军事防务能力降低，俺答越过长城入侵京师，威胁明廷的统一与稳定。嘉靖三十年（1551），在北京西北部增设昌镇与真保镇，加强长城防务，长城始终对于明廷的政治稳定、国家统一有着重大历史意义。

关键词：明代；北京；长城；军事防御

一 明朝前中期长城防务工程与屯田结合的运作体系及变化发展

长城是古代中原王朝各政权为进攻或防御所建筑，运用大量人力、物力修筑的以城墙、要塞为核心的边境军事堡垒，多靠近河流处。"河流水系隐藏着天然的社会政治功能，对国家社会的生存，影响并支撑着中央集权统一

---

[*] 姚晚，北京联合大学应用文理学院中国史研究生，研究方向：中国古代史和北京文化遗产。

体制的稳定。"① 其中提到的"河流水系"对于长城营建与边地军屯，都起着极为关键的作用。长城防务与屯田结合，历史上较为突出的是在秦汉时期，秦与西汉修筑长城，主要目的是防御当时北境入侵的匈奴。1930 年，甘肃省酒泉市金塔地湾遗址附近出土 4000 多支汉代木简，记载的汉代西北边塞的士兵屯戍情况，学界统称为"居延汉简"②。汉简里面保存着西汉王朝沿着河流，进行边地长城的运营修建，以及战争警戒的相关记载。汉简里记录了汉战胜匈奴后，逐渐占据额济纳河、疏勒河一带，沿着河流修建了长城要塞，由此也可以分析出河流对长城选址修建的重要性。

《汉书·赵充国传》里著名的"屯田奏"记载："令可至鲜水左右。田事出，赋人二十亩……为田者游兵。以充入金城郡，益积蓄，省大费。"③ 可在边地有水系河流附近实施屯田，主要是基于河流屯田可以积蓄后勤粮草物资，节省战争经费。学者张运德认为，"屯垦戍边的目的或实质在于占统治地位的阶级为了国家统一，保卫建设边疆"。④ 这种"近水屯垦戍边"的积粮省费战略，能够有效防御，保证国家的安定与统一，这一战略也从汉朝延续到了明朝。《明史·太祖本纪》载："（洪武）三十年春正月丙辰，耿炳文为征西将军，郭英副之，巡西北边……丁卯，置行太仆寺于山西、北平、陕西、甘肃、辽东，掌马政。己巳，左都督杨文屯田辽东。"⑤ 表明到明代，西北边镇中央派征西将军进行巡边，同时设太仆官掌马政，设都督在东北地区辽东镇屯田，其中的"北平"便是现在的北京，起自汉时的屯垦戍边，在明朝依然被沿用。

1367 年，朱元璋让徐达等人率大军进行北伐，主要是为消灭元朝的残余势力，明在元内讧时期，采取步步为营的策略与元军反复较量，凭借运河水陆并进，最终经过多次北伐统一华北与东北地区。⑥ 朱元璋收回的燕山军事防线是保卫中原王朝的重要屏障，也是北京的核心区域。但是，明廷在统一的过程中只是赶走了蒙古势力，没有往外扩展自己的势力，前期北方一直面临着蒙古族残余两部的侵扰，塞北边患始终存在。

---

① 胡岩涛：《汉帝国西域屯垦与国防的战略选择》，《西北民族大学学报》（哲学社会科学版）2017 年第 4 期。
② 赵宠亮：《行役戍边——河西汉塞吏卒的屯戍生活》，科学出版社 2012 年版，第 1—302 页。
③ 《汉书》卷 69《赵充国传》，中华书局 1964 年点校本，第 2986 页。
④ 张运德：《两汉时期西域屯垦的基本特征》，《西域研究》2007 年第 3 期。
⑤ 《明史》卷 3《太祖本纪三》，中华书局 1974 年点校本，第 54 页。
⑥ 南炳文、汤纲：《中国断代史系列·明史》，上海人民出版社 2003 年版，第 65—75 页。

关于北部边境的军事布防，在明洪武初期，面对北方蒙古是"以攻为守"，加上大将备战镇守御边，《明史·太祖本纪》载："（洪武六年三月）壬子，徐达为征虏大将军，李文忠、冯胜、邓愈、汤和副之，备边山西、北平。"① 之后随着朱元璋对功臣名将的清洗，著名大将军"蓝玉案"及其多将牵连被杀，朝中良将渐少。后逐渐改为宗王御边，《明太祖实录》中记载："天下之大，必建藩屏，上卫国家，下安生民。"大封诸王，以藩为屏，宗室诸王御边，实力强劲的宁王是其中藩王代表之一，《明史·宁王传》记载："带甲八万，革车六千，所属朵颜三卫骑兵皆骁勇善战。"② 成祖朱棣称帝前本身就是藩王之一，镇守着燕山北平一带，《成祖本纪》言："洪武三年，封燕王。十三年，之藩北平。"③ 靖难之役后，朱棣依然不断削藩，宗王实力不断弱化，宗王渐渐也无力抵御北虏。

明王朝退而求其次，转为"被动防御，不再进攻"，其主要载体是北部的"九边军镇"和长城。为了进一步加强长城防务，便于朝廷及时指挥调遣长城沿线兵力，不断修缮长城关工程，依次划分九个军事防区，合称"九边"。各边恢复设大将镇守，《明史·地理志》载："其边陲要地称重镇者凡九：曰辽东，曰蓟州，曰宣府，曰大同，曰榆林，曰宁夏，曰甘肃，曰太原，曰固原。"④

直到明朝中后期，嘉靖年间，朝政由奸臣严嵩一党把持朝政，致使明廷内部军政腐败。嘉靖二十九年（1550）俺答入侵越过长城，直抵北京城下，造成"庚戌之变"。嘉靖三十年（1551），为加强京畿防务和修护帝陵的需要，朝廷于是在北京西北部增设昌镇与真保镇，合为十一镇。明长城依据图1可了解其分布。

具体如下。陇中盆地的甘肃镇，长城辖地东起兰县，西至祁连山近嘉峪关。固原镇，长城辖地东起靖边连榆林镇长城，西至皋兰与甘肃镇长城相连。榆林镇，长城辖地东起陕西皇甫川，西至宁夏花马池。宁夏平原的宁夏镇，长城辖地东起大盐池，西至兰州。位于陕北高原地区的太原镇，属于内长城，辖地西起保德、河曲黄河岸，途经宁武关、雁门关、平型关、龙泉关等关口直达黄榆岭。位于华北平原的军事战略咽喉重地：宣府

---

① 《明史》卷2《太祖本纪二》，中华书局1974年点校本，第28页。
② 《明史》卷117《诸王列传二》，中华书局1974年点校本，第3591页。
③ 《明史》卷5《成祖本纪一》，中华书局1974年点校本，第69页。
④ 《明史》卷40《地理志一》，中华书局1974年点校本，第882页。

镇，长城辖地东起居庸关，西至西洋河；大同镇，长城辖地东起镇口台，西至鸦角山。这两座军镇位于内外长城之间，实行内外兼顾的军事防御体系。地处燕山与太行山一脉的蓟镇，管辖的长城东起山海关，西至慕田峪、昌镇，从原蓟镇中增设，长城辖地东起慕田峪，西至紫荆关、真保镇，长城辖地北起紫荆关，南至故关。因为靠近京畿，主要为加强首都京城与帝陵的防务，逐渐形成九边十一镇的军事防御布局。[1] 其中靠近东部的燕云十六州，以京畿一带为核心，这也是明廷基于国家边疆安全考虑，所以地处华北的北京地区，长城的防御极为关键。

根据《明史》可知，明廷基本统一全国后，蒙古的部分旧贵势力鞑靼部与瓦剌部逃回了漠南、漠北，长年侵扰。在明中期占据了距离"九边"长城工程中的宁夏镇、榆林镇、太原镇、大同府较近的河套地区。《明史·地理志》载："西有奢延水，西北有黑水……所谓河套也。洪武中，为内地。天顺后，元裔阿罗出、毛里孩、孛罗出相继居之。"[2] 据史可知，在明洪武时期，河套地区属于明中央政府的管辖，但到明英宗天顺年之后，蒙古鞑靼部的阿罗出、毛里孩等，占据了水资源极为丰富的河套农耕区，侵略势力不断壮大。河套附近的长城防线中段，开始一直处于对外被动防御的弱势地位，进而影响到了靠近长城东部的燕山一带的京畿。

根据明朝的疆域全图，明前期宣德八年（1433）与明中后期万历十年（1582）对比可知，从明宣德到明万历年间，黄河的"几"字形处的河套地区，包括部分河套以南的领土，整个阴山山脉，靠近长城中部的河套领域，再向东延伸的京师北部大同府、万全都司、开平卫北部附近的领土区，宣德年间还在明朝领土范围内，但到了明万历年间，基本上明长城工事外围的北部领土全部丢失。这些水系较多领地的丧失，使得蒙古军可以靠近明朝疆域，就近依水生存发展，助长了鞑靼部与瓦剌部的实力，严重威胁了长城镇守的防御。

二　明北京长城工程选址与屯务结合"山川河流水系"修建的战略考量

为了防范北方日益强大的蒙古两部的入侵势力，长城的防御工程及关

---

[1] 罗哲文：《长城》，清华大学出版社2008年版，第64—71页。
[2] 《明史》卷44《地理志五》，中华书局1974年点校本，第1012页。

键选址,一直是重中之重。关于明长城的建筑,虽然《明史·兵制》有"东起鸭绿,西抵嘉峪,绵亘万里,分地守御"①的记载,明在山海关外的辽东地区虽有军事布置与野战工事,但与长城的军事布防不同,环绕辽河流域的塞城、塞墙大部分是比较低矮的"壕垣",壕沟和矮土墙的防御力度较小,类似于西汉在西域的居延地区的布防,肩水金关外的额济纳河湿地有堡垒,也没有高大连绵的城墙,防御等级比不过在金关以内,对比分析发现明在辽东广宁的兵事布防也不及山海关之内。

究其原因,一是在明朝前期,当时辽东的外围是明在东北建州女真人居住区设置的建州三卫,东北蒙古人聚居地的朵颜三卫,都受明中央政府管制,所以明在辽东的军事布防实际上也仅仅是一种边缘化的军事防御缓冲区。二是辽东距离明中央政府的京师较近,朱棣选择迁都北京,将首都京师定在燕云十六州一带,不仅可以震慑辽东的女真族部,也可近控北方的防守区域,确实是以"天子守国门"的方式来填补因皇权内斗,藩王削夺,逐渐致使边防的军事力量孱弱与真空状态。京师的确立,可近距离威慑辽东和北地。因为辽东与燕山北麓在明前期,中央政府还能管辖,因此受外敌入侵还不明显,女真族还可以控制。所以,前期明长城东段没有将这两处纳入长城要塞守卫据点,重点布防区域还是东起山海关,西至嘉峪关,沿着边镇及河流附近修建长城塞口。

明北京长城的工程修建与屯务都与河流等水资源有明显联系。史念海提出:"秦及西汉的长城和明长城都修筑在从事农业的民族和游牧民族之间。"②可以看出,长城基本处于农耕与游牧的分界处,其中的区分重点与"水"有关。元明时期,北京地区逐渐发展成中原王朝的政治文化中心,而所处华北的北京地域,河流湖泊众多,其水资源相接处对长城还有军镇的工事修建相互关联。③

将万历十年(1582),《明京师(北直隶)》与《明顺天府附近》地图中的河流水系与长城工事对照看,也可以分析出,边镇的军事卫所与长城墙堡,多是靠近河流或沿着边境附近的河流水系修建,此延续了汉时边

---

① 罗哲文:《长城》,清华大学出版社 2008 年版,第 79 页。
② 史念海:《关于中国长城的几个问题》,《陕西师范大学学报》(哲学社会科学版) 2024 年第 4 期。
③ 侯旭东:《渔采狩猎与秦汉北方民众生计——兼论以农立国传统的形成与农民的普遍化》,《历史研究》2010 年第 5 期。

境防御，屯田与水系结合的"屯垦戍边"战略。

明朝在长城附近同时设置屯田，其边地军事布防政策，在设置边防九镇的基础上继续实行屯务。《明史·庞尚鹏传》载："明年春，朝议兴九边屯、盐……兼理畿辅、河南、山东、江北、辽东屯务……命尚鹏兼领九边屯务。"① 朝廷派大臣庞尚鹏领九镇屯务。另《明史·太祖本纪》载："庚辰，诏天下卫所军以十之七屯田。"② 因屯田的农业种植需要河流等水资源来进行灌溉。"华北地区内的自然环境、地貌景观及地表径流复杂多样。"③ 位于京师附近的地域环境，虽然景观多样，但地表径流众多。"北京地区自然环境变化集中出现在辽、金定都之后，此前山区森林遍布、水源丰富、鸟兽众多；地下水到明代还相当充沛。"④ 通过华北及北京地区相关的气候研究发现，明北京长城的修建，以及相应的屯垦戍边战略，都与这里的气候水资源条件是相互关联的。

明廷在此设置边镇，也需要建造各种灌溉工程建设，运用于军事应用，以及屯务。如《明史·地理志》载："甘州左卫……西南有祁连山。……山口有关，曰山南，嘉靖二十七年置。又东北有居延海。西有弱水，出西南山谷中，下流入焉。又有张掖河，流合弱水，其支流曰黑水河，仍合于张掖河。又东南有卢水，亦曰沮渠川。"⑤ 可以发现，其中弱水、张掖河、黑水河、卢水等河流水系与军镇卫所关口联系紧密，且是在嘉靖年间加置卫所，虽更靠北，但可见军事防御布置与水系分布密切相关。

沿水系附近设卫所或修筑长城工事，也说明了水资源所在区域对于长城防御和军民屯垦都十分重要。靠近北京区域主要水系较多的是燕山至辽东一带，以及河套地区，灌溉水资源较为丰富。⑥ 整个北方的自然环境虽然较为干燥，但这两处靠近京师的地域，对于明朝的边地军事防御极其关

---

① 《明史》卷227《庞尚鹏传》，中华书局1974年点校本，第5952页。
② 《明史》卷3《太祖本纪三》，中华书局1974年点校本，第49页。
③ 关于华北地区全新世大暖期的气候与环境的相关研究，参见燕生东《全新世大暖期华北环境、文化与海岱文化区》，《环境考古研究》第3辑，2006年，第75—76页。
④ 于希贤：《北京市历史自然环境变迁的初步研究》，《中国历史地理论丛》1995年第1期；吴文涛：《北京历史时期地下水变迁述要》，载徐少华主编《荆楚历史地理与长江中游开发——2008年中国历史地理国际学术研讨会论文集》，湖北人民出版社2009年版，第432—442页。
⑤ 《明史》卷42《地理志三》，中华书局1974年点校本，第1014页。
⑥ 王双怀：《五千年来中国西部水环境的变迁》，《陕西师范大学学报》2004年第5期。

键，因此一直具有重要的战略地位。明朝对此区域虽然一直较为注重，但并没有一直控制，且由《明时期全图二》可知万历年间丢失了京师北部部分疆域领土，使得北方控制了草原和部分河套农耕区的蒙古势力日益强大，明朝中后期蒙古边患日益猖獗。

三 明中期河套及京师北部附近领土主权丢失与长城防务减弱，增设军镇的影响关联

长城军事防务效果减弱，有一个漫长的历史过程。从明朝往前溯源，重要转折点在五代时期的后梁，石敬瑭割让幽云十六州后，长城处于辽契丹人手中，[①] 防御作用基本搁置。直至明朝建立初期，长城的军事守卫作用在历朝演变中一直无形中缩小。

这种防御力度的弱化，对明廷初期设"九边重镇"有一定的影响。军镇镇守，本身属于一种静态型防御工事，没有往外推进扩展的动力。尤其明朝中后期，由于国防废弛，且河套及京师北部水系密集区领土地域的丢失，致使蒙古军更加靠近明长城，可据河而攻，长城的静态防御及军力羸弱，无法抵挡入侵，致使蒙古大军多次越过长城，侵入内地。《明史·世宗本纪》多次记载蒙古的俺答入侵，"俺答寇大同……小王子犯宣府……俺答犯山西……三月癸丑，犯龙门所……秋七月，俺答犯大同……丁丑，俺答大举入寇，攻古北口，蓟镇兵溃。"[②] 此为明朝边患之一的"北虏"。明前期朱元璋就从疆域统一与国防战略的角度考量，围绕燕山一带对北方的长城进行系统的军事布防。朱棣迁都北京，地域上在北方形成中央统一的高级军事指挥系统，其中目的之一也是为了更好地维护北方的边境安全。

嘉靖年间，京畿附近的蒙古俺答入侵。《明史·丁汝夔传》载："嘉靖二十年，俺答大举犯古北口。……庚戌之变……寇游骑四出，去都城三十里。及辛巳，遂自通州渡河而西，前锋七百骑驻安定门外教场。明日，大营薄都城。分掠西山、黄村、沙河、大小榆河，畿甸大震。"[③] 蒙古大军俺答绕过了九边重镇，越过长城防御线，直抵安定门外，北京城下造成"庚

---

① 王仲荦：《中国断代史系列·隋唐五代史》，上海人民出版社2003年版，第542—571页。
② 《明史》卷17《世宗本纪一》，中华书局1974年点校本，第217—239页。
③ 《明史》卷204《丁汝夔传》，中华书局1974年点校本，第5390页。

戌之变"在城外焚掠多日而退。这也显现出长城基本完全失去了应有的防御效果，明朝当时军队战斗力的虚弱，无法抵御外敌，也是边防废弛守卫不力的集中体现。

因此，明朝抵抗外侵的主要军事载体是长城的防御工事，明廷虽然一直重视并且延续修建维护，基本上形成了较为完整的军事防御体系。[①] 然而，长城的防御体系在面对外敌进攻时不堪一击，防御效果极大降低。原因可能与明军主要依靠以长城和"九边军镇"为代表的"静态型防御工事"有关。而北方部分疆域领土，在明中后期被敌军占领，更易使明廷这种"静态防御"的保卫成效大大降低，严重威胁到明廷边境的稳定。靠近京畿的中部河套农耕区，以及京师四周大同府、开平卫等北部附近的领土区的丢失，使得明北京的长城防御效果受到影响。

为了抵御蒙古族群的进攻，嘉靖年间北京外围在"九边"基础上增设了昌镇与真保镇，加强北京长城的军镇防务。到了万历前期，首辅张居正把持政局，为缓和与蒙古的关系，边境地区依然沿用"茶马互市"，俺答封贡，在边地进行官方与民间贸易，虽然可以暂止战火，但治标不治本。边境领土在明中期的丢失，使得蒙古军距离长城防线越来越近，更频繁地扰乱边镇。《明史·戚继光传》中多处记载："俺答已通贡，宣、大以西，烽火寂然。独小王子后土蛮徙居插汉地，控弦十余万，常为蓟门忧。"[②] 蒙古小王子等部长期在燕山一带立军上十万，随时进犯。这也体现了靠近京师地燕山防线依然是被动防御镇守，且被动应对蒙古军队的进攻。

明朝建立的中原政权定都北京，由中央控制燕山地区，其中缘由之一是燕云一带的战略地理位置极其重要，对于整个王朝的国防、军事、政治中心的稳定都有着核心作用。但由于明朝中后期，嘉靖年间奸臣严嵩把持朝政，导致军政腐败，国防废弛，外族侵扰加剧，明廷增设军镇加强京畿防务。万历年间，河套农耕区与靠近京师北方的部分疆域领土的丧失，也使得燕云地区明北京长城的军事防御效果大大降低，受俺答等侵扰严重，威胁着明廷边境的稳定与安全。所以，明廷加强北京周边长城工事防务，坚定捍卫北部边境领土主权，是稳固地掌控燕云一带这块北方屏障的重中之重。

---

① 罗哲文：《长城》，清华大学出版社 2008 年版，第 63 页。
② 《明史》卷 100《戚继光传》，中华书局 1974 年点校本，第 5615 页。

四 结语

　　河流等水资源对明北京长城工程选址与屯田防务都有极大影响。明朝中后期，嘉靖时期，严嵩持政，军政腐败，军事羸弱导致国防废弛，长城的防御力度锐减，俺答侵入京师，在北京周边增设军镇。万历时期，河套及京师附近水系较多的部分疆域领土丢失后，蒙古鞑靼随着明朝北部领土的丢失，不断靠近长城前沿，据河进攻，扩展其势力，明廷相应的屯垦戍边战略也遭到打击，北方边境安全极为不稳。蒙古军的侵扰不断加剧，明廷只能被动防御，京师地处燕云一带的这块北方屏障之内，所处地理位置极为关键，靠近北京北部的部分领土丧失，也是明廷在北京西北部增设两座军镇的重要原因。长城防务始终对于明廷的中央政治稳定、国家统一有着重大影响，体现了北京长城在明朝维护国家安全、捍卫领土主权的重要军事战略意义。

晚清北京庙产兴学下的僧学堂

董立丽[*]

摘要：晚清是北京近代化改良的开端，其中教育改良是关键。为解决教育经费不足的问题，有识之士率先提出了庙产兴学。随着庙产兴学的提出，传统宗教与近代教育联系在了一起。征用庙产的政策给宗教界带来了恐慌，各地区寺庙都开始寻求自保之路。此时出现了一批具有先进思想的僧人想要推动佛教近代化发展，北京地区以觉先为代表，在他的推动之下，部分寺庙参与到办学活动中，其中也包括僧侣学堂的建设。觉先的办学活动不仅推动了北京地区僧人教育的发展，也对全国宗教的近代化转变起到了促进作用。

关键词：庙产兴学；僧学堂；僧教育

引　言

晚清是北京近代化改良的开端。继鸦片战争后，国难频发，开始有一部分知识分子民族意识觉醒，他们要求变法维新，于是戊戌变法应运而生。其中，维新派代表康有为认为"才智之士多则国强，才智之士少则国弱"[①]。梁启超认为"变法之本，在育人才；人才之兴，在开学校"[②]，中国要富强，关键在于教育，而教育的关键在于兴办学校。

---

[*] 董立丽，北京联合大学应用文理学院研究生，研究方向：文化遗产学。
[①] 康有为撰：《上清帝第二书》，载姜义华、张荣华编校《康有为全集　第二集》，中国人民大学出版社2020年版，第42页。
[②] 梁启超：《论变法不知本原之害》，载《饮冰室合集　专辑第1册》，中华书局2015年版，第10页。

张之洞在《劝学篇》中提出"今天下寺观,何止数万?都会百余区,大县数十,小县十余,皆有田产"①,表明了当时寺庙数量之多、庙产之丰富。北京地区的寺院数量虽无人进行具体统计,但是"仅乾隆时期内外城就有1207处"②。当兴办教育经费不足时,北京地区就出现了征用寺院财产兴办学校的提议。尤以觉先和尚为代表,积极推动寺庙参与办学,并办僧学堂,从而促进僧教育的近代化,同时也推动了全国佛教的近代化发展。

本文以晚清北京庙产兴学为背景,初步梳理晚清北京僧教育的产生条件、寺庙参与的办学活动、僧学堂的建设以及庙产兴学对僧教育的影响,尝试探究传统宗教的转变与近代教育的关系。

一 晚清僧教育的产生条件

(一) 庙产兴学

维新派的康有为是庙产兴学最早的提出者,他在光绪二十四年五月十五日(1898年7月3日)上《饬各省改书院淫祠为学堂折》,提到"查中国民俗,惑于鬼神,淫祠遍于天下……乡必有数庙,庙必有公产。若改诸庙为学堂,以公产为工费,上法三代,旁采泰西,责令民人子弟年至六岁者,皆必入学读书……则人人知学,学堂遍地"③。光绪皇帝采纳了他的建议,同年五月二十二日(7月10日)颁布上谕:"至于民间祠庙,其有不在祀典者,即著各地方官晓谕民间,一律改为学堂,以节靡费而隆教育。"④ 同年,张之洞又提出庙产兴学具体实施方案。府县书院的房屋、经费不足,"一县,可以善堂之地、赛会演戏之款改为之,一族,可以祠堂之费改为之"。但是数量有限,"可以佛道寺观改为之"。张之洞指出天下寺观数量之多,庙产丰富。"今天下寺观,何止数万?都会百余区,大县数十,小县十余,皆有田产,其物业皆由布施而来,若改作学堂,则屋宇

---

① 张之洞:《劝学篇 外篇》,冯天瑜、姜海龙译注,中华书局2016年版,第192页。
② 张蕾蕾著,楼宇烈、怡藏主编:《近代北京佛教社会生活史研究 以馆藏民国档案为中心的考察》,宗教文化出版社2016年版,第62页。
③ 康有为:《请饬各省改书院淫祠为学堂折》,载姜义华、张荣华编校《康有为全集》第四集,中国人民大学出版社2020年版,第320页。
④ (清)朱寿朋编:《光绪朝东华录》,中华书局1960年点校本,第4094页。

田产悉具，此亦权宜而简易之策也。"①最终，征用庙产兴办学校被认为是权宜之策开始实施。百日维新持续不久，慈禧发动"戊戌政变"。八月十一日（1898年9月26日），下令废除了光绪帝发布的除京师大学堂外的一切政令，其中也包括征用庙产。"各府、州、县议设之小学堂，着该地方官查酌情形，听民自便。"更是直接表明"其各省祠庙不在祀典者，苟非淫祀，着一仍其旧，毋庸改为学堂"。②庙产兴学运动暂时得到缓解。随之爆发的庚子事变，再次给清政府带来了沉重打击，"以创痛锯深，力求改革"③，改革之事已经到了刻不容缓的地步，由此清末新政拉开序幕。新政中教育改革最重要的内容就是废科举、办学堂。北京作为首善之区，兴学更为重要。"兴学育才，实为当今急务。京师首善之区，尤宜加意作育，以树风声。"④在1902年颁布的《钦定学堂章程》、1904年的《奏定学堂章程》中，再次出现"并得借用地方公所寺观等处以省经费"⑤，"高等小学堂创办之始，可借公所寺观等处为之"⑥，"平时并由地方官严加监督，妥为保护，并准借用地方公所寺观等处"⑦等字样。实际上，刚刚得到缓解的庙产兴学，在必要时，再度被提起。

（二）僧人积极振兴佛教

各地区出现了很多思想先进的僧人，在北京，最具有影响力的就是觉先。觉先于1904年东渡日本。到日本后，觉先"遍览彼国佛教内所设各种学校，知我国佛教之衰皆由僧人之无学，洵为知本之论"⑧，回国后，觉先就开始着手准备在北京成立中国佛教总公所的事项。"拟于京师设立中国佛教总公所，推诸各省由各寺住持公选有德僧人兴办学校事务。"⑨北京佛教界上呈学部，请求设立佛教学务总公所，最终于1905年在北京成立。

---

① 张之洞：《劝学篇 外篇》，冯天瑜、姜海龙译注，中华书局2016年版，第192页。
② （清）李宗棠辑：《光绪征要录》，黄山书社2020年点校本，第119页。
③ （清）赵尔巽等撰：《清史稿》，中华书局1977年点校本，第3128页。
④ （清）朱寿朋编：《光绪朝东华录》，中华书局1960年点校本，第4798页。
⑤ （清）张百熙撰：《张百熙集》，岳麓书社2008年点校本，第83页。
⑥ （清）张百熙撰：《张百熙集》，岳麓书社2008年点校本，第169页。
⑦ （清）张百熙撰：《张百熙集》，岳麓书社2008年点校本，第170—171页。
⑧ 《禀请设立佛教学务公所》，《时报》1905年6月23日。
⑨ 《禀请设立佛教学务公所》，《时报》1905年6月23日。

二 北京地区寺庙参与的办学

北京相较于南方地区，庙产兴学并不激烈，但寺院在时局影响下自办佛教学堂用于自保的目的和其他地区是相同的。

（一）初等民小学堂

经过觉先的多方努力，"采得宣武门内西城根象来街路北官宅一所，拟请建立初等民小学堂"①。于 1905 年 10 月 15 日举行了开学典礼。《京话日报》的创办人彭诒孙在该报中写道："中国千余年来，佛教从来未发明佛性慈悲，世俗人都给误会错了，唯独觉先，悟通佛理，创此义学……只要和尚有良心，自己别忘了自己，虽说是方外人，法身、庙宇，都寄放在什么地方呢？离开国家的土地，法身坐在何地呢？庙产摆在那方，如今的大局，和尚不懂得，也可以请教请教明白人，大局不保，再要总吃现成的宁享闲福，哼哼，恐怕没有那样便宜事了，可敬觉先和尚实在参透了佛性慈悲。奉劝京外各庙的大和尚不可借着谕旨来推辞，谕旨的意思怕的是搅扰僧家，天高地厚的大恩典，也得想个报答的法子，国家培养人才，为的是挽回大局，好叫人民再享福。入庙当僧，一样是信教自由，难道说信了佛教，便不是中国的子民了吗……今天开了学了，诸位学生，躬逢其盛，何等的福气。今天所到的客人都是学界的文明君子，又何等的体面……诸位学生们呀，千万要努力，方外人没入过学堂，既有这样热心，日久天长，万一闹点小错误，也务必格外保全，慢慢地求改良。觉先的热心，可别再叫他灰冷了，一起风潮不要紧，杜绝了日后的生机，不但民学要毁，僧学也万不能再开，诸位学生想一想，一班远离父母身入空门的小和尚，可怜不可怜呀。除了烧香念经外，活到百岁，今生今世，再也做不成有益国家的人。风气越开通，庙产越衰败……既受佛教的益处，也得替佛教将来想一想。"②

此外还有北京城的士绅代表王子贞也参加了此次开学典礼，对觉先连连夸赞"我看着这件事，又喜欢，又羞愧，又难受。喜欢的是，方外和

---

① 《总理学务处为佛教学务总公所筹建初等民小等事致内务府咨文》，1905 年 9 月 25 日，中国第一历史档案馆藏。

② 彭诒孙：《佛教建立民小学堂办学祝词》，《京话日报》1905 年 11 月 12 日。

尚，亦有这样热心的人，佛教昌明，何患中国不强"。① 可以见得，觉先领头创办的初等小学堂对北京城产生影响。

但是，初等民小学堂是在十分艰难的情况下创办的，《京话日报》中有对该学堂的评价，"万柳堂光明寺、通州关帝庙，凑了几百两银子，龙泉寺老和尚，又竭力的资助，弄到了十月十五，仅仅的立了一处小学堂，以后的经费，大半没有着落。"②

(二) 佛教小学堂

1906 年，觉先又设立佛教公立民小学堂一所，地址位于宣武门内象房桥东观音寺内。据《顺天时报》记载，"学堂设立在庙内东院，东院分南北两讲堂，北讲堂为初等科，南讲堂为高等科。初等科学生有二十多人，高等科学生也有二十多人，两共四十多人，一律不收学费……学科有国文、修身、伦理、历史、地理、算学、音乐、英文、体操等科。"可以看出，所创办的课程在逐步向新式教育转变。对庙中的僧人来说，也产生了潜移默化的影响，如《顺天时报》记载"庙中因为设立学堂，僧人早晚出入，耳濡目染，都知道科学的好处，同在学校，智识增进，也都入文明界中"。③ 从一定程度上来说，这一举措促进了僧教育的发展。

佛教公立小学堂成立一周年时举办了校运动会，这在《顺天时报》中有一些记载。"九月初四日，顺治门内象房桥，佛教公立小学堂，开周年运动会。就在学堂的北边，象房旧址的西边，空旷地方，作为会场……这天有王子贞君登台演说，大致说佛教是博爱主义，科学是根本知识，现今是预备立宪时代。第一要紧的是人人须要有普通的知识等……这学堂是佛教中文明开幕人觉先和尚开办的，觉先和尚痛恨国势的衰弱，佛教的衰微，亲自出洋游历。回国后，呈请学部，设立佛教学务总公所，即在象房桥东龙泉寺下院观音寺内设立学堂。招集学生，聘请教员。教授各种科学。从此佛教中人，如同眼瞎复明，耳聋复聪。文明现象日渐发达……觉先和尚一番组织学校的苦心和成绩，也可以人人共知了。利惠国民，首重教育。觉先和尚不过是一佛教中人，士大夫所看不起的，现今竟能有这大

---

① 王子贞：《羡慕和尚》，《京话日报》1905 年 11 月 15 日。
② 王子贞：《和尚流泪》，《京话日报》1905 年 12 月 19 日。
③ 《参观佛教公立民小学堂记》，《顺天时报》1907 年 10 月 25 日。

热心、大愿力、大效果,那么自命为士大夫的,还得学学觉先和尚的热心。"①

从对初等小学堂、佛教公立小学堂这两所由佛教创办的学堂的充分肯定,对觉先的办学活动一直夸赞不已,表现出王子贞对庙产兴学的支持态度,从中也表现出觉先对促进近代僧教育及振兴佛教起到了极大的推动作用。

(三) 白云观小学堂

自看到佛教兴学以后,白云观的高道士在其影响之下也有意兴办道教学堂。"因见觉先和尚立了学,道士也激动了热血,又经嵩某人相劝,决计要自立道教学堂,从此洗尽俗尘,无人再说道士的闲话了。"② 早在1905年5月,就有信称白云观要办学,"高云溪上人,在本观花园子里设立小学堂一处,专招左近聪明子弟,不收学费,一切功课,都按奏定章程办理,不久就要开学。"③ 规定"招考学生以三十名为额,本观道童不在其内,至堂中需用书籍、纸笔、铅笔、石板等物悉由堂中置备,各生如在堂中用餐,每月须缴伙食费洋三元以补经费不足,已具呈学部批准。"④

6月12日,白云观小学堂开学,并举行了开学典礼。白云观住持高仁峒发言,"本观开学的这天,特请热心志士演说开学的宗旨,佛教学堂也来祝贺,在下非常欢喜,今天有一段演说登在报上,请大家都看一看。我本是一个下士,多年隐在元门,作了方丈,若论道士庙宇,白云观总算第一,我有何德何能,到得这等好地步呢,想到这里,不敢以方外自居,金冠紫袍,是国家赐的,庙宇产业,是善士捐的,此恩此德,时刻想要答报,听说有旨提拨庙产,办理学堂,为国家培养人才,我的心里很是愿意。后来又奉谕旨,保护庙产,皇恩浩荡,更是感激不尽了。拿定主意,赶快自立学堂。苦于我在学界是外行,无处着手,这里问问,那里看看,费尽了心思,好容易总算办成。回想立意的时候,阻力非常之大,教中各道友,大半不以为然,全说我是多事,院门的规矩,就是念经,为什么你要立学堂呢?彼此争执,差一点没闹出笑话来,幸亏有明白人帮忙,才把

---

① 《参观佛教学堂运动会记》,《顺天时报》1907年10月13日。
② 《高道士有意兴学》,《京话日报》1906年3月30日。
③ 《白云观有意开学》,《京话日报》1906年5月20日。
④ 《白云观自设小学》,《津报》1906年5月5日。

学堂立成。招了五十余名学生，衣帽膳食，全是本观预备，等待款项富裕，还要往大里扩充，先写信给各省常住，劝他们一律立小学堂。本观的学堂如有成效，将来改为中学，再立一处道教学务公所，专研究学务，几年工夫，学生都可以成材。无论是哪一教的人，都晓得合群爱众，再不能闹出庚子那样的祸了。我愿众道友快快地明白，多办学堂。大众一齐心，道教虽然衰微，焉知不因此振兴起来，国家也就不小看咱们了。……再劝各学生，既肯来学，就得专心上进，常言说的话，后生可畏，现在虽是小学生，几年之后，岂不都是成了豪杰英雄了吗？学生二字，不可看轻，国强国弱，全在诸生……人人都有了学问，国家还能够不强吗？"①

在觉先率领佛教界开始兴办佛教学堂的影响下，北京著名的白云观也开始兴办起道教学堂，充分体现了在庙产兴学背景下，佛教与道教之间的相互影响，推动了僧人从只知道念经到接受近代新式教育的过程。也推动了宗教界逐步向适应时局的近代化转变。

三　晚清北京僧侣学堂建设——龙泉寺学堂

参与庙产兴学的除了已经废弃的寺庙外，与僧侣活动也有直接关系。觉先和尚对北京地区的办学活动有突出贡献，此外，与他相关的龙泉寺也参与了兴办僧俗学堂的活动。

龙泉寺庙产丰厚，是早期兴办僧侣学堂的例子。早在1905年2月，就有将龙泉寺改为庙产学堂的传闻。《京话日报》记载，"经管学大臣商议，要把南下洼子龙泉寺改为学堂。寺僧各处托情，暂且停办。这庙里的产业很多，僧人自己计算，要不想法子保护，恐怕难免叫学堂占用。因到学务处递呈，请设立僧学堂，订日本僧中岛作教习。据说这位中岛，就是东文学社的校长，我想中岛裁之，既到中国来开风气，绝不当管这种事，何况中国的佛教，真是皮毛的皮毛，不耕不织的人太多，保护着有什么益处，大约必是传闻之误"。②同年3月《东方杂志》登载"京师南下洼龙泉寺僧觉先，前曾随同日僧赴东游历，及回京师有志兴学，愿将该寺公产提款二万金创办普通学堂，禀由学务处批准开办"。③

---

① 高仁峒：《白云观开学的演说》，《京话日报》1906年6月23日。
② 《僧侣学堂的传闻》，《京话日报》1905年3月5日。
③ 《各省教育汇志》，《东方杂志》1905年3月第2卷第3期，第49页。

龙泉寺学堂于1906年4月12日建立。龙泉寺方丈道兴联合各寺院建立学堂"招收僧俗生徒，定额九十名，饭金学费一概不收"①。其中包括"民学五十名、僧学四十名"②。《京话日报》中有人对龙泉寺兴办学堂进行了评价，"京师庙宇，占了无数地皮，用了无数瓦木，还耗费了无数的粮米棉布，于国家丝毫无益，龙泉寺和尚，首先兴学，化无用为有用，佛法慈悲"。③ 其中，有一位天津来的名叫曹子儒的商人自愿帮助道兴和尚办学，起初先"认了十两银子的捐"，后和尚托他帮忙购买学堂所需用品"居然不肯收钱，和尚再三叫他收钱，总说是应尽的义务"。④

在学堂成立后，"有孙硕甫仆从尤姓送一七龄阎姓孤儿求收录教养"，道兴认为"如此幼稚恐难就绪，权置学校，以为暂安。吾师见之喟然叹曰：'此子不予收录，安知其灵敏不加训导，无非为街市多一废人耳。'"于是，师徒两人开始产生了在龙泉寺兴办孤儿院的念头，"欲就本寺立一孤儿院，教养兼施"，⑤ 在道兴师徒二人及绅商的支持下，龙泉孤儿院于1908年建立。

四 庙产兴学对僧教育的影响

1898年，可以说是僧教育的开端之年。纵观晚清庙产兴学运动，虽然产生于迫切需要发展新式教育但苦于经费严重不足，不得不将庙产作为公产兴办学校的时代背景下，但其实与中国佛教自身也有密不可分的联系。反映出与封建地产相关联的旧寺院已经不适应逐步走向近代化的晚清时期。经历了庙产兴学一系列波折后，宗教界从最初的仅仅是为了保护庙产而被动兴办学校，到开始进行反思，深刻认识到衰败的原因很大程度上是僧众自身，认识到必定要做出适应近代化发展的改变才能得以振兴。正是因为庙产兴学，给广大僧众提供了一次认清自身积弊的机会，僧寺被动参与办学，在耳濡目染下一改曾经只知道念经的观念，认识到科学的重要性，潜移默化下增长了学识。同时还创办了僧侣学堂，给僧众们更多的机

---

① 《龙泉寺联合众僧》，《京话日报》1906年4月16日。
② 《龙泉寺堂成立》，《中华报》第497期，第6页。
③ 《龙泉寺立学招生》，《京话日报》1906年4月2日。
④ 《商人明白公益》，《京话日报》1906年9月10日。
⑤ 北平龙泉孤儿院：《北平龙泉孤儿院报告书》，第6页。

会去尝试学习新知识，提高了自身文化水平。

　　同时，庙产兴学也影响了一批具有进步思想的僧人。北京地区在觉先和尚的带领下，于1905年成立中国佛教学务总公所，这也是近代中国第一个具有现代意义的佛教组织和教育机构。北京成立中国佛教学务总公所后，直接影响各地方佛教学务公所的建立，如浙江、宁波、沈阳纷纷设立佛教学务公所或僧教育会，从而反映出庙产兴学运动对推动北京地区的僧教育，乃至对全国宗教的现代化转变都起到了促进作用。

他者视域下的近代北京

——以中野江汉《北京繁昌记》为例*

张雨盟**

摘要：20世纪初的北京经历了时局动荡与战火摧残，正在从传统帝都向现代化城市转变。在这一时期，大量外国人来华考察著书，其中日本学者中野江汉撰写的《北京繁昌记》以他者的视角、精细的考证，自成一派，较为客观地记述了近代北京的人文景观与社会风貌，对于研究这一时期的中国社会，探究北京城市空间演变，以及当今的文物保护均有重要价值。

关键词：《北京繁昌记》；他者观；近代北京

20世纪初，中国内忧外患，烽烟四起，面临一系列的政治问题与社会矛盾。北京作为全国政治文化中心，正承受着从"传统帝都"向"现代化都市"转变的阵痛。在这场新旧文明的撞击中，北京的政治环境和人文生态引发了世人的关注。

在此期间，一些来自不同国家、拥有不同背景的外国人，纷纷以他们的视角、采用不同的形式，对彼时的北京城进行记录与观察，其中包括喜仁龙的《北京的城墙与城门》、阿灵顿的《古都旧景》、拉莫特的《北京的尘土》、恩斯特·柯德士的《闲置的皇城》、谢福云的《潜龙潭：北平新事》，以及一些曾在学界引发争议的日本人的作品，如宇野哲人的《中国文明记》、芥川龙之介的《中国游记》、吉冈义丰的《白云观访信录》、加藤镰三郎的《北京风俗问答》、多田贞吉的《北京地名志》，以及桑原

---

* 该文受北京学高精尖学科学生创新项目"近代日本学者视域下北京城市空间与生活的变迁——以《北京繁昌记》为例"（项目编号：BJXJD—GJJKT2023—YB06）的资助。

** 张雨盟，北京联合大学应用文理学院中国史专业在读研究生，研究方向：文化遗产学。

鹫藏的《考史游记》、德富苏峰的《中国漫游记·七十八日游记》等。在这些涉及旧时北京政治、文化、历史、地理、社会等内容的"他观之作"中，来自日本福冈县的中野江汉自成一脉，撰写了35万字的《北京繁昌记》。《北京繁昌记》的今译本于2017年由北京联合出版公司出版，韩秋韵译。该书较为客观地记述了北京民国初年的人文景观和社会风貌，百年后重读，仍然会被作者的求真态度和探索精神所打动。与其他作品相比，该书目前尚未得到学界的关注，然而回顾此书，无疑会为我们还原20世纪初北京的历史样貌提供参考。以他者观反观自我，既可以分析、审视他者的初衷、立场，也可以更为清晰地认知自我。

一 作者生平与成书背景

中野江汉，本名吉三郎，1889年4月13日出生在日本福冈县，1906年来到中国汉口，曾就读于"新民学社"，并广泛涉猎了经学、民俗学等多个领域的著述。中野江汉曾任黎元洪的机关报《新民》的编辑工作，1915年迁至北京。1916年10月创设北京联合通讯社，向中国各地的日文报社和日本的报社投递报道。1919年4月，他加入京津日日新闻社并出任北京分局主任一职，自2月起开始连载《京津繁昌记》，翌年改题为《北京繁昌记》。北伐军进京，中野江汉返回日本，继续中国研究工作直到逝世。

中野江汉在《中国风物丛书》开篇研究会的宗旨中阐明了写作目的，即尽可能"以中国的标尺丈量中国"[1]，弥补了以往中外学者著书中对北京描写的缺憾。另外，《北京繁昌记》一书写作的1919年正值中日关系较为紧张的时期，在此背景下，作者能够以相对平和客观的角度描述北京风物，工作态度值得称道。

二 中野江汉眼中的京城旧景

《北京繁昌记》绝非一部普通的游记或城市介绍，作者对中国研究投入了极大的热忱，他的儿子中野达曾说："这种热忱也同时体现了他对北

---

[1] [日]中野江汉：《北京繁昌记》，韩秋韵译，北京联合出版公司2017年版，第4页。

京乃至中国民众的习俗，以及支撑这些习俗的中国传统社会文化思想的热爱。"① 在该书中，作者即便是以一个"秉承职业操守的新闻记者"的身份和视角写作，尽可能保持客观、中立的语言风格，但当他写到北京的皇城，写到中国的宗法礼制，写到名人祠堂、故居时，仰慕之情还是溢于言表。

在文章的开篇，作者登临紫禁之巅，俯瞰幽燕大地，感慨"昭王的霸业怅然而止。忽必烈之雄略，岂有后继者！若夫明清之兴亡，如在眼前"。② 全文以大明王朝的末日衰败作为起始，不免让人联想到时局。随后，他将目光聚焦于北京的城墙，称"这不中用的建筑就是中国历史的活生生的证明"。③ 然而，当他对城墙进行了精密的丈量，对角楼、箭楼、水关、铁路做了勘察，对城垛、射口、堆拨房进行了统计之后，这位生于一百多年前的日本人居然以"数字城墙"的概念来解析这座雄伟的长壁，回溯辽、金、元、明、清，直至民国的时代更迭，感喟中国历史的源远流长。

关于紫禁城，该书以较大篇幅进行了描述。作者一边感叹"爱新觉罗的伟业已然中绝"，一边为这座曾经威震四方的皇宫，如今已落得"任由人支付二十一枚铜币即可随意参观"而伤怀。沿东华门向神武门的方向眺望，无论是环境布局、建筑规制，还是"前朝后寝""五门三朝"，一切都令人惊艳。从殿内的陈设，到殿前的匾额；从皇帝的宝座，到内廷词臣的诗篇；从城门下发生的历史事件，到某御桥名称的由来。作者将其目所能及的一切都记录于书中，读者既可以看到康乾盛世乾坤宫里千叟宴的喜庆，也可以听到宣统年间内城官兵们护驾救火的阵阵惊呼。

再如对于体现国家意志、彰显皇权威严的坛庙建筑，书中介绍了它们的布局规制，讲述了皇帝祭天和亲耕的礼仪，对其中的景观也有描述，如：将天坛的回音壁称作"有趣的建筑物，是对游览天坛的游客的馈赠"。④ 把直通祈年殿的道路描述为"生长着郁郁葱葱的古槐和古柏的密林，有不知名的小鸟鸣啭，宛如仙境般逍遥，未曾想北京城内亦有如此般

---

① [日]中野江汉：《北京繁昌记》，韩秋韵译，北京联合出版公司2017年版，第400页。
② [日]中野江汉：《北京繁昌记》，韩秋韵译，北京联合出版公司2017年版，第11页。
③ [日]中野江汉：《北京繁昌记》，韩秋韵译，北京联合出版公司2017年版，第12页。
④ [日]中野江汉：《北京繁昌记》，韩秋韵译，北京联合出版公司2017年版，第91页。

广漠清幽的另一个乾坤"。① 在有关北京佛寺、道观的文字中，作者表现出了无限的敬畏。他详尽介绍了雍和宫内的殿宇和佛像，在谈及白云观里供奉的中国神仙时，则依据《燕京岁时记》《天咫偶闻》《日下旧闻考》进行了饶有兴致的考证。

《北京繁昌记》不仅记录了当时北京城文物古迹的基本状况，也在一定程度上关注了民间生活与社会风貌。如果说对于文物古迹作者予以更多赞赏的话，那么对于民间生活与社会风貌，则持一些否定的态度。书中毫无掩饰地声讨了北京的污水、粪臭，谴责了尚未被现代文明唤醒的民众的生活旧习，"污秽和尘沙着实令人忍无可忍"，"屡屡撞见随意拉屎撒尿的，在路口的角落和暗处一带蹲踞野恭的先生"② 等。也正因为他对文物古迹的欣赏，使他对破坏文物古迹的行为格外难以接受。

总之，《北京繁昌记》一书较为全面地反映了20世纪20年代初北京城的原有样貌。当"日本观察者们是以日本的标尺来丈量中国的尺寸，或如从黑暗中寻找光明的猫头鹰一样去审视中国"③ 时，该书则是以纯然的态度，客观而冷静地从他者的视角观察北京。

三 "文献和现实合并" 支撑的考证结果

如果说作者是一个"秉承职业操守的新闻记者"，那么，他还是一个"风物狂"，一个"有点疯狂热衷的研究家"。在书中我们可以看到，作者对旧时北京城的古迹和风物细节均进行了认真的考证，其研究过程很有自身特色。

在有关陶然亭的记述中，作者认为，慈悲庵才是这里最初的主体建筑。在事无巨细地对其进行描述后，他又关注到很少有人问津的辽慈智大德佛顶尊胜大悲陀罗尼幢，"这座石幢高约十尺（约3米），呈八角，于辽代寿昌五年（1099）四月建成，八面皆篆刻僧德麟的楷书……"④ 随后还附加了《日下旧闻考》的记载作为佐证，足以令读者看到考证者的严谨。

---

① ［日］中野江汉：《北京繁昌记》，韩秋韵译，北京联合出版公司2017年版，第91页。
② ［日］中野江汉：《北京繁昌记》，韩秋韵译，北京联合出版公司2017年版，第388—389页。
③ ［日］中野江汉：《北京繁昌记》，韩秋韵译，北京联合出版公司2017年版，第4页。
④ ［日］中野江汉：《北京繁昌记》，韩秋韵译，北京联合出版公司2017年版，第290页。

在孔子庙的章节，书中写道："略微了解后拜谒祠庙，其威严之气，使人不觉正襟危坐。"在此，作者不仅向世人介绍说这是他认为的"北京第一的名胜古迹""中国最大的圣地之一"，同时也对孔庙的起源问题提出疑问，进行辨析。一般认为北京孔庙的始建时间是元成宗铁穆耳大德六年（1302），建成时间是大德十年（1306）。而《北京繁昌记》的作者提出三种假说：元太祖初设说、元太宗初设说、元世祖初设说，无论哪一种都比公众认知要早很多。以"太祖初设说"为例，他从《元史》《春明梦余录》《文庙丁祭谱》等处找到多处太祖设孔子庙的证据，其中不少于5处将其称为"宣圣庙"，《元史》中有"宣圣庙，太祖始置于燕京"[①]和"燕京始平宣抚。王楫请以金之枢密院为宣圣庙"[②]的记述，以上记载说明早在元太祖击败金军，进入北京地区不久后即有修建孔子庙的设想。梁启超曾说："大抵史料之为物，往往有单举一事，觉其无足轻重，及汇集同类之若干事比而观之，则一时代之状况可以灵活表现。"[③]该书的举证方法恰如其说。当然，作者也敏锐地察觉到此庙未必是元太祖在世时完工，他在《湛然居士文集》中进行旁证，找到了王楫于己丑年率士大夫来新建的宣圣庙行礼之记述，根据著书作者耶律楚材的生卒年判断此事发生于理宗绍定二年（1229），但不能就此否定"太祖初设说"。此外，《元史·王楫传》等处记载："时都城庙学，既毁于兵，楫取旧枢密院地复创立之……"[④]既然元宣圣庙是在金枢密院基础上复建，或许说明金中都也有同名建筑，书中在"世祖初设说"部分也提出，燕京地区可能早已存在孔子庙，只是位置与现在不同。

除了文献查阅，作者还进行了大量实地考察、走访。例如"环城"一章中描写作者出城外，沿着城墙，从崇文门至朝阳门，从朝阳门至德胜门，从德胜门经西直门、阜成门、正阳门至崇文门进行一圈内城巡游的见闻。那时西直门月城还基本保留着特别的方形建筑，正阳门则因铁路建设受到了一定破坏。作者不禁为阜成门、宣武门两门的未来感到担忧。时过境迁，本章提到的西直门、宣武门、阜成门等城楼，目前只能在老照片中看到，作者的记录也可作为重要补充。

[①]《元史》卷76，清乾隆武英殿刻本。
[②]《元史》卷81，清乾隆武英殿刻本。
[③] 梁启超：《中国历史研究法》，上海人民出版社2014年版，第61页。
[④]《元史》卷81，清乾隆武英殿刻本。

可以说,《北京繁昌记》一书对我们了解百年前的北京具有一定的史料参考价值。书中提出的种种观点,不受传统论断的束缚,不被自己的成见所蒙蔽,正如清代著名考据学家戴东原所说:"不以人蔽己,不以己蔽己。"书中这种精密明敏的考证态度,以及"文献和现实合并"的考证方法,不仅是作者观点形成的依据,也为我们如今的文物调查提供了借鉴。

四 《北京繁昌记》他者观源流分析及启示

作为一部由外国人撰写的书籍,《北京繁昌记》一书势必会在一些事物的分析上带有他国的视角,留有他民族的思想印记。关注这种视角和思想,有助于我们打开视野、发现问题。我们同时也应持谨慎的态度,追根溯源,辩证地看待其中的价值观念。

尽管《北京繁昌记》写法相对平和,我们仍能看到一些批判性的语句,反映了那个时代日本人对中国的看法,这与中日近代发展差距,以及两国曾经的文化渊源有一定关系。中国儒学大约在5世纪前传入日本,于日本江户时代(1603—1868)取得"官学"地位,儒家文化蔓延在日本各个层面的精神领域。当近代日本人来到中国,看到和旧有印象不相吻合的社会现象,势必产生一定的心理落差。

同样,作者参观文天祥祠时说:"在祭祀因推崇《正气歌》而闻名的(日本)赤穗义士领袖大石氏的高轮泉岳寺中,参拜者一日平均五百人,在三月的祭祀旺季时多达一日三千人,据说一年间的香火费高达三千余元,颇为豪气。"而当他来到《正气歌》的发源地——北京的文天祥祠时,发现前来参观的"人数每年却不及二十人"。[①] 日本人对中国爱国将领铮铮风骨的崇敬,与儒家文化的浸染有关。作者的陈述,反映出他对气节精神的认同,以及对时人忘却忠烈的些许无奈。

此外,该书也记录了一些作者在调研中发现的问题,比如:天坛著名的斋宫没有任何介绍。"对于这种遗址,只要在木板上附以文字介绍,便会给参观者带来便利,但中国人恰恰在这一点上异常冷淡,因而常常令游人颇感不便。"[②] 再如在先农坛,当作者获悉袁世凯为笼络人心,不惜将

---

① [日] 中野江汉:《北京繁昌记》,韩秋韵译,北京联合出版公司2017年版,第18—22页。
② [日] 中野江汉:《北京繁昌记》,韩秋韵译,北京联合出版公司2017年版,第87页。

"太岁殿"的匾额换成"忠烈祠"时,他认为,这种因政治野心而实施的行为既无意义又破坏了文物古迹,只能为后世贻笑大方。同时,书中一再提及,以农为本的中国在民国时期已然不再祭农,称:"现今在有此渊源的台上建起了照相馆。而且是恶俗的镀锌薄铁皮房檐的临时棚屋式建筑。"言辞中颇有对中国文化传统丢失的惋惜。

在该书第二十二章,作者还以游记的文体,融入了他本人及一些日本人对当时中国的看法。相比前文提及的德富苏峰多与北京政要进行交往,作者更关注北京底层社会的样貌,而对于夏目漱石、芥川龙之介等人笔下带有负面形象的中国底层民众,中野江汉也保持了相对尊重的态度,认为外界总是对旧中国持有过多负面的刻板印象,称"有很多日本人一知半解,便加以误解,而正是这些误解之徒往往损害了日中的深交"。[①]

综观全书,作者始终站在一个外部观察者的视角,以严谨的态度和独特的思考方式,表达着那一时期他对中国的认识和价值观。与其他同类史料相比,《北京繁昌记》没有局限于政治、宗教、建筑等某一领域的单一话题,而是更为广泛地记述了旧时北京城的人文景观和社会风貌。此外,书中所论及的内容并非理论空谈,而是作者在爬梳大量文献与实地考证后得出的结果,案例鲜活,带有一定的研究性质。同时,由于作者常年生活在中国,对中国历史文化有较为深入的学习,因此在资料引证与现场考察中,能够真正理解和体会中国本土文化以及其背后的含义。值得一提的,还有作者摒弃他国偏见的治学态度也让书中的论断更为客观。总之,该书对于我们研究近代中国,探究旧时京城社会百态,分析中日关系,具有一定的史料价值,对我们今天的文物保护工作也很有裨益。

---

① [日]中野江汉:《北京繁昌记》,韩秋韵译,北京联合出版公司2017年版,第373页。

"五次提议，十年始成"

——近代北海公园曲折的开放历程

马淑敏[*]

摘要：近代以来，随着西方市政理念更为广泛的传播、市政运动的深入发展以及普通市民要求改善城市环境的愿望日益强烈，昔日的皇家园林相继开放。承载了800余年悠久历史的北海公园也完成了从皇家御苑向城市公园的变迁。但北海公园的开放，并非如人民所期望的那样一帆风顺，而是经历了"五次提议，十年始成"之复杂曲折、跌宕起伏的开放历程。这一耐人寻味的曲折历程最能反映民国初期变幻莫测的动荡时局，而北海公园的开放，作为近代北京市政建设中的重要一环，受特定历史背景因素影响，并非一蹴而就，却又是大势所趋。总体来说，北海公园的开放是近代北京城市化进程的一个缩影。

关键词：北京；皇家园林；北海公园

"旧时王谢堂前燕，飞入寻常百姓家。"如今的北海公园（以下简称"北海"），如同一颗璀璨明珠镶嵌在北京城中心，给世界各国游客予以美的感受。而作为"世界上建园最早的皇城御苑"，进入民国后，北海同样经历了由皇家御苑向公园、由封闭到开放的转变过程。但特别的是，北海的开放历程并非一帆风顺，其共经历"五次提议，十年始成"，最终在1925年8月1日正式对外开放。本文结合相关档案史料，对"公园"这一概念缘起以及近代北京公园的建设进行简要阐述，并对近代北海公园的开放背景及历程进行系统梳理，以期对近代北海公园的开放有更为完整清晰的了解。

---

[*] 马淑敏，北京联合大学应用文理学院中国史在读研究生，研究方向：中国近现代社会文化史。

一 "公园"概念缘起和近代北京公园的建设

(一)"公园"概念之缘起

"公园"一词,古已有之,发展到现在,公园经历了不同阶段的更替历程。据《魏书·景穆十二王列传第七中·任城王》记载:"初,民中每有横调,百姓烦苦,前后牧守,未能蠲除,澄多所省减,民以忻赖。又明黜陟赏罚之法,表减公园之地,以给无业贫口……"[①] 另据造园家陈植先生考证:"我国公园之名,始见于《北史》中,然夷考史乘,公园行政,陶唐之世已设专吏,虞人即司苑囿,由泽者也。"[②] 可见,"公园"一词早在魏晋南北朝时期就已出现。但是,此处的"公园",专指古代官家的园林,与现代城市公园在意义上相去甚远。在近代以前,"公园"一词的含义没有发生太多变化,而且更多地与"园林"一词结合在一起。唐宋之后,"园林"一词主要泛指各种游憩地。可以说,近代以前的"公园"也可解释为"公家、官家的园林",主要指"供官家及上层人士的游憩之地",其具有为少数统治者服务或私有,以追求视觉景观之美为主的特征。而现在通常所说的"公园"则是纯粹从近代西方所引入的概念,是指"供群众游乐、休息以及进行文娱体育活动的公共园林"。

西方的公园最早出现于近代初期的欧洲。1830年,德国马格德堡市(Magdeburg)诞生了世界上第一个由政府出资兴建并对所有市民开放的城市公园——腓特烈·威廉公园(Fried rich Wilhelm),这是一座以当时普鲁士国王腓特烈·威廉的名字来命名的城市公园。[③] 此后,欧美一些国家开展了轰轰烈烈的"公园运动",掀起了兴建城市公园的浪潮。[④] 19世纪下半叶到20世纪初,这一运动也影响到亚洲的日本,开始有城市公园的出现。

与欧美等西方发达国家城市公园兴起与发展的历程不同,中国近代意

[①] 魏收:《魏书·景穆十二王列传第七中·任城王》,中华书局1974年版,第473页。
[②] 陈植:《都市与公园论·自序》,商务印书馆1930年版,第11页。
[③] [日]白幡洋三郎:《近代都市公园史:欧化的源流》,李伟、南诚译,新星出版社2014年版,第33页。
[④] 石桂芳:《民国北京政府时期北京公园与市民生活研究》,博士学位论文,吉林大学,2016年,第1页。

义上的公园是随着西方列强的入侵，在血与火的洗礼中，与殖民主义和霸权主义相伴而生的。它最早出现于租界，而后影响至华界，并由此揭开了中国古典园林向近代城市公园转型的序幕。近代中国社会的公园发轫于上海和天津。① 上海、天津这两座城市较早开放为通商口岸，随之设立租界，租界园林大量涌现。1868年，中国第一座公园在上海英租界内建成，1887年，天津第一座公园建成，公园作为西方舶来品，由此开始影响中国社会状态。随着大批欧美侨民的移居，东西方文化产生了前所未有的碰撞、交流、冲突，也形成了深度的融合。② 长时间以来，租界对上海、天津整个城市的近代化发展乃至全国的社会变革产生了潜移默化的深刻影响，公园就是其中典型之例。租界园内新设置，如花坛、游戏场、运动场、球场、喷水池等，是国人前所未见的新事物，极大地开阔了眼界，扩大了审美范畴，也激发了民众入园的兴趣，这对正经历着社会变革的中国人来说是佳音，推动人们思想上的进步。

（二）近代北京公园的建设

鉴于上海、天津等地公园的兴建情况，人们开始把目光投向北京。1905年，《大公报》上发表题为《中国京城宜创造公园说》的文章："国中之偏隅小邑，犹可缓造公园，至于皇城帝都之内，则万不可不造公园"③，提出北京作为国都应该建造公园。

1906年，作为出洋考察宪政的大臣，端方、戴鸿慈上《奏陈各国导民善法请次第举办折》，陈请在京师创办公园："各国导民善法，拟请次第举办，曰图书馆，曰博物馆，曰万牲园，曰公园"，恳请"先就京师首善之区，次第筹办，为天下倡。"④ 这为兴建公园提供了政治上的依据。1907年7月19日，在端方、戴鸿慈的倡议下，"京师万牲园"（北京动物园的前身）先行开放。万牲园不但可以看成北京城最早的公园，也是中国历史上首座动物园，同时开了政府将皇家园林改造后对公众开放成为公园的

---

① 蔡越：《民国时期北京市公共园林发展研究》，硕士学位论文，北京林业大学，2017年，第11页。
② 蔡越：《民国时期北京市公共园林发展研究》，硕士学位论文，北京林业大学，2017年，第13页。
③ 《中国京城宜创造公园说》，《大公报》1905年7月21日。
④ 考察政治大臣端方、戴鸿慈：《奏陈各国导民善法请次第举办折》，《大公报》（天津）1906年12月8日。

先河。

进入民国以后，随着西方市政理念更为广泛的传播、市政运动的深入发展以及北京市民要求改善城市环境的愿望日益强烈，民众对北京城内设立公园的意愿愈发强烈。而公园作为西方都市文明的象征被政府提倡，尤与北京的市政建设与市政理念密不可分。民国初期，根据中华民国内务总长朱启钤的倡议，成立京都市政公所，并领导了"公共工程运动"，标志着近代北京市政建设的正式起步。随着京都市政公所的建立，公园建设迅速被提上议程。在朱启钤的主持下，京都市政公所发起"公园开放运动"，首先将距离前门大街最近的社稷坛改建为"中央公园"，并于1914年10月10日正式开放。随后，其他前清的皇家园林坛庙纷纷对公众开放。昔日的皇家园林，成为寻常百姓公共的休闲空间，完成了从御花园到大众公园的角色转换。

朱启钤的这一创举对北京皇家园林的开放具有重要的典范意义。所谓"公园之置，民国为盛"①，据《旧都文物略》记载："自帝制倾覆，废帝徙居，旧日之三海、颐和诸园，均已次第开放。而社稷坛，自民初即经政府整理，点缀风景，改为公园，为旧都士民唯一走集之所。春花秋月，佳兴与同，甚盛事也。兹述园囿，首中山公园，次中南海，次北海，次景山，次颐和园，次玉泉山静明园，次南苑。凡昔日帝后游幸场所，今咸为市民宴乐之地。"②

在这具有重大历史意义的"公园开放运动"中，承载了800余年悠久历史的北海也完成了从皇家御苑向城市公园的变迁。但北海公园的开放，并非如民众所期望的那样一帆风顺，而是经历了复杂曲折、跌宕起伏的历程。

二 北海公园的开放背景

北海，可谓"世界上建园最早的皇城御苑"，"肇自辽金，风景佳胜，殿宇崇闳，为历代帝王之别苑，盛于明清"③。史学家侯仁之说："没有北

---

① 吴廷燮等：《北京市志稿·建置志》，北京燕山出版社1998年版，第558页。
② 汤用彬、彭一卣、陈声聪编著：《旧都文物略》，北京古籍出版社1999年版，第57页。
③ 汤用彬等编著：《旧都文物略》，北京古籍出版社2000年版，第67页。

海，也就没有现在的北京城。"① 北海公园的最初辟设，比现在北京城的建址还要早。人们一般将北海的开辟上溯到金朝大定十九年（1179）在这里兴建的太宁宫（亦称大宁、万宁、孝宁等名）②。事实上，据史料记载，北海最初的开辟，还在太宁宫之前。远在辽代，北海一带曾是一片湖泊沼泽、芦荻丛生的地方。"这一带湖泊原是古代永定河的故道，河流迁移之后，残余的一段河床，积水成湖，并有发源于今紫竹院湖泊的一条小河——高梁河。经什刹海（也同样是古代永定河故道的残余）分流灌注其中"。③ 金代在这里开浚的湖泊，"逐渐形成一个风景区，称为'白莲潭'。白莲潭中广植荷花，池中并养有鱼鸟，晨曦射波，池光映天，绿荷含香，鱼鸟中游，又有莲舟夹持在中间，却是一幅极美的画面"。④ 这里提到的"白莲潭"就是现在的北海，湖泊东岸堆筑的岛屿，就是现在北海中的白塔山，即琼华岛。而文中提到的"游幸之所"就是太宁宫。

至元四年（1338），元世祖忽必烈以太宁宫的湖泊（太液池）为中心又兴建了一座大城即大都，也就是现在北京城的前身。明代迁都北京后，因园在城西，故名"西苑"。太液池本是相通的，明末已有"三海"之称。乾隆《御制悦心殿漫题》有诗为证："液池只是一湖水，明季相沿三海分。"清代定都北京后，沿明代"西苑"为皇家御苑，名称仍沿明旧"西苑三海"。据《金鳌退食笔记》载："禁中人称瀛台南为'南海'，蕉园为'中海'，五龙亭为'北海'。"⑤ 因此，北海公园对北京城的重大意义，足见一斑。

民国元年，北海仍由逊清皇室管理。1913年，逊清皇室将西苑三海移交给北京政府。袁世凯遂将总统府迁入中南海，成为国家政府的驻地。北海由于位处偏远，就由总统府的护卫部队"拱卫军"进驻。据《北海公园景物略》载，北海驻军"先为拱卫军，毅军继之，后则公府各卫队，而拱卫军改编之消防队，始终驻守"。⑥ 而"原驻军部队不知爱护，益加摧残，

---

① 侯仁之：《北海公园与北京城》，《文物》1980年第4期，第10页。
② 大宁宫是金朝统治者在中都城东北郊外兴建的一座离宫。中都城通称幽州城，也叫燕京，它的中心位置，就在今天北京城广安门一带。
③ 北海景山公园管理处编：《北海景山公园志》，中国林业出版社2000年版，第220页。
④ 北海景山公园管理处编：《北海景山公园志》，中国林业出版社2000年版，第286页。
⑤ 刘若愚、高士奇：《明宫史·金鳌退食笔记（卷上）》，北京古籍出版社1982年版，第106页。
⑥ 北海公园事务所编印：《北海公园景物略》，1925年，第54页。

数年驻军屡更,毁坏之迹,益不堪问"。① 苑内已呈"破壁断棁,弥望皆是"的景象。② 可见,民国初年,由于政局动荡,北海遭到了极大的破坏。

北京市政会议曾倡议将北海建成公园,未获响应。此后几年间,政府为了筹款赈济,有时下令将北海临时开放若干天,举办游园会、游艺会、水灾赈济会等。当时的《群强报》上就有这样的记载:"七号女子敦谊会,发起游览北海(原定上星期日,因阴雨改期)。多数人对于北海之游,久殷向往,故中外士女,到者甚众。自上午十钟,至天色向晚,络绎不绝(先期由敦谊会分送游览券)。该处风景如画,洵不愧为首善名胜之区。……游人或登高以望远,或泛舟于湖中,流连景物不忍去。盖是处较诸万牲园,更饶胜概……"③ 可见,北海的临时开放,游者甚众,"络绎不绝","久殷向往",显示出北海的巨大吸引力和开辟为公园的潜力。

偌大的一个北京城,仅有寥寥几个公园,远远不能满足城市居民休闲娱乐的需求。应民众之愿,各界人士多次倡议开放北海。但是,由于时局动荡以及各方面的原因,北海公园的开放,并非如人民所期望的那样一帆风顺,而是经历了复杂曲折的过程。

三 北海公园艰难曲折的开放历程

1916年7月,时任内务总长的许世英首倡开放北海为公园。6月27日,内阁召开会议,许世英在国务会议上提出《开放北海公园议案》,文中写道:"查京师往日名胜地点,或偏在郊原,或固于寺观,公共游览,诸有未宜。中央公园,最为适中,然亦嫌其过狭。其他如新辟之先农坛,又偏于城西南。北城地方,尚付阙如,不足以示普及。且以都下户廛之密,人口之多,仅此两处公园,仍无以适应市民需要。"从此文中可以见得当年的社会现状:相对于北京庞大的人口和市民对公共空间的强烈需求来说,公园建设是远远滞后的,故而政府中的有识之士将建设公园作为紧要事务。这项议案经过讨论很快顺利通过,并由内务部通知市政公所拨款2万元,派司长祝书元任董理,与驻军办理交接手续。④ 可没过多久,"时

---

① 北海公园事务所编印:《北海公园景物略》,1925年,第61页。
② 北海景山公园管理处编:《北海景山公园志》,中国林业出版社2000年版,第7页。
③ 《北海游览》,《群强报》1914年6月9日。
④ 北海景山公园管理处编:《北海景山公园志》,中国林业出版社2000年版,第27页。

局倏变",因洪宪帝制复辟事件及护国战争等时局变动,最终未能完成与北海驻军的交接事宜,第一次提议悄无声息地流产了。

1917年2月至10月,京都市政公所督办张志潭、蒲殿俊又先后奔走于内务部,敦促开放北海公园事宜,仍然遭遇重重困难。由于驻军阻挠及张勋复辟事件等变动,政局动荡不安,第二次努力失败。

1919年春,北海北岸阐福寺内大佛殿被驻军烧毁,致使一处重要古迹不复存在。市政公所处长吴承湜担忧长此以往,其他古迹都难逃被毁的厄运,于是请示督办钱能训,欲以开放之举来保护北海。他的呈文条分缕析,列举了应从速开放北海的五条理由。

> 从时机上讲,大总统已迁居它处,目前北海的安全防卫问题已不紧要。
> 从事实上讲,大佛楼遭焚,究其根本原因是没有正当的保管机关。如果仍因循不问,未来损失当有甚于今。
> 从经济上讲,北海公园原定开办费二万元,尚未动用。可利用这笔款子先行经营,并渐筹款项,推广完备。
> 从区域上看,北京的公共游览场所极度缺乏,中央公园和城南公园不敷使用,北城尚无公园。
> 再说社会效益,公园性质有利无害,道德健康均惟彼是赖。都市多一公园则社会多增一分健康,市民多养一分道德。

这是一份说服力极强的提案,将开放北海促保护、促发展、促教育的益处充分表述。钱能训深以为是,遂派吴承湜、华世纪、白锡斌等与总统府庶务司协商。但由于"五四运动"爆发及督办钱能训引咎辞职,开放事宜又被搁置。

又过了三年,即1922年6月,黎元洪再度出任总统,内务总长张国淦又一次呈请总统下令开放北海,其文辞甚为华美:"今我大总统莅任伊始,特谕开放,与民同乐,薄海胪欢,甚盛事也。查京师为首善名区,万方辐辏,既属崇闳之都会,应有高尚之游观。惟兹三海公开,实洽兆民私望。紫光阁上,褒鄂之毛发如生;阅古楼中,羲献之文章宛在。从此谈瀛海客,得共睹我邦兴建之规;入洛士夫,亦藉寻历代经营之绪。拟即由本部陆续接收,厘定开放规章,呈候钧览,以副我大总统发展都市嘉惠士□之至意。"① 如此一番得体"吹捧"，深得黎大总统欢心。6月24日，黎元洪批准呈请，命内务部成员曾维潘等20多人组成开放二海委员会。9月，内务部计划北海公园于1923年6月1日正式开放，且经过委员会的努力，北海消防队迁出一事也大有眉目。也许是得力于大总统亲自下令，这一次筹备开放取得前所未有的进展。但好景不长，1923年6月，直系军阀曹锟"逼宫"，将黎元洪赶出北京，随即用贿选手段当上了大总统。北海又进驻大拨军队，在枪杆子面前，公园开放之事无人敢再提及。1924年1月，开放委员会闭会，筹办了一年多的开放之事"悉归泡影，功败垂成"，令人叹息。于动荡的北洋政府时期，"时局骤变"已是家常便饭，大总统之位尚且变幻莫测，一个公园的开放与否，又怎会一蹴而就。

1925年6月，距北海第一次提议开放至今，已逾十载，一波三折，仍未能实现。时任内务总长龚心湛再次提议："为普及计，则改建北海公园为今之急务。"② 同时，开始组织北海公园董事会。《北海公园董事会章程》规定："只要有正当职业并热心公益，夙著声望者，并捐助本园经费一百元以上者，都可以成为董事，捐款满五百元以上的各机关指定一人为本会董事，并得委托其他董事兼任，共同担负经营维持之责任。"③

此外，龚心湛仿照中央公园开放先例，制定了《北海公园开放章程》，并"据情呈报段执政，拟将北海一部分，决计改为公园，实行开放售票，任人观览"，此提议遂得到临时执政的段祺瑞的批准，并交由京都市政公所办理。在市政公所内务部的努力下，首先令北海内"驻守之执政府卫队旅长兵"、小白塔山上之"公府消防队长兵"以及"海内旧有之各色人等"计300余人陆续迁出。同时，"该海完全由内务部另派警察驻守管理"。④

随后，7月15日，内务总长龚心湛亲自前往北海实行接收。并在北海内设立了筹办处。市政公所垫支开办费5000元，经过一个多月的筹备，1925年8月1日，北海公园正式对外开放。开放当天，总监朱深带同总务处长、秘书科长等，亲赴北海公园参加了开幕式。《益世报》记载了当时

---

① 王炜、闫虹：《老北京公园开放记》，学苑出版社2008年版，第125页。
② 北海公园委员会：《北海公园概要》，北海公园事务所，1935年，第57页。
③ 北京市档案馆馆藏档案，北海公园事务所关于董事会成立日期的呈（附：章程、常任人员名单）及京师市政督办的批以及给董事和园内各商的通函，J77—1—4。
④ 《北海实行改设公园——府卫队消防队一并移出，八月五日一准开放》，《益世报》（北京）1925年第13期。

开幕的盛况:"是日虽然微雨,而各界游人,尚称踊跃。"① 公园同时组织了董事会,自"开办以来,每日售出门券日见增多"。② "春秋佳日,游人蚁集。"③

开放后的北海公园,以典雅质朴的皇家园林风貌以及陆续添置的现代化设施吸引着中外游客前来观瞻,成为可与当时的中央公园相媲美的名园:"三海自辟为公园后,亦招商设酒馆、茶肆,与中央公园同……北海则漪澜堂、道宁斋、濠濮间、五龙亭、慧日亭、般若香台等处均设肆外,且于积翠堆云桥西邻水筑屋五楹,名双虹榭。白塔后筑屋数楹,名揽翠轩……故都士女,夏则泛艇,冬则嬉冰,盖为稷园外第一之胜地也。"④

结　语

自1916年许世英的第一次提议到1925年实现开放,北海作为"公园"的出现经历了十年之久的曲折历程。纵观之,这一耐人寻味的曲折历程最能反映民国初期变幻莫测的动荡时局,而北海公园的开放,又毕竟是时代之大势所趋,作为近代北京市政建设中的重要一环,受特定历史背景因素影响,虽非一蹴而就,却又是势在必行。总体来说,北海的开放是近代北京城市化进程的一个缩影,纵然百转千回,也终将伴随着历史车轮的滚滚而来得以实现。

---

① 《北海开幕后之第一日》,《益世报》(北京)1925年第3期。
② 《北海开幕后之第一日》,《益世报》(北京)1925年第3期。
③ 《北海公园之新设备》,《益世报》(北京)1925年第19期。
④ 汤用彬等:《旧都文物略》,北京古籍出版社2000年版,第67页。

从万牲园、什刹海公园、中央公园看清末民初北京公园的建设历程[*]

王 龙 吕红梅[**]

摘要：随着大臣出国考察和西方思潮的传入，清末北京出现了对城市休闲公共空间的规划和建设，以农事试验场为基础的万牲园是一个成功案例。而1906—1910年，清末商人发起的筹建什刹海公园的奏请却未能付诸实现，什刹海公园未能跻身于近代北京公园的行列。清亡后，民国政府致力于城市改造，将公园列为市政的重要内容之一，由社稷坛改造而成的中央公园是北京第一座近代公园。三者既是清末民初北京城市休闲空间的营建尝试，是北京公园建设历程的典型代表，也体现了社会转型时期以公园为载体的中西文化的碰撞与交织。

关键词：清末民初；城市休闲空间；公园建设；中西文化

"公园"在中国古代社会，指属于官方、国家所有的园林，与私相对。而近代意义上的"公园"之"公"指公众，是公众休闲的场所，一般借助一定的自然风光加以人工设施，供人休闲游览使用。1868年，英国人在上海建立了近代意义上的外滩公园，然此类公园设计之初有明显的歧视规定，即不同程度地限制华人入内，直到1928年6月，此类限制才取消。而在这五十多年的时间里，中国近代城市公园的建设也是飞速发展。在首善之区北京，公园的建设虽比沿海各城市稍有滞后，但也提上了日程。1907年建成开放了万牲园，1906年开始倡议但1910年计划未竟的什刹海

---

[*] 本文是北京联合大学通识核心课程"以雨化田：中国传统文化专题"建设成果之一。

[**] 王龙，北京联合大学中国史2024级硕士研究生；吕红梅（通讯作者），北京联合大学应用文理学院副教授，历史学博士，主要研究方向为中国古代史、北京历史文化。

公园，代表了清末北京城市公园的建设尝试，二者都是率先在京建造公园的尝试，但一成一败，个中原因，如清末皇权未败，传统文化占主导地位，应当注意的是"建造公园的概念"已经开始受到西方思潮的影响。民国政府注重城市改造，1914年，由社稷坛改建的中央公园建成开放，被称为北京的第一座近代公园。三个代表性的"园"反映了清末与民国社会转型时期北京公园的建设历程。

一 清末民初万牲园、什刹海公园、中央公园的建设背景

19世纪中期以后，西学东渐对中国社会产生了多方面的影响，中国的近代化思潮始现，引发了一系列变化，如外交方面，除了被动地接受西方各国的使臣往来，清政府还多次派出使臣出使各国。随着交流的加深，西方城市休闲公共空间的概念引入中国并开始付诸实践。1910年，《大公报》刊发《公共花园论》，认为京师作为首善之地，"原应当在一切维新变法的事情上，立个榜样，作个领袖，好提倡着叫各行省也效法改良"①，建议利用先农坛、地坛、日月坛等已有设施，在北京东西南北城设立四个免费的公共花园。

一 清末新政的社会表现

自1840年鸦片战争以来，中国沿海与内陆不同程度地受到了西方思想的影响，清朝的统治处于风雨飘摇之中。从同治帝开始，中国向西方派遣使臣，进行观摩，此时虽然谈不上学习，但至少出国的大臣带回来了新鲜的见闻。同治五年（1866），斌椿等随同赫德赴法、英、德等九国考察，这也是中国人第一次专门为考察西洋各国的情况而远行。其后同治六年等又有多次出使的行动，这些人回国后都撰有见闻记录，如斌椿《乘槎笔记》、志刚《初使泰西记》记录其见闻，为中国了解西方提供了最直接的参考。

到光绪皇帝时，他虽受慈禧太后控制能够做主的事情不多，但还是想通过学习西方，走改良救国的路径，也是经过了慈禧的同意，于是有了著名的"五大臣出洋考察"一事。他们重点考察西方的政治体制，同时对社

---

① 丁义华：《公共花园论》，《大公报》1910年6月8日第6版。

会事务、工矿企业等经济方面开展考察，而其归国后，政治上清政府采取了"仿行宪政"的策略。端方、戴鸿慈等考察归来后，上奏《敬陈各国导民善法折》，其出发点是"导民"，即巩固统治，而"善法"则包括对筹建图书馆、博物馆、公园等文化公共设施的倡议，虽然他们的目的是便于政府能更好地对百姓进行教化和控制，尚未达到丰富市民文化生活、创建城市公共休闲生活的高度，但客观上他们所提出筹建诸多公共设施的倡议和其后将农事试验场改建为万牲园的举措，还是为市民营造了一个公共的休闲空间，是清末北京城市建设的重要事件之一。

二 欧美休闲生活方式的影响

清末社会对于人们精神世界的营建，开始由上层普及百姓。中国传统社会中精英阶层的精神世界从来不缺乏营建，体现在自然中就是私家园林的营建，精英人士（权贵、富豪等）皆自建园林，供其休闲娱乐之用。近代化思潮兴起后，一些开明之士开始关注普通市井百姓的休闲空间。在1903年，梁启超游历加拿大、美国等地，并著有《新大陆游记》，其中对西方人士的休闲生活与中国之不同颇有感触，他认识到了公园对于人们精神生活的重要性："纽约之中央公园……其面积与上海英法租界略相等。而每当休暇之日，犹复车毂击，人摩肩。其地在全市之中央，若改为市场，所售地价可三四倍于中国政府之岁入。以中国人之眼观之，必曰弃金钱于无用之地，可惜可惜！纽约全市公园之面积……为全世界公园之地最多者，次级伦敦……论市政者，皆言太繁盛之世，若无相当之公园，则于卫生上、于道德上皆有大害，吾至纽约而信，一日不到公园，则精神昏浊，理想污下。"[①] 这段话中，对于纽约中央公园如此好的地理位置却用作休闲之地，使其经济价值大跌，梁启超说在中国人看来实属"可惜"，而后从考察的角度肯定了公园对于人精神世界的重要性，这样的感触，与其后清廷派出的考察公使是一样的，就是充分肯定了作为休闲空间的公园与卫生、道德的关系，是正向促进的作用。

休闲空间的规划和建设是城市近代化的标志和内容之一，上海作为最早设立外国租界的城市，在1868年就建成了外滩公园，其后有虹口公园等，但这些公园都对中国人有歧视，不得入内的标识牌，也是中国外辱的

---

① 梁启超：《新大陆游记》，社会科学文献出版社2007年版，第50页。

标志，因此，在国内人看来，近代意义上的公园作为外来概念，在最开始并不能与中国人的市井休闲并列。即便到了 20 世纪二三十年代，一些名家对公园也颇有微词，如萧红《回忆鲁迅先生》中提到，鲁迅先生从来不逛公园，而且认为公园不过是简单的景观设计而已："鲁迅先生不游公园，住在上海十年，兆丰公园没有进过。虹口公园这么近也没有进过……并且把公园给下了定义。鲁迅先生说：'公园的样子我知道的……一进门分做两条路，一条通左边，一条通右边，沿着路种着点柳树什么树的，树下摆着几张长椅子，再远一点有个水池子。'"①

就 1907 年京师建造的万牲园来讲，开放后也是男女单双日分开游览，"公卿士女尽出城"，且门票要二十枚铜元，不是温饱不继的普通人可以游览的，且公园这样的公众场所对人们的卫生、服饰等都有要求，本来的"休闲"却成了一种负担。近代化进程中的北京城，休闲空间的营建也会受这些因素的影响，既吸收了西方的"公众、开放"特征，又带有中国特色，即"公众"仅指社会中层以上百姓，那"开放"必然也是相对而言了。

民国之初，北洋政府对北京古城进行了大规模的改造，先后在北洋政府任交通运输部总长、代理国务总理、内务部总长、京都市政督办的朱启钤主持的一系列改造工程，对现代北京城市格局影响深远，其中就包括将社稷坛改建为公园。社稷坛改建的初衷是为广大市民提供一个游乐、休憩的公共空间，避免皇城内人群散乱拥挤。选中此处是因为交通便利，且清亡后已失去原有的祭祀功能，为使昔日的皇家圣地不至于继续破败和损坏，利用原有的建筑基础，重新设计建设，发挥其价值。简单来说，社稷坛的改建是民国公园运动的成功案例。

二 三园建设结果的异同

一 机缘巧合下的万牲园成功建成开放

1906 年 10 月 13 日，赴西方考察归来的端方等人上书，请求学习西方的"导民之法"，即"各国导民善法，拟请次第举办，曰图书馆，曰博物

---

① 萧红：《回忆鲁迅先生》，生活・读书・新知三联书店 2014 年版，第 12 页。

馆，曰万牲园，曰公园"①。在此之前，慈禧就有意建一个聚集众多奇珍异兽的园子。1906年，慈禧观看了德国汉堡马戏团的表演后，就表达了中国也要有自己的"万牲园"的愿望，即专门展览各种动物的场域。在这之前，农工商部就在西直门外的三贝子花园（指可园，另外场地还包括乐善园、广善寺、惠安寺及附近官地②）设立了农事试验场，因京师作为首善之区，自宜择地设立农事试验场一所，以示模范。农事试验场分为动物园、植物园和农产品试验区三部分，另有其他陈设、游览、休闲区域。慈禧和光绪来此游览并为一些建筑命名题字，如自在庄、豳风堂、畅观楼等。有了筹建动物园的想法之后，因为有慈禧的口谕，行动格外迅速。场址就地利用农事试验场，动物有外国购入、全国各地进献、私人捐赠等，如端方等人在考察过程中就购置了一些动物，包括野兽、禽鸟等，因为万牲园还没有建设好，暂时存放了在广善寺中。就在这样的历史背景下，万牲园不满一年便从"想法"到"实现"。

万牲园在1907年7月19日即开放。从端方等奏折中可知，其建设的目的除了迎合讨好慈禧，还与政治统治有直接关系，因为他们认为这样的场所有益于教导百姓，是一个笼络的手段和方式（导民之法）："每至都会繁盛之区，必有优遵休息之地稍得闲暇，即往游观，辄忘车马之劳，足益见闻之陋，初犹以为欧美风俗所趋，未必有关政俗，继乃知其专为导民而设，无不具有深心。"③由此可见，万牲园迅速建造实施依赖于政治及教化的因素。

值得一提的是，正是这种因素导致了晚清国人对动物园与公园的概念存在局限性，清末《大公报》在1906—1907年，多日连续报道了万牲园动物购买、建设进展、开放规则等事宜，堪称20世纪初的一大盛事。虽然处于风雨飘摇的政治环境中，万牲园的建设仍是北京城市休闲空间建设的一个重要节点。万牲园虽然是动物园，其基础农事试验场包括了植物园和农产品试验区、西餐厅、茶室等场所，其实可以算作一个综合公园。"由于晚清旅行者是在同一时间接受公园、植物园、动物园等诸多概念，况且西方动物园在诞生之初本身也隶属于公园的脉络，因此，晚清国人对

---

① 《清实录·德宗景皇帝实录》，下册，中华书局1968年影印本，第456页上栏。
② 刘珊：《万牲园史考》，《文史春秋》2003年第3期。
③ 林峥：《北京公园的先声——作为游赏场所与文化空间的万牲园》，《中华文史论丛》2015年第3期。

动物园的认识往往被涵盖在公园的框架内。"①

二 清廷犹豫之下的什刹海公园建设未竟

与万牲园不同，原本位于自然水域、风景秀丽的什刹海在构想建造公园时却异常艰难。

从金中都开始，历经元明清三代的营建，什刹海从自然水域到运河码头，再到清末公园建设的构想和未竟，可以一窥清末北京城市休闲空间规划之始的情况。什刹海公园的建设虽然未竟，但其提议体现了近代中国公园以皇家园林为基础的特点，也是民国公园运动的前奏。

清末，随着社会大环境的变化，什刹海的风景依旧美丽，但周边的人和事却发生了很大的变化。原来繁华的内城商业，在此时期有些没落，而清末的贵族虽然有丰厚的物质享受，但精神上却找不到合适的寄托或者家园。

一些商人敏锐地意识到，依托自然美景，建设综合性公园的时机来临了。光绪三十二年十二月初八日，内城巡警总厅为申报事，据市政公益会议董职商陈升等呈奉宸苑，表明了商人陈升等筹资建设什刹海公园的意愿，其中强调京师作为首善之区，宜为榜样。"欧美各国都会之内皆建设公园，俾彼都人士娱悦耳目涵养性情，以优以游以作息吸文明之空气。"1906年的倡议中认为，欧美各国已经有公园了，而中国除广东沿海外，内地并没有公园，此处的"内地尚无所闻"，指的是还没有中国自己开发和建设的公园，并未提及此前已经作为近代意义上公园使用的上海、天津等地的外国人建设的公园，也许是为了强调在首善之区建设公园的紧迫性与影响力而不提，也许是出于爱国思想，并未将这些公园与中国自建的公园并列。

上奏在什刹海地方建设公园的时间为1906年12月8日，陈述的理由与万牲园相同之处就是学习欧美，且有益于新政，反之，如果不建设公园，就会遭到列国的耻笑。

什刹海地区自元代以来因为风景秀美，且地理位置优越，商业持续发展，一直是内城的繁荣之地，但在清末，商业娱乐的中心在前门地区，什

---

① 林峥：《北京公园的先声——作为游赏场所与文化空间的万牲园》，《中华文史论丛》2015年第3期。

刹海附近的繁华有衰颓之象。什刹海虽有广阔的水域自然秀美，但缺乏人工的营建，无法将其价值继续抬升，发挥其最大优势。"内城商务凋敝已非一日，推其故则以女闾乐部皆萃于前门一隅而内城清寂殊甚，既无戏园乐户足以招聚游人，又无园林之名胜水木之清华以供游览而资娱适，故商情日形荼敝，市卤渐即萧条，亟宜谋挽救之方而慰商民之望。"

"公园"之"公"转向公众，除了"园"的自然优势以外，还要有人工的规划和相关公共设施的完善。在呈请中可以看到，本来就能够以自身优势吸引游人的什刹海，与前门相比，少了吸引商业和娱乐业的资本，自然就人气不够。因此，陈述中也表明了要在什刹海原有的基础上，建设美术馆、图书馆、运动场等设施，为人们的闲暇时光提供可资消遣的场地和娱乐项目，必然吸引人群聚集，商业的发展就随之而来了。

什刹海地区在清代为正黄旗管辖，生活着大量的贵族和旗人，如果消遣空间不足，内容不健康，只会给社会风气带来极大的不良影响。"近来京师地方习尚侈靡，风俗浮薄，青年子弟闲居无事，不过娱情声色之好，征逐酒食之场，往往溺志陷心，逾闲荡检，皆缘都城以内未有名胜之区足以陶适其性灵，寄托其兴会而束缚之余。转至放佚乎礼法之外，苟有公园则藏修之暇，资以游息，观览之际，饷以见闻。关于学问之进步，政教之改良，诚有如该商所云者，既据该商董等集股呈请建筑，似应照准办理，以开风气。"[①]

但在接到奏报以后，两月未有回复，说明了清廷对在什刹海建设公园是犹豫的。在上奏两个多月之后，到第二年的2月27日奉宸苑才回复，让职商先把测绘图拿来，一并陈述理由。至测绘图交上之后，清廷的担心在回复中逐一显露，其中最重要的是慈禧和光绪出行的车辇经过此处，如果修建公园人员聚集，于圣驾有扰。另外担心，公园营建导致的水系问题会影响紫禁城的水源清洁，均是以统治者的利益为先的顾虑。

什刹海公园的建设在前期测绘中，已明确水源问题不会影响紫禁城，但顾虑是"又虑者为密通宫禁，恐有窥探喧哗"，必须慎重。奉宸苑认为职商的规划"系欲包围三海，咸使轮换一新，故奉宸苑覆文特郑重其词而作种种之顾虑"。自1910年以后，什刹海公园的建设在史料中就没了下

---

① 《申报职商陈升集款在什刹海建筑公园事》，1906年，中国第一历史档案馆藏，资料号：21-0579-0001。

文，在近代以来研究者的视野里，20世纪初的民国公园运动也没有什刹海公园的影子了，但商人陈升等的什刹海公园筹建构思开了民国公园运动的先声。

三 民国的文化交融和市政工程：社稷坛改建公园的成功

在《中央公园廿五周年纪念刊》中，朱启钤强调："斯园也，乃古之国社。……是斯园为我先民奕世精神所寄托，亦已伟矣、重矣，固非以园林视之，徒侈耳目之游观已也。"在清代，社稷坛是国民的精神寄托，是象征，清朝虽亡，但中华精神应该以园林建筑、文物为载体传承下来。虽然清朝灭亡了，历史进入近代时期，但在有识之士的推动下，文化、文明的传承和新生是不曾中断的。

中央公园的设计风格是利用原有基础，以中式古典园林为主，也有西方的新设计体现，"中央（中山）公园的建设大量采用古典园林的设计意匠，达到很高的艺术水准。同时也在局部积极借鉴了一些西方造园手法，表现出相当的新意"。"朱启钤先生主导的中央公园建设开启近现代仿古园林之先河，是对古代造园艺术的继承和发扬。"[①] 时人评论说："彼时，都人耳目于公园尚少见闻，而朱公独注意及之，以社稷坛旧址，古柏参天，极奥如旷如之至，而地处都市中心，尤为难能可贵。用是披荆棘，辟草莱，经之营之，蔚然为京市首出之游息地。促进文化，嘉惠市民，若朱公者，真社会之福星，当为吾人所公认者也！"（中央公园廿五周年纪念刊·序，1939年，现存于中国园林博物馆）

三 清末与民国公园建设结果不同的考察

一 清廷的支持与否决定了万牲园和什刹海公园的成与败

清末，就万牲园的建设背景来讲，确实是西学思想影响下的中国社会开始有所变革的时代，是在中国社会近代化思潮的影响下出现的。究其能够顺利建成并开放的原因，除了时代大背景之外，那就是慈禧的支持和"晚清旅行者"的身份对于此事的推动。以"五大臣"为例，载泽（镇国公）、戴鸿慈（户部侍郎）、尚其亨（山东布政使）、李盛铎（顺天府丞）、

[①] 贾珺：《朱启钤与中国古典园林》，《建筑史学刊》2022年第3期。

端方（湖南巡抚），他们都是朝廷要员，其随从选择的也是心地纯正、见识开通者，能够有足够的能力考察出使国的情况。五大臣之一的李盛铎还是荣禄的心腹。他们回国后的政治建议使得慈禧和光绪决定"预备立宪"。政治上都下了如此大的决心，那端方等提出的建设公园、博物馆等建议，自然也会受到重视。

什刹海公园的建设由商人陈升等倡议，虽然他们提出了非常中肯的理由，且什刹海本身就具有作为公园的客观条件，清廷也予以肯定，但依旧犹豫再三。在提交了清楚的测绘地图后，清廷依旧担心公园的建设会对紫禁城的水系造成影响，且担心公园建成后人流众多，产生的噪声对皇室有扰。再有如果建成公园，慈禧和光绪出行时，担心其乘舆的安全问题。总之是距离皇城太近，怕给慈禧光绪的出行和安全造成不利影响。清廷的拖沓使得商人筹集的资金已挪作他用，于是改为官办，由内城警务厅负责，但随着1910年后政局的大变化，清廷自顾不暇，什刹海公园的建设更是无从谈起了，于是，倡议于1906年的什刹海公园，历经近四年后，还是未能投入建设。

因此万牲园的成功与什刹海的未竟，二者的成与败离不开清末动荡的时代背景，更离不开清末统治者的政治、教化及皇室内部利益的考量。

二 社会性质的转变和文化交织成就了中央公园的建成

民国政府成立后，政治面貌与从前大不相同，国家和城市治理自然也有迥异之处。民国市政建设运动改变了清代北京的空间和社会结构。原来只有皇家贵戚专属的苑囿开始对大众开放，垄断空间被打破。普通百姓也开始有机会踏足社会政治、经济、文化、教育等各个行业，阶层垄断现象有了非常大的改变。社会性质的转变是根本原因。

清末，虽受西方影响但市政管理和建设还是传统主导，由内外城巡警总厅总管各项事务，受制度等因素限制，不会有质的突破。1914年6月，专门的市政管理机构京都市政公所成立，与京师警察厅共同承担北京市政管理工作。北京城市的近代化改造步伐大大加快。在市政方面，民国政府从街巷、公园的改造和建设入手，注重在以后的建筑、设施基础上，融入西方规划思想，开始有了近代意义上的"市民生活"建设和规划。"大凡一个大都市，人口总是有增无减，人口既多，公园乃成为一种不可缺少的物品，并不是专为美观，实在是为都市生活不容不要的……添设公园，真是市政上一件重要事情。"①

中央公园的主持者朱启钤既肯定中华文化的源远流长和包容,又有游历欧美经历,将中西交融的思想体现在公园建设上,造就了北京第一个近代公园的诞生。他在中国营造学社开会演词中说:"吾中华民族者,具博大襟怀之民族,盖自太古以来,早吸收外来民族之文化结晶。""吾国太古之文明,实与西方之交通息息相关……凡一种文化绝非突然崛起,而为一民族所私有,其左右前后,有相依倚者,有相因袭者,有相假贷者,有相缘饰者,纵横重叠,莫可穷诘。"中央公园的建设是社会性质改变和中西文化交融的成果。

学界对清末民初北京公园建设的研究,多着眼于万牲园和中央公园,而深藏于档案中的什刹海公园建设的计划和未竟,却在其中承担了承前启后的重要作用。以三者为代表,既可以细化和完善清末民国公园建设的研究线索,也可以作为不同阶段的对比,从中一窥社会转型时期的北京城市规划和建设的一个侧面,更可以之作为载体,感触清末民国变革中的北京公园建设历程。

---

① 京都市政公所:《公园论》,《市政通告》1914—1915 年第 1—23 期合刊。

北京文化遗产研究

关于《通州文物志》部分重要文物认定观点的商榷

池　源[*]

摘要：通州古城是北京大运河沿线运河文化遗产数量十分丰富的区域，很多文化遗产内涵丰富，价值很高，在国内外具有很高的知名度。然而，2006年出版的《通州文物志》关于通州区一些重要文物文化内涵研究不足，存在认定错误，诸如佑胜教寺真实历史缺失，创建于清晚期的紫清宫被硬说成明代建筑，所谓"宝通银号旧址"应是通县银行，万字会院并非在三官庙基础上建成，另有国家博物馆藏《潞河督运图》并非出自通州等。这些错误目前已经对通州历史文化的宣传造成负面影响，需要更正以利于文化的保护、传承与利用。

关键词：《通州文物志》；佑圣教寺；紫清宫；宝通银号；万字会院

《通州文物志》是通州区文委、文联组织编写的，撰稿人周庆良，出版于2006年。这是第一本关于通州文物的专门志书，可以说，该书对通州保存至今的历代文物做了全面详细的记录，对通州区文物保护、传承和利用工作起到了极大的促进作用。我在工作中多次查阅该书，发现书中有些文物内涵的认定存在比较严重的问题。另外，近年来通州区在关于几处重要的文物宣传上采用《通州文物志》的观点，致使一些错误观点大为流行，不符合真实的历史情况。最典型的例子就是通州的历史文化地标燃灯塔被严重弱化，

---

[*] 池源，通州区退休职工。《北京市通县地名志》编审、《北京市通州区志》商贸部分撰稿人、《北京市通州区地名志》审稿人，曾任通县政协《文史选刊》特邀编辑、通县党史办《通县史志》编辑。研究方向为通州区文史。

当前多以"三庙一塔"或"三教庙"来宣传，内容混乱，夸大其词，莫衷一是。追根溯源，造成当前通州文物宣传困境的原因就在于《通州文物志》对这几处重要文物的认定存在错误，书中秉持的观点值得商榷。本文将就这几个文物认定的观点加以辨析，择要叙述，反映真实情况，供社会各界参考，以期引起重视，加以纠正，真实反映北京城市副中心历史情况。

一 《通州文物志》关于佑胜教寺和紫清宫的文化内涵判定有错误

（一）《通州文物志》关于佑胜教寺真实历史介绍存在疏漏

这里应该先介绍佑胜教寺，《通州文物志》有"佑胜教寺"词条，花了极大篇幅介绍了燃灯佛舍利塔，但介绍佑胜教寺的内容仅寥寥数语，文字不多照录如下："是寺应早于燃灯佛舍利塔，似为北齐时建，其现存建筑规制已于上节记述，此不再重复，只记燃灯塔而已。""上节记述"篇幅也不多，照录如下："至南北朝时，今通州城北隅、潞水（今北运河）西畔始建一座然灯佛舍利塔，为镇河而建，按一般规律，先有佛寺后有塔，塔旁应有一座寺宇，但不知何名，现在塔下东侧为佑胜教寺，是否就是建塔时寺名，亦不得而知。"[1]

其实现存明清两代《通州志》对佑胜教寺和通州塔都有明确记载，基本是相同的。以光绪《通州志》年代最近，照录如下："佑胜教寺在州治西北，寺有浮屠十三级，名然灯佛舍利宝塔，详古迹。注俗传为塔庵，年久倾圮。同治六年，都人王均瑞偕赵钧捐赀重修，添建紫清宫。嗣经州绅捐赀在庙立义学两斋，颜曰'萃云''时雨'，并舍药茶，敬惜字纸。复于光绪元年添设粥厂。"[2] 这里，与前志一致，肯定了"寺有燃灯佛舍利塔"。说明燃灯塔属于佑胜教寺。光绪《通州志》记载："然灯佛塔，旧志云在州城内州治西北，佑胜教寺内。"[3]

另外，明嘉靖《通州志略》记述："正德壬申（1512），巡抚都御史芜湖李贡栅临视学，以明伦厅事（堂）浅狭，不便周旋。又以学西逼佑胜寺，

---

[1] 北京市通州区文化委员会、北京市通州区文学艺术界联合会编：《通州文物志》，文化艺术出版社2006年版，第112—114页。

[2] 光绪《通州志》卷2《建置志·寺观庵堂》。

[3] 光绪《通州志》卷1《封域志·古迹》。

乃撤寺，欲移文庙于寺所，以广堂院。地基已筑，会贡升任乃止。"① 嘉靖四十二年（1563），知州张守中以先师殿旧在明伦堂前，制度狭隘，移（明伦）堂于学西隙地，改（明伦）堂基为（大成）殿。② 上述记载说明了明代佑胜教寺规模远远超过今天的规模，本来在文庙西侧，李贡拆除了佑胜教寺，以其地扩建学宫，当时学宫地基已经建好，但赶上升迁，学宫工程就停工了。可惜关于这一段历史却没有充分介绍，也许撰稿者当年并未看到嘉靖《通州志略》。其中文庙的扩建是在占用佑胜教寺用地而成的，说明了今日宣传的"三教庙""三庙和谐共处"的观点是站不住脚的。

（二）紫清宫神祇和始建时间认定存在极大问题

《通州文物志》对紫清宫名称来历和紫清宫历史介绍是凭空臆想的，毫无事实根据。《通州文物志》介绍紫清宫供奉的神祇和来历时说："紫者即紫府，清者即清都，紫清宫即紫府清都之宫殿，'皆是神仙所居'。"在介绍紫清宫建造历史时说："是庙明建，清同治六年（1867）、光绪年间重修。"③ 现在看来，这些说法没有史实资料、真实物证，相反确有文物证实是编造的。

事实如此，紫清宫正殿东山墙正中嵌卧碑一块，名《创建紫清宫始末记》，碑文记述创建紫清宫始末。明确提出紫清宫是为"紫清真君"白玉蟾而建。这里说明了两点，一是"紫清真君"是白玉蟾的道号，这也说明了紫清宫名称及其来历；二是紫清真君白玉蟾"始无专祠，附祀于胜教寺后禅"。下面更详细记述了创建紫清宫始末，明确了紫清宫是1880年创建的。另《通州文物志》所载《重修通县胜教寺碑》记录了碑文。碑文中记述了佑胜教寺在"清同治六年（1867）经本庙善长王筠瑞先生出资修葺。以先后殿供奉紫清真君……在光绪壬午（1882）前，先祖父子固公为庙长，添建东院紫清宫，移紫清真君于东殿，奉为专祠"。④ 可为佐证。

《通州文物志》为迎合紫清宫"明建，清同治六年（1867）、光绪年间重修"的观点，擅自篡改碑题，将"创建紫清宫始末记"改成"重建紫清

---

① 嘉靖《通州志略》卷2《建置志·学校》。
② 康熙《通州志》卷2《建置志·学校》。
③ 北京市通州区文化委员会、北京市通州区文学艺术界联合会编：《通州文物志》，文化艺术出版社2006年版，第144页。
④ 北京市通州区文化委员会、北京市通州区文学艺术界联合会编：《通州文物志》，文化艺术出版社2006年版，第247—248页。

宫始末记"，"刱（创）""重"一字之差，谬以千里。还故意不公示碑文，借以掩盖紫清宫供奉紫清真君白玉蟾的历史真相。目前没有"是庙明建"的记载和事实，清光绪《通州志》记载与两通碑的碑文内容相同：紫清宫是1880年创建的，正在创建中，志书没有记述它。但"佑胜教寺"词条记述了同治六年（1867）在佑胜教寺后禅供奉紫清真君白玉蟾的情况。

（三）近年关于"三教庙""三庙一塔""三教合一"的错误认识

众所周知，燃灯塔是通州古城的地理标志，人们在谈论通州时一般会说到燃灯塔。今天，作为通州文化核心地的燃灯塔及周边古建筑群景区当年却被冠以"三教庙"，燃灯塔名称凭空消失了；"三庙一塔"，则把燃灯塔列在"三庙"之后。《通州文物志》"紫清宫"词条写道："（紫清宫）位于通州旧城北门内迤西，与儒教文庙（学宫）、佛教佑胜教寺形成'三足鼎立'状布局，为'三教合一'对立统一文化之古代建筑群，同置于通州衙门之右侧，乃全国之仅有者。"[①] 在这里明确提出了"三教合一"的定位，进一步提出"乃全国仅有者"。由于《通州文物志》对于佑圣教寺、紫清宫以及文庙的文化内涵研究缺失，致使"三教庙""'三教合一'古建筑群"等错误说法得以流传。后面我们会详细介绍，那里实际是有四座庙的，且另一座庙"文帝祠"在明代就存在的，历史远超紫清宫。现在，通州文庙已经基本恢复清光绪年间的建筑规制，但错误认定造成的影响至今没有消除，存在景区的说明介绍不准确、不详尽等实际问题。

1. 追溯历史，通州没有"'三庙合一'建筑群"

今天，燃灯塔及周边古建筑群包括燃灯塔、佑胜教寺、紫清宫、学宫，似乎共处一个院落当中，但历史上并不是这个样子的。实际上，三处建筑从未合一，更是互不关联。历史上通州没有"三教庙"，更不是"全国最大的'三教合一'的古建筑群"。光绪《通州志》和此前历朝《通州志》均附有通州城池图，这里选用与紫清宫出现时的光绪《通州志》的通州城池图（见图1），可以看到清末燃灯塔和佑胜教寺、文庙之间的关系，哪里是三庙共处一个院落呢？

这里可以清楚地看出，佑胜教寺位于西塔胡同路北，隔着西塔胡同东

[①] 北京市通州区文化委员会、北京市通州区文学艺术界联合会编：《通州文物志》，文化艺术出版社2006年版，第144页。

关于《通州文物志》部分重要文物认定观点的商榷　97

段面对学宫的后墙；紫清宫当时尚未建成，没有绘出。文帝祠在儒学西侧，文庙正门在老仓胡同路北，后墙在西塔胡同路南，文庙正门前面到司空分署街是射圃。

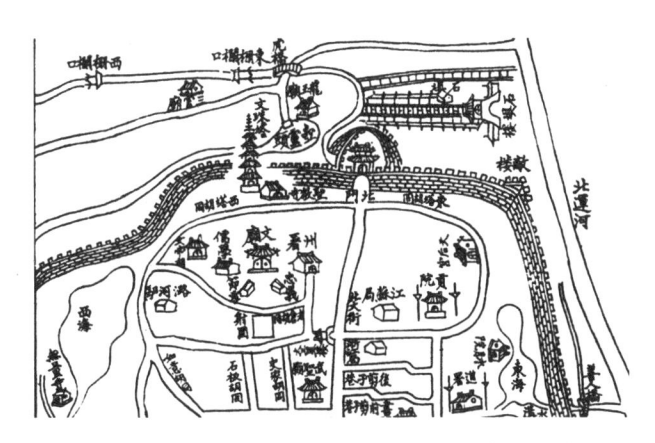

图1　光绪《通州志》所绘通州城图中的文庙和佑胜教寺位置关系

从1954年绘制的《通州市区域平面图》中燃灯塔景区局部放大图（见图2）可以看出：通州学宫被中共通县地委使用；佑胜教寺、紫清宫建筑和西塔胡同东段被通县地区专员公署公安处使用，西塔胡同东段（燃灯塔院）被占用，不向社会开放。学宫棂星门门前的大成街已经形成，向东直达北大街，学宫大成街南面部分，成为第一小学。学宫东侧到北大

图2　1954年文庙（通州地委）和佑胜教寺紫清宫（专属公安处）位置图

街，是原县衙，由通县地区专员公署使用，由此形成了今天的格局。今天所谓的"三教庙、三庙一塔"，当年并不存在。并且，这里不只有"三庙"，此处共有四座庙宇，另一处是与文庙同属于学宫的文帝祠。

这是光绪志学宫图（见图3），可以看出文帝祠在学宫训导署、学正署的西侧。明《通州志略·学校》记载"旧有文昌祠，一间，在文庙东今废"。清代文帝祠设在明伦堂西侧。

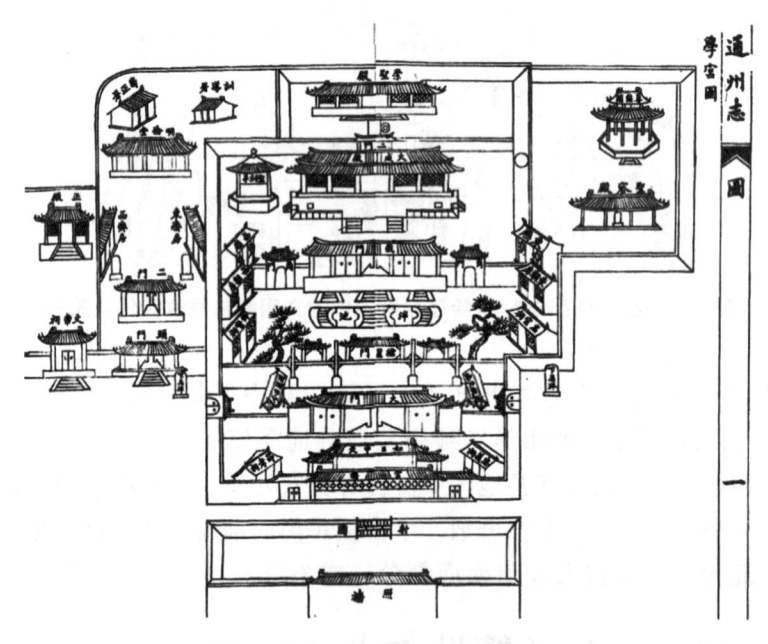

图3 光绪《通州志》通州文庙图

四座庙宇中，除文庙、文帝祠同为学宫组成部分外，紫清宫依附于佑胜教寺，1880年才从佑胜教寺后殿移出另成庙宇，但仍由佑胜教寺操控人管理。学宫属于衙署，与佑胜教寺、紫清宫没有任何牵扯，甚至开门都不在同一条街巷。

2."三教庙"系人为杜撰的错误说法

遍查明清至民国通州古籍文献，通州城内从未有过"三教庙"。按理说，有燃灯塔这样著名的建筑，如有三教庙，史书上一定会有记载。调查得知，三教庙是近年来人为杜撰出来的一个说法。

历史上，儒家学派从未被绝大多数统治者和民间大众承认为"宗教"，

"三教庙、三教合一、三庙一塔"也与我们国家的现行管理制度不符。"三教庙",尤其大肆宣扬,并斥资形成实体建筑,必须澄清真相,消除其影响。所谓"1400 年来和谐相处"只是编造者的杜撰。事实是,明代《通州志略》就记载了嘉靖年间为了扩大学宫,就做出"撤(佑胜教)寺以广学宫"的决定,并付诸行动,基本形成今天的格局。佑胜教寺当时只留下塔院,早已不符"教寺"(这里的"教寺"取明代的佛教寺院分类法)的规格和规模,衰落至极。为纠正错误,以正视听,还史实真相。为便于大家了解"燃灯塔景区",将所谓"三庙"列表如表 1。

表 1　　　　　　　　　佑胜教寺、文庙和紫清宫真实情况

名称	佑胜教寺	文庙	紫清宫
建成年代	按燃灯塔推算,应在北周期间(577—581)	元代大德二年(1298)	1880 年始建,1900 年竣工
宗教/归属	佛教	学宫一部分不属于宗教	道教
供奉神祇	纵三世佛　燃灯佛	儒家学派　孔子	紫清真君　白玉蟾
原位置	原西塔胡同东段路北,独立成寺	大成街路北,是学宫的一部分	原西塔胡同东段路北,1880 年独立成庙
与燃灯塔关系	约建于同时,为一组建筑	无关	无关
相互关系	明代正德七年(1512),巡抚御史中丞太平李君临通视学,狭小学制,乃撤寺以广学宫。功未就而去。当时完成了撤寺,约四十年后,学宫扩建完成,成今状	见佑胜教寺此栏。明代正德七年(1512)佑胜教寺被撤后,又四十年,将明伦堂、训导署、学正署迁至前佑胜教寺地址,扩建了孔庙。后来,在西侧建了文帝祠。成今状。学宫属于衙署,历来由官府管理	光绪《通州志》记载:"同治六年(1867),都人王均瑞偕赵钧捐资重修,添建紫清宫。"今佑胜教寺大光明殿前立 1936 年碑一通,亦记载此事:"清同治初年庙(按:指佑胜教寺)已破烂不堪,同治六年(1867)经本庙善长王筠瑞先生出资修葺。从先后殿供祠紫清真君"

(四)"燃灯塔及周边古建筑群片区"应该解决的问题

今"燃灯塔及周边古建筑群片区"已经按 1948 年通州解放时的原状修复,可以看出那里有四座寺庙,即与燃灯塔为一组的<u>佑胜教寺</u>、<u>紫清宫</u>,同属于学宫的<u>文庙</u>与文帝祠。可见,"三庙一塔"既没有史实依据,也没有事实依据,更不被通州人所认可。所谓的"三教庙、三教合一、三庙一塔"错误认定的影响极大,必须彻底清除,准确、正确、如实介绍景区真实历史和现状。不再使用、宣传错误的说法,消除通州各处路标、景

区说明上的错误痕迹，在广告、广播、电视、报刊、壁画等处做好清查，消除可以清除的痕迹，看清这是坚持实事求是，坚持历史唯物主义，宣传社会主义精神文明的实际内容，打造副中心真实形象，树立风清气正的学术风气，确保不再出现这类问题，告诉世人一个真实的"燃灯塔及周边古建筑群片区"。

二 《通州文物志》对"宝通银号"旧址认定没有史实依据

（一）通州"宝通银号"旧址在哪里

在通州旧城北大街路东，拆迁后仍保留着一幢民国时期样式的二层小楼，非常醒目。《通州文物志》认定为"宝通银号暨日寇慰安所旧址"，称："清代创建，民国重修。1935年12月，日寇特务机关操纵控制下之伪冀东政府成立后，设冀东政府银行，为日寇掠夺华北物资、输入日本产品、打击民族工业效劳，宝通银号被迫关闭。同时在日寇侵华时期，此银号建筑被日寇强占，成为日寇特殊'妓院'——慰安妇所。"[1]

我生长、工作都在通州，对该建筑有些了解，印象中该处向北仍在北大街路东、隔着1968年被拆除的鼓楼北处，那里曾有一处门脸房，约6米高的两根砖方柱中间横着一方匾额，上面砖雕有"宝通银号"四个字。那么，现在保留下来的二层小楼，与鼓楼北面的已经被早期拆除的曾有"宝通银号"匾额的建筑，是不是同为"宝通银号"旧址呢？我抱着这个疑惑，查阅了相关资料，为了印证自己的记忆，走访了一些七旬以上的老邻居，和相关人士交流，已经确定现在保留下来的"'宝通银号'旧址"，当年曾几易主人或使用者，就是没有开设过"宝通银号"。

1. 从王文续先生的《解放前通州城商店分布掠影》谈起

王文续先生的《解放前通州城商店分布掠影》（载《王文续文集》（2010年印刷），第168—177页）最早发表于通县政协《文史选刊（第6期）》，原名《旧通州商店分布概貌》，我当时与先生同时被邀担任该刊特约编辑。编发该文时，我曾几次与先生商讨，我当年43岁，多方核实

---

[1] 北京市通州区文化委员会、北京市通州区文学艺术界联合会编：《通州文物志》，文化艺术出版社2006年版，第184页。

后，确定该文内容准确。2010 年，先生印刷《王文续文集》时，我不知情，这次看到先生的文集中收入此文，从标题到内容都做了修改，更翔实准确，甚为欣慰。看到此处，也可以看到先生用心精细，是针对当时已经出现"误认"现象而发的。当然先生文集的示意图（见图 4）只是表示了店铺相邻关系，没有标出鼓楼横断北大街，今天看来，已经基本不影响"宝通银号"旧址认定了。

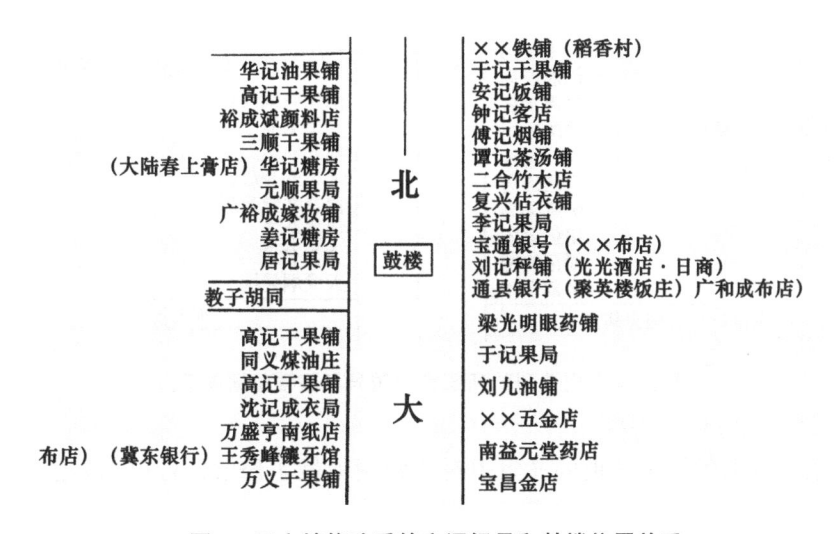

华记油果铺	×× 铁铺（稻香村）		
高记干果铺	于记干果铺		
裕成斌颜料店	安记饭铺		
三顺干果铺	钟记客店	北	
（大陆春上膏店）华记糖房	傅记烟铺		
元顺果局	谭记茶汤铺		
广裕成红嫁妆铺	二合竹木रस		鼓楼
姜记糖房	复兴估衣铺		
居记果局	李记果局		
教子胡同	宝通银号（×× 布店）		
	刘记秤铺（光光酒店·日商）		
	通县银行（聚英楼饭庄）广和成布店）		
高记干果铺	梁光明眼药铺	大	
同义煤油庄	于记果局		
高记干果铺	刘九油铺		
沈记成衣局	×× 五金店		
万盛亨南纸店	南益元堂药店		
布店）（冀东银行）王秀峰镶牙馆			
万义干果铺	宝昌金店		

图 4　王文续修改后的宝通银号和鼓楼位置关系

2.《检粹新华》一书其实已经明确了"宝通银号"旧址准确位置

2016 年，通州区政协文史和学习委员会、通州区新华街道办事处编印了《检粹新华》一书，其中收录了周庆良《宝通银号》、王文续《老通州商店分布概貌》、任德永《百年中药铺"益元堂"》三篇文章，均涉及宝通银号及其旧址的认定。现在分别评述如下。

（1）王文续《老通州商店分布概貌》，引用了政协《文史选刊》（1989 年第 6 期）最早发表时与新华办事处域内有关部分的原文。这里主要讲该文图片的内容。应该指出当时排版技术所限，只是一个示意图（见图 5），1989 年 12 月首发此文时当年建筑都在，亲历人也多数健在，不会产生误解。30 年过去，当年建筑不在了，就可能引起误认了。

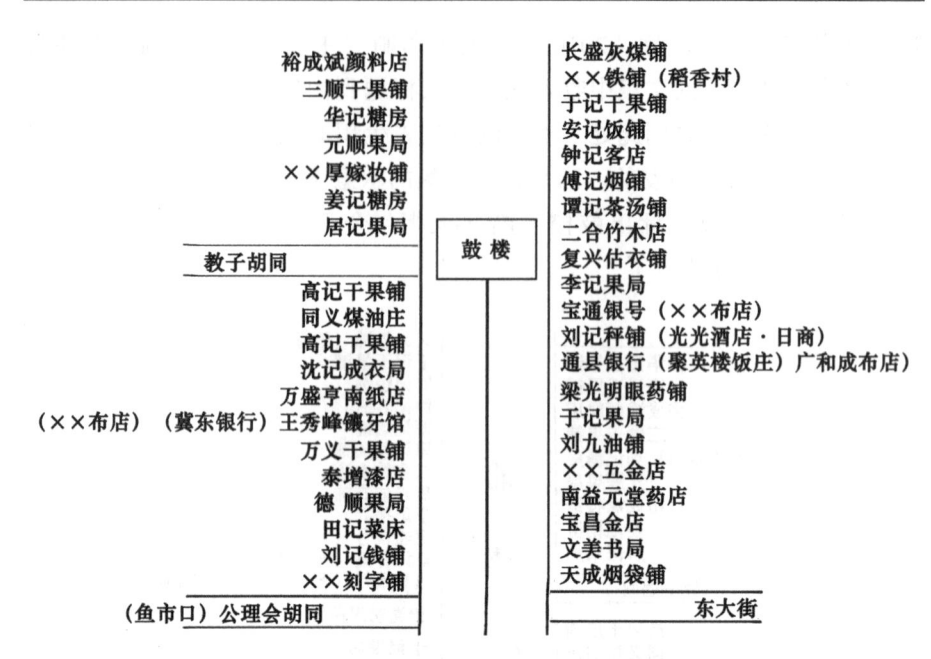

```
                        裕成斌颜料店          长盛灰煤铺
                        三顺干果铺            ××铁铺（稻香村）
                        华记糖房             于记干果铺
                        元顺果局             安记饭铺
                        ××厚嫁妆铺          钟记客店
                        姜记糖房             傅记烟铺
                        居记果局            ┌────┐ 谭记茶汤铺
                ────教子胡同────           │ 鼓楼 │ 二合竹木店
                        高记干果铺          │    │ 复兴估衣铺
                        同义煤油庄          │    │ 李记果局
                        高记干果铺          │    │ 宝通银号（××布店）
                        沈记成衣局          │    │ 刘记秤铺（光光酒店·日商）
  (××布店)（冀东银行） 万盛亨南纸店        │    │ 通县银行（聚英楼饭庄）广和成布店
                        王秀峰镶牙馆        │    │ 梁光明眼药铺
                        万义干果铺          │    │ 于记果局
                        泰增漆店            │    │ 刘九油铺
                        德 顺果局          │    │ ××五金店
                        田记菜床           │    │ 南益元堂药店
                        刘记钱铺           │    │ 宝昌金店
                        ××刻字铺          │    │ 文美书局
                                         │    │ 天成烟袋铺
  （鱼市口）公理会胡同                      └────┘        东大街
```

图 5 《文史选刊》所载宝通银号和鼓楼位置关系

王文续老师后来在他的文集中对这幅图片做了修改，可以比较清楚地看清宝通银号的位置。这里我试着画一幅当年的实际位置图（见表2）。

表 2　　　　　　　　　　宝通银号和通县银行位置关系示意图

路西店铺（略）	北大街鼓楼北	以北店铺（略）
		宝通银号（××布店）
		刘记秤铺（光光酒店·日商）
钟鼓楼（横断北大街，楼下门洞是北大街通道）		
路西店铺（略）	北大街鼓楼南	通县银行（聚英楼饭庄）（广和成布店）
		梁光明眼药铺
		于记果局
		刘九油铺
		××五金店
		南益元堂药店
		以南（略）

（2）任德永：《百年中药铺"益元堂"》，该文看似与"宝通银号"旧址无关，但文字部分明确指出"通县银行"的位置，可与王文续先生的文章图片互见。他在文中写道："从鼓楼前路东向南数第一家是通县银行，第二家是梁光明眼药铺，第三家是于记果局，第四家是刘九油铺，第五家是五金店，第六家是南益元堂了。"①

这段文字很重要，我略作说明。"从鼓楼前"，按习惯，称"南"为"前"，"北"为"后"，"鼓楼前"即为"鼓楼南"。"从鼓楼前路东向南数第一家是通县银行"，现在可以肯定，认定的宝通银号旧址实际是通县银行旧址。宝通银号旧址在鼓楼北。从上下文看，这段文字应当是吴庆茂老师（南益元堂后人）的口述记录。

3. 《通州文物志》关于"宝通银号"的认定需要再考证

据《通县志》的相关记载：通县钱庄与银号历史大体可分为三个阶段。第一阶段为光绪十四年（1888）至1915年，据《金融史料》京师一览表统计，1912年县内在册钱庄、银号15家，即：人和号、万丰号、元成号、天兴号、天和号、同济号、宏兴号、阜成号、益成号、泰兴号、泰兴德、通兴号、乾和号、裕泰号、裕恒号。银钱业一般经营存放款及兑换业务，部分还有汇兑业务，经营对象以县城工商业为主，唯万丰银号专营农村存放款和买卖房地产业务，1930年倒闭。由于八国联军入侵，银钱业损失惨重，加之漕运停止，市场萧条，部分钱庄银号倒闭，开业不足10家。后鸦片泛滥，所有银钱业兼营毒品，户数又增至15家。第二阶段为1916—1941年，初期官膏局成立，对吸毒者发放吸毒证供应毒品，银钱业经营毒品受到排挤，及至抗日战争爆发，钱庄银号纷纷倒闭，只有3家营业，以春和裕银号资金最为雄厚。该号1938年成立，经营存放款汇兑业务，兼营商业。第三阶段为1942—1948年，新开业4家，总户数升为7家，之后有4家相继倒闭，解放时，仅存春和裕、裕兴隆和宝通号3家。②

通州钱庄和银号发展的第一阶段是1888—1915年，1912年县内在册钱庄、银号15家，其中没有宝通银号。可以看出宝通银号不是"清代创建，民国重修"。

---

① 任德永：《百年中药铺"益元堂"》，《检粹新华》，团结出版社2016年版，第181页。
② 通州区地方志编纂委员会编：《通县志》，北京出版社2003年版，第290页。

"第三阶段 1942—1948 年……解放时，仅存春和裕、裕兴隆和宝通号 3 家。"请注意，这里明确说明宝通号到通州解放仍在营业。由此可见，说宝通银号"1935 年 12 月……被迫关闭"，与《通县志》记载不符。

《伪商会档案》1942 年 3 月关于通县钱业公会及宝通号记载的 7 家企业中，宝通号规模较大，赫然在册。"1935 年 12 月……宝通银号被迫关闭"之说，值得考证。

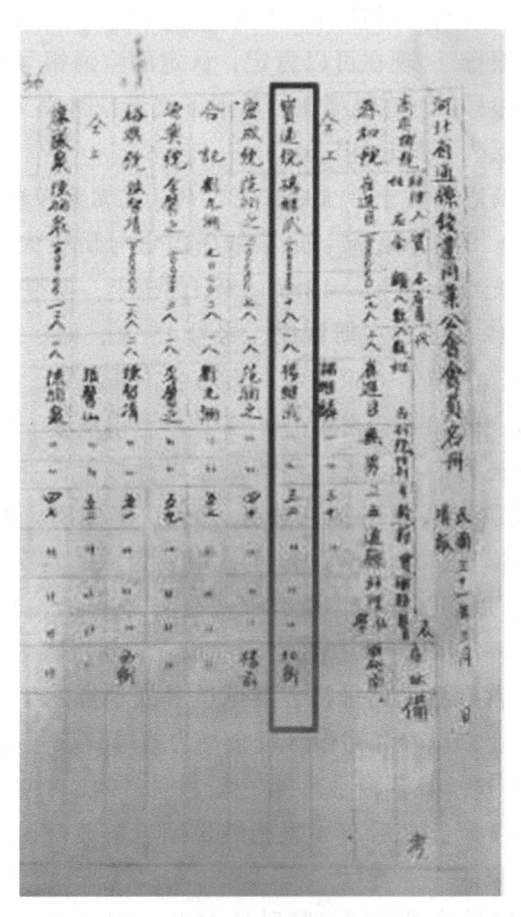

图 6 《伪商会档案》关于通县钱业公会及宝通号的记载

（二）所谓"宝通银号"旧址解放前后的变化和现状

按王文续的介绍，解放前这里曾开办过聚英楼饭庄、广和成布店、通县银行。通县银行从 1947 年筹备到开业，再到 1948 年 12 月 14 日通州解放，仅存在一年多时间，解放时人员、钱账无存。1988年，通县供销社系统老干部刘景珍告诉我，这里在日本侵华时期曾作为日军慰安妇所，记录了侵华日军的罪行（关于日军慰安妇所之说，近年来也有人质疑：一是慰安妇所设在当年通州最繁华地区的可能性堪疑；二是目前没有查到当年的文字记载）。解放后，这里先后为通州镇图书馆，后来二楼一度成为当时设在鼓楼的少年之家的一部分，利用二楼北房山前部的小门在鼓楼南面墙上开口，搭建小桥与鼓楼相连。再后来连同后面的院落划归通县粮食局通州镇粮食所使用，二层小楼成了挂面车间和切面门市部，改革开放后粮食所迁走，这里被出租，成了饭馆，直到这次副中心建设拆迁开始，饭馆迁出。今二楼北房山上前部的向北小门仍可见。

实际上通县银行旧址与现在的二层楼房有很大不同。现存的楼房当时本不临街，楼前还有宽5—6米或更宽的院子，北、西、南三面有高围墙，墙的临街一面装有铁门、铁窗，是仿西式建筑；院子上空有高于二层楼房檐的铁制天棚，院内北侧有室外楼梯可直达二层。20世纪50年代曾作为通州镇图书馆馆址，围墙、天棚还在，在1959年以后，因街道拓宽的需要，拆除了高围墙、铁制天棚和室外楼梯，才成为现在的格局，但已经不能显示当年的建筑形式和格局了。没有了具有西式建筑风格的外墙与中式二层楼房形成的中西合璧的民国风情。联想到有围墙时的这处建筑，再对比大栅栏谦祥益、瑞蚨祥等店铺的门面格局，觉得有些相似，只是通州这里的建筑比其规模小一些而已。现在想来，应该是广和成布店的店铺门面更准确一些。要知道清中后期到民国时，通州的布业是有些规模的。1947—1948年短命的通县银行旧址只是因袭了以前的建筑。至于宝通银号旧址之说，只是今人的误认或编造。

图7的照片自南向北拍摄。今天二层小楼当年的门面、西式门面、水泥高墙、高大天棚清晰可见，天棚下是院落，以东才是现在保留的二层小楼，北距离钟鼓楼南墙仅一米。图8取自"通县鼓楼南侧"的局部。这幅照片看似拍摄于日伪时期，准确时间待考。

106　北京文化遗产研究

图 7　通县鼓楼南侧

（左：通县鼓楼，右：当年所谓宝通银号。取自左图中部偏右。）

图 8　通县鼓楼北侧

关于《通州文物志》部分重要文物认定观点的商榷 107

图 8 转自通州区图书馆《流光旧影认通州——通州区图书馆藏老照片集》，照片自北向南拍摄，图中正面建筑物就是通州钟鼓楼。通州北大街以钟鼓楼为界，原来钟鼓楼起南面到闸桥北称"（鼓）楼前"，钟鼓楼起北面到通州旧城北门称"北街"。后来，合称北大街。照片左下角即北街路东向北数第二间商家就是宝通银号旧址。为了便于查看，我把照片左下角宝通银号旧址放大，加以说明。宝通银号旧址门面实际是 4 间，照片只摄入了南面 2 间。最南面 1 间是正门，北面 3 间是窗户。砖雕的"宝通银号"匾额就在图中电线杆遮挡在中间的、用白灰抹上的部位。

为确认这里的建筑实况，建议调取规划和房管部门的测绘图予以确认。

60 多年前在通州旧城北大街鼓楼周边生活过的人，都可以准确说出宝通银号旧址的位置。我的一个同学名字是"×宝通"，我们见到"宝通银号"的匾额就和他开玩笑，称他是宝通银号的东家。通州老居民古文福夫妻今年 70 多岁了，他们和很多老邻居能指认宝通银号旧址。宝通银号旧址匾额上的砖雕的"宝通银号"四个字，"文化大革命"前被涂抹并清除掉。为了便于今人了解情况，我根据回忆绘制了下图（见图 9），供参考。实际建筑图可以调取当年城建局、房管局的历史档案。通州老居民也能确认。

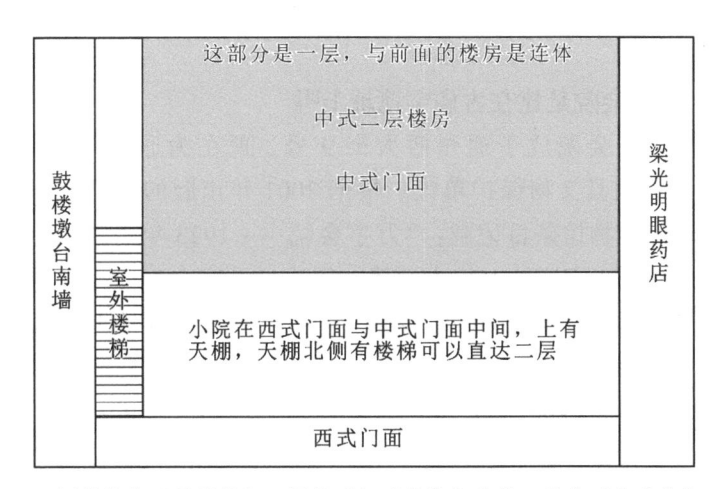

鼓楼墩台南墙	室外楼梯	这部分是一层，与前面的楼房是连体 中式二层楼房 中式门面	梁光明眼药店
		小院在西式门面与中式门面中间，上有天棚，天棚北侧有楼梯可以直达二层	
		西式门面	

解放前称"鼓楼前"，解放后与"北街"合并，统称"北大街"

北 ←

图 9　现在误认的"宝通银号旧址"当年建筑示意图

图 9 中现存建筑为图中阴影部分，其余建筑先后拆除了，版面所限，阴影部分建筑只是示意，实际占地更大。

（三）建议及时纠正宝通银号旧址的错误认定

最新出版的《北京市通州区志》赫然记载："2007 年 5 月 23 日公布了第四批通州区文物保护单位共 15 处。"宝通银号旧址名列其中。2019 年 1 月 4 日，《北京城市副中心控制性详细规划（街区层面）（2016—2035 年）》正式发布，在文化传承系统规划图中把宝通银号明确列入。这样，准确弄清这处文物的历史真相就更加刻不容缓了。因此，纠正宝通银号旧址认定的错误是十分必要的。

既然宝通银号据目前资料不能认定是清末民初在此开业的，二层小楼的始建年代定为"清代创建，民国重修"的文保单位，就要重新从建筑本身考证了。建议有关部门抓紧一些地方还有残存遗迹（通州区文物部门整理该处时，发现了广和成布店的字样），抓紧时间请相关人士认定，恢复通州当年不多的体现民国风情的这处商业建筑原貌，还原通州商业建筑变化的历史真相，还是很有必要的。

三 通州博物馆建筑的前身"万字会院"与古庙宇无关

（一）万字会院是建在古庙宇遗址上吗

古建筑万字会院位于通州西大街 9 号，现在为通州区博物馆所在，1985 年公布为通县文物保护单位。根据 2001 年出版的《北京百科全书·通州卷》通州博物馆条目记载："万字会院……1923 年由北京万国道德会通州分会在清代庙宇遗址上仿古而建，俗称'万字会'。"[1]《通州文物志》关于万字会院记载说："创建于 1923 年，在古代庙宇遗址上建筑。"[2] 这两本书均称万字会院是在古代庙宇基础上建造而成，事实真是如此吗？

20 世纪 80 年代末，我受聘参加了《北京市通县地名志》（以下称地名志）编辑委员会的工作，担任编审。此前我已被聘为通县政协文史研究员，担任通县政协《文史选刊》特约编辑，后来又担任通县史志办《通县

---

[1] 《北京百科全书》总编辑委员会、《北京百科全书·通州卷》编辑委员会编：《北京百科全书·通州卷》，奥林匹克出版社 2001 年版，第 269 页。

[2] 通州区地方志编纂委员会编：《通县志》，北京出版社 2003 年版，第 300 页。

史志》编辑，接触了文史工作。

征集审核地名资料工作中，按编委会要求，通县文物所向地名志编辑部提交了《北京市通县文物概况一览表》，其中就有"万字会院"前身是古庙宇的介绍。我生长、工作都在通州城，读书时就接触了后来被定为文物保护单位的一些古建筑。16 岁参加工作，对一些古建筑了解也早一些。我就自己所知向文物所提出了"万字会院"不是古庙宇的看法，但他们仍坚持他们的意见，周庆良先生口头告诉我："《通州志》上有，康熙年间那里就有三官庙了，你自己去查吧。"后来，我经过调研、查阅志书和其他资料认为：万字会院没有建在古庙宇遗址上，确切地说，此处当年没有古庙宇。

"万字会院"，始建于 1923 年。据《通县志》"大事记"部分内容记载："1922 年，县设国道局与红卍分会。"① 另据《通县志》关于通县文物保护单位"万字会院"记载："在通州镇西大街 9 号。1923 年万国道德会通州分会建，南向二进院，主体建筑有大门、正厅与后厅。1964 年重修。1991 年后厅拓建后抱厦 3 间，增建护栏石阶。今为县博物馆址。"② 请注意：这里没有出现万字会院"在古庙宇基础上建筑"的说法。

通州"万字会院"处清代曾建有三官庙的口头相传和文字记述，自 1985 年认定文保单位时即有，后来在刻碑立于博物馆南门外时公开见诸文字。但 2003 年版《通县志》没有采用此说。

那么，真相如何呢？

《通州志》光绪五年（1879）对通州域内三官庙均有记载，远离万字会院的各处，这里没有列出。仅列闸桥及周边。康熙《通州志》、光绪《通州志》记载一致，均说三官庙、三官阁建在闸桥。如光绪《通州志》记载："三官庙，一在闸桥，国朝康熙十二年（1673）修。"③

另有三官阁记载："三官阁，旧志载在通流闸（注：闸桥的正名），庙架闸上，是庙非阁。明崇祯十七年（1644），民舍焚毁，此庙独存其闸木及桥，州人蔡凤仪修建。顺治二年（1645），州人任希尹建阁奉神，额曰灵昂。康熙十二年（1673）阁忽自毁，不延民居。任希尹复募建，黄应甲

---

① 通州区地方志编纂委员会：《通县志》，第 23 页。
② 通州区地方志编纂委员会：《通县志》，第 723 页。
③ 光绪《通州志》卷 2《建置志·寺观庵堂》。

谨记。今现在通流闸西北岸西北，仅有正殿三间，东西配房六间。"①

民国《通县志要》记载了各处三官庙，但没有记载万字会院前身建有三官庙。只记载："三官阁，今废。"②

《通州文物志》闸桥词条记载内容与前志基本相符。该书中《通州区旧时道教庙祠一览表》记载："三官庙，明代始建，在新华街道闸桥北，主祀天地水三官大帝，文革拆。"另记载，"三官阁，明崇祯十七年建，新华街道闸桥上，供奉天地水三官神像，1952年拆除"③。关于上述庙和阁的拆除年代尚待考证。

上面基本古迹和当代文献的记述涉及一个重要的历史地名"闸桥"，这里简介一下。《北京市通县地名志》记载："闸桥，即通流闸。在原通州旧城中，今南大街、北大街与新华大街（新华东街）交会处……1952年填平河道，修筑了新华东街，桥不复存，名随之撤销。但民间仍有人称此地为闸桥。"④

综上资料所述，明清两代到万字会院建成，通流闸及周边仅有上述三官庙的记载，没有万字会院处曾是三官庙遗址的记述。

（二）我了解"万字会院"的一些情况

在编辑《北京市通县地名志》时，因工作条件有限，没有继续深究。因为文物所的坚持，经讨论，只认定是"七七事变"后兴建"万字会"，虽没有采用古庙宇的提法，建筑描述仍按文物所的意见定稿，留下了遗憾。

因为地名志编辑工作需要，我在1990年前后，曾向周边居民了解相关情况，通州老居民、时年50多岁的王宝石对我讲：万字会院是旧商会会长刘瑞堂购买当地三户商家的"绝户产"盖的，并向我指认了其中一户"董记杠房"的亲属，当时老人已经80岁的样子了。老居民杨德山时年五十多岁，也回忆起日伪时期他曾在万字会院读小学的往事。

我在1989年底，应当时通县史志办之邀，写过《京东著名餐馆——

---

① 光绪《通州志》卷2《建置志·亭台楼阁》。
② 民国《通县志要》卷3《建置志·庙宇》。
③ 北京市通州区文化委员会、北京市通州区文学艺术界联合会编：《通州文物志》，文化艺术出版社2006年版，第147、151页。
④ 《北京市通县地名志》，北京出版社1992年版，第381页。

东颐饭店》一文，发表在《通州文史》第17期上，署名华铮。东颐饭店开业时的店址即是万字会院。这里就与万字会院有关的三个问题说明一下。

1. 博物馆门前的说明碑上写有"1963年为北京地区'四清运动'大会战总指挥部。1964年曾易作东颐饭店"。现在的文章都是讲1964年（个别说1965年）全面维修万字会院，其实是1962年夏天开始维修，当年10月1日东颐饭店正式营业，延续到1970年底停业，停业后作为通县商业系统服务总店的办公地点，再以后大致与现在通行的说法一致。

2. 当年在现在博物馆北门外还有一排后罩房，改建东颐饭店时为了开设北门拆掉了，还建了台阶。现在博物馆北门抱厦和台阶是改博物馆时后添建和改建的。

3. 大家都在关注"后院正中原有青砂岩所制浮雕二龙戏珠圆形花坛，直径2.35米，边宽0.42米，拼砌而成，为清代遗物。内植丁香一株，已有七十余年"[1]。今天，我把我了解的真相公之于众：圆形花坛是李星元同志从北京西郊淘换来的，与万字会院建筑没有关系。以上信息是1989年我采访曾任通县商业局党组书记兼局长、当年主持开办东颐饭店的田煦亭同志时，田老亲口对我讲的。李星元同志当时是北纬路饭店经理，北京市政务服务局专门调他来通县协助开办东颐饭店的。当时田老亲切称李星元为"李老头子"，告诉我李星元办事干练，经验丰富，为东颐饭店的开办和以后的经营做了很多工作，饭店开业后，他做了副经理，三年后，担任经理。

四 《通州文物志》中关于北京城市副中心建设部分的错误记述应该纠正

除前面提到的三处文物认定存在问题外，再举《通州文物志》中两例值得商榷的地方。

（一）《潞河督运图》

《通州文物志》第354—356页有专门记述。该图在通州出现较晚，历代志书没有记载。20世纪末被通州人发现，宣传甚广。我当时就对照北运

---

[1] 《北京百科全书·通州卷》，第269页。

河（潞河）河道、两岸景色观看，觉得与通州不符。前些年，重点想弄明白，请教了陈喜波老师，他推荐我阅读《海河巡盐》一书。通州区图书馆专门购来此书，此书对《潞河督运图》讲述、考证甚详。我觉得《海河巡盐》言之有理，此图就是描绘"海河巡盐"场景，与通州和北运河（潞河）无关。但通州为宣传此图，投入很大，在《通县志》《通州文物志》分别刊登了彩色全图，在大运河森林公园南端竖立了大型壁画墙，影响深远。应该予以重视，调研确认后应予以纠正，不要把错误留给后人。

（二）关于"石权"的解释

《通州文物志》第七章漕运文物部分第二节载有"石权"的词条。"石权则为岩石所制者，《汉书·律历志上》载曰'权者，铢、两、斤、钧、石也'，可见早在汉代，即以石制秤锤。"[1] 这句话完全是对古文的误读：文中的"石"即"石（dàn 四声）"，是计量单位。至于说"早在汉代，即以石制秤锤"，只是误读古文之后的结论。至于词条中转动称重的杠杆、随意卸货的记述，更是无稽之谈。任何有称重工作经验的人都知道，秤、磅秤都是不能随意移动的，因为会影响称重的精准。类似上述情况，限于篇幅，这里不多说明了。

总　结

通过上述几处（组）文保单位错误认定的论述，我认为，修正《通州文物志》存在的部分文物认定内容错误刻不容缓。应该在肯定《通州文物志》成绩和作用的前提下，使用其中资料时要慎之又慎，做到有理有据。同时建议对《通州文物志》中部分文物文化内涵进行重新梳理和认定，在官方牵头下，组织相关部门共同参与，广泛听取社会各界，尤其是亲历、亲见人士的意见，责成文保部门切实负责执行，得出准确的结论，建立完整的档案，以备查询考证。亡羊补牢，犹未为晚，希望本文所述情况能够及时纠正，还文物以真实的历史样貌，凸显通州深厚的历史文化内涵，为城市副中心建设增添亮丽的色彩。

---

[1] 《通州文物志》，文化艺术出版社 2006 年版，第 337 页。

【作者感言】我生长、工作都在通州区，1962年入职，一直在通州国营商业企业工作，工作期间，我利用业余时间从事通州文史研究和推介工作，1987年起，先后受聘政协文史研究员，业余担任了当时通县仅有的两份文史刊物的特邀编辑、编辑，完成《北京市通县地名志》编审任务。之后我深知一名共产党员、国家公民的责任，六十二年如一日，夜以继日，三十多年没有放弃通州文史研究工作。直到九年前我在工作中相识了陈喜波老师，他对我的文史研究工作，给予了极大鼓励和帮助，让我在感到绝望时挺直腰杆，坚定信心；遇到问题时，给我答疑解惑，指导我阅读相关书籍、资料；无私无偿给我提供了巨量珍贵资料；推荐提携我参加各类专业活动。如果不是遇到陈喜波老师并得到他的倾力指导帮助，我不可能坚持下来，更谈不上完成各项任务了。前年，我们一起完成了《北京市通州区地名志》的终审任务，使该志顺利出版发行。这次能将我们多年来的研究成果发表，纠正此前其他志书的错误。此时此刻，我向陈喜波老师和数十年来帮助我的其他老师和各界朋友致以深深的感谢。当然，更希望社会各界批评指正，一起弄清史实，共同为北京城市副中心建设尽心尽力。本文匆匆写就，难免错误和疏漏，诚望指正。

中轴线建筑的镇物

谭烈飞[*]

摘要：北京中轴线上的钟鼓楼、城门、宫殿等建筑的一砖一石都包含着特殊的意义和独特的寓意。有意思的是，这些建筑物在建时，都要放置镇物，有的在柱基下，有的在屋脊上，与建筑的地位与作用密切相关，所寄托的是驱除邪魔、祈求平安，保佑建筑免受灾害屹立不倒。钟鼓楼的镇物有经卷，城门柱基的镇物是银锭和银锞，宫殿建筑的镇物乃是集大成者，镇物多以"五"种物质为代表，体现了中国传统文化的宇宙观、自然观和天人合一的哲学思想。

关键词：中轴线；建筑；镇物；五行

在北京中轴线上，恢宏的建筑撑起了北京古代城市的脊梁，成为我们认知古代建筑文化的标本，特别是在古都文化、皇家文化的表现上尤为突出，它的一砖一石都包含着特殊的意义和独特的寓意。其中有意思的是建筑物的镇物，带给人无限的遐想，古人深信这是尊贵与辟邪不可或缺的，这也传递着一种特有的文化现象。

一　钟鼓楼的镇物有经卷

北京钟鼓楼位于北京中轴线的最北端，始建于元代至元九年（1272），是元、明、清三代的报时中心，同时又是元大都"后市"市中心的城市标

---

[*] 谭烈飞，编审，曾任北京市地方志办公室副主任、学术委员会主任、《北京志》副主编。现为北京史研究会顾问，北京学研究基地学术委员会委员。研究方向：北京方志文化、北京史。

志，由两座单体的墩台式建筑构成，钟楼上悬挂一口报时大钟，鼓楼以25面鼓承担古代的报时功能。

元代的钟楼"阁四阿，檐三重，悬钟于上，声远愈闻之"①，后毁于火。现钟楼为清乾隆十年（1745）重建，并立有御制重建钟楼碑，为防止火灾，整座建筑改为砖石结构，以后各朝又有多次修缮。据曾任钟鼓楼管理处主任郑毅记载，1986年钟楼挑顶大修。在钟楼正脊中央脊筒龙口取出"镇物"，为一部分糟朽的木盒，木盒里又套装一个铝锌合金盒，盒内装有宝石5块、金钱24枚（正面有"天下太平"字样，背面刻着满文，外圆内方）；另有金、银、铜、铁、锡小元宝5锭，以及五色丝线、绢和五谷杂粮。特别值得关注的还有五条缎带，上书"九天应元雷声普化天尊玉枢宝经"字样，②此经又称《雷经》，作为镇物还是挺有意思的，九天应元雷声普化天尊在道教具有特殊的地位，即道教的上古尊神雷祖，或称九天应元雷声普化真王，总司雷霆，普化群生，乃是赏善罚恶之神。其形象是手执金光如意，坐九凤丹霞宝座或骑火麒麟。每月初六日与旬中辛日巡游三界，察众生善恶功过，驱妖除魔。钟楼放此镇物与因雷电之灾不无关系，钟楼元代建成后不久即遭焚毁，明再建，又毁于雷电，钟楼内《乾隆御制碑》有言："钟楼亟毁于水，遂废弗葺治。"京城有300年没有钟楼报时的历史，所以清乾隆年间复建改为砖石结构，这还不够，遂在钟楼的建造中，下了一番功夫，在顶层上以青瓦覆盖，以代表可以克火的水。再加持镇物，特增添上此经，当然，也足以体现钟楼的不同。至于钟楼所发现的其他镇物与大多中轴线建筑的镇物相似，而鼓楼的镇物则有些特殊。

鼓楼位于钟楼南100米处，元时亦名齐政楼，一种观点认为，元代鼓楼位于城市中心，但并不在中轴线上，而是稍向西偏。明永乐十八年（1420）在元旧址以东即今址上重建鼓楼。现众多专家根据所发现的地下文物，证明元代的鼓楼就在此处。1984年，鼓楼修缮时，发现存放"镇物"的金属盒，内藏《金刚经》一卷。为什么要放这卷佛经呢？《金刚经》全称《金刚般若波罗蜜经》《能断金刚般若波罗蜜多经》，是大乘佛教般若部经典之一，被尊为经中之王。明成祖朱棣曾亲著《金刚经集注》，他高度评价《金刚经》："是经也，发三乘之奥旨，启万法之玄微，论不空

---

① （元）熊梦祥：《析津志》，北京图书馆善本组辑：《析津志辑佚》，北京古籍出版社1983年版。

② 郑毅：《钟鼓楼大修秘事》，《北京纪事》2021年第2期。

之空，见无相之相，指明虚妄，即梦幻泡影而可知；推极根源，与我人众寿而可见。诚诸佛传心之秘，大乘阐道之宗；而群生明心见性之机括也。"① 由此可见，这部经书的地位。民间有《金刚经》放在何处，佛就在何处，不管天、鬼、神、阿修罗等，都要磕头膜拜，就应当供奉。金刚经有规范万灵的法能，所以，供奉金刚经能够避一切邪祟与恶鬼，消除一切妖魔，由此可以体会，在鼓楼上放置这部经卷作为"镇物"的寓意。

当然，还有一种解释，是与鼓楼的功能与作用密不可分，鼓楼是北京古代建筑中的重要组成部分，主要功能是击鼓，以后又连带钟楼敲钟，以报告时辰。这些声音可以在都城内回响于各个角落，无论是高墙内的宫殿，还是普通人家居住的平房院落，以及大街小巷，都能听到钟鼓之声，在鼓楼最高处存放《金刚经》也就有了借钟鼓之声让《金刚经》传颂之意。

二 城门柱基的镇物是银锭和银锞子

地安门是北京中轴线上的重要标志性建筑之一，位于皇城北垣正中，南对景山，北对鼓楼，是皇城的北门，与作为皇城南门的天安门南北互相对应，寓意着天地平安，风调雨顺。地安门始建于明永乐十八年（1420），拆于20世纪50年代，现在只留下了与道路相关的地名。地安门没有高大的城台，是平地起门，为砖木结构制，正中设朱红的三座大门，左右各两梢间为值房。地安门最重要的作用是皇帝北上出征巡视或者亲祭地坛诸神时出此门。

1954年底，为了疏导城市交通做出拆除地安门的决定，在拆除的过程中，第一次发现了地安门柱基下的镇物。地安门是由24根柱子支撑起来的宫门式建筑，面阔七间，中明间及两次间为通道，每根柱子都有柱基石，在拆除的过程中，先是将顶部拆除，再拆梁架，为了达到通行车辆的目的，要将门的基础全部拆除，当拆到柱基时，先是拆除中间的两个，当移开柱基石的时候，赫然发现下面各有1个大银元宝，接着又对其余22个柱基石进行发掘，这些柱基下面是各有两个银锞子。从发现的这些银锭和银锞子来看，地安门中间是皇帝专属用门，平时是关闭的，只有皇帝要出地安门时才开启，中门的柱基下放置银锭，也凸显了与之相配的地位与

---

① （明）朱棣：《金刚经集注》"御制金刚般若波罗蜜经集注序"，齐鲁书社2007年版。

作用。

北上门位于皇宫与禁苑之间的中轴线上，神武门之北、景山南门之南。位于宫城与禁苑之间，从朝向上看应为明禁苑南外垣门，从名称上看应为宫城北外垣门。面阔五间，也是平地起门，黄琉璃瓦顶，比景山南门略高。此门的历史价值一直众说纷纭，认为此门为金太宁宫的紫宸门，元代刘秉忠在作元大都宫苑规划时，就是以金太宁宫紫宸门为界，将元皇宫规划在其南，将大内禁苑规划在其北，并将紫宸门改作元大内外夹垣北门，更名为北上门，通过文献研究其位置应在紫宸门的位置上。1956年，为拓宽景山前街被拆除，在拆除过程中，在门四角的柱基石下面各有1个银锞子，明间里有6个柱基石，中间的两个柱基石下面各是1个银元宝，南面和北面四个柱基石下面各是1个银锞子。

从这些柱基石下发现的宝物来看，中轴线上的地安门、北上门的中间门的柱基石下放的是银元宝，其他位置放的是银锞子，而北京其他城门是在四角的柱基石下面放置银元宝，这凸显了地安门和北上门的功能和建筑特点。这些银元宝、银锞子在古代都具有通货价值，而元宝本身就代表着财富，在民间认为具有财富和镇宅的双重功能。其实，这不仅起到镇物的作用，还祈求有大吉大利的好运，在20世纪50年代北京城门的拆除中，发现门楼内的大梁和大枋，钉有铜牌，镌刻有"上梁大吉"四个字，都是异曲同工之妙。

三　天安门的镇物宝盒中凸显金元宝、红宝石和朱砂

天安门是明清皇城的正门，建于明永乐十五年（1417）。初建时命名为承天门，寓"奉天承运，受命于天"之意。天顺元年（1457），城楼毁于火。成化元年（1465）重建，明朝末年又遭兵燹。清顺治八年（1651）再行重建，命名为天安门，寓"受命于天，安邦治民"之意。康熙二十七年（1688）再行重修。从这里进入就到了皇家禁地，其实它真正的地位是记录了两个重要的划时代的历史事件："五四运动"在这里集会标志着中国进入新民主主义革命时期；中华人民共和国的开国大典在这里举行。因此，天安门也就成为中华人民共和国的象征。天安门几经修复与改建，依然保持面阔九间、进深五间，覆黄琉璃瓦，开五个门洞，充分体现"九五之尊"的神圣威严。

20世纪60年代，邢台发生地震，影响到城楼的安全。1969年，为彻底解决天安门城楼几百年来积存下的安全隐患，对城楼拆除，按原规模和建筑形制进行大规模重建。就是在这次重建中发现了天安门的镇物。镇物的存放之处称为龙口，位于屋顶正脊的中部，是在施工中预先留的一个口子，专门存放"镇楼之宝"，由专人将含有"镇物"的盒子放入龙口内，再盖上扣脊瓦，放置宝匣的过程称为"合龙"，标志着一座建筑的落成。皇帝称为真龙天子，龙又是护佑帝王的神物，以"合龙"表示龙口含镇物，可保佑建筑消灾避难，长久稳固。在城楼顶端的"龙口"中，发现了一个金丝楠木宝匣，遗憾的是没有留下当时的档案文献，只有后来的采访记录，据当事人回忆，宝匣已经酥了，打开宝匣，宝匣中有金元宝一锭、红宝石一块和依稀可辨的朱砂，还有我们熟悉的粮食：黄豆、红高粱、黑豆、谷子和玉米。金元宝本身既有无可替代的价值属性，同时长久以来在民众的信念中又具有招财辟邪的功能；红宝石是玉石的一种，玉在中国古代文明起源中扮演了重要的角色，与人类文明相伴随，古人认为，玉能远祸近福，辟邪除祟，更有祥瑞之征兆，天安门镇楼之宝中的红宝石就是玉的一种，作为红色玉石，在中国传统文化中，五行中的火所对应的颜色就是红色，八卦中的离卦也象征红色，有驱逐邪恶的功能；朱砂在古代一直作为染料，皇帝的朱批奏折用的就是朱砂，而在人们的感知中，因为颜色鲜红视为纯阳之物，有非常强的"阳气"，早就是辟邪驱鬼镇宅等的必备之物，朱砂的地位也是很高的，《管子·地数》中有"上有丹砂者，下有黄金"之语，以表示其珍贵和价值。镇物中的黄豆、红高粱、黑豆、谷子和玉米，乃是五谷，既象征着社稷，而五种不同的颜色，还代表不同的方位和五行属性。但从古建传统来分析，镇物还应该有其他的宝物，值得怀疑的是镇物中真的有玉米吗？玉米传入我国的时间大约在16世纪初，明嘉靖年间传到北方，传统建筑中记载玉米作为镇物用的并不多见。

四 正阳门的镇物可以领略五色宝物

正阳门是明清两朝北京内城的正南门，始建于明永乐十七年（1419），是老北京"京师九门"之一，在北京城诸门中，规制最高，在城市布局、军事防御中占有特殊地位，又体现着特有礼仪制度和建筑风格，正阳门是由正阳门箭楼、城楼、瓮城、正阳桥和五牌楼一组布局合理、造型庄严、气势凝重的建筑群组成，也就是通常说的"四门三桥五牌楼"，说到"正阳门"，现仅存城楼和箭楼，是北京城内唯一保存较完整的城门，"正阳门以帝王之宅中心位置的优势，与崇楼巍峨、雄视八表、藉壮观瞻的国门地位，一直名冠京师诸门"。[①] 明清时，仅供皇帝出入，又称"国门"，俗称"前门"；建成后，屡毁屡建。清光绪二十六年（1900），遭八国联军之炮击；光绪二十七年（1901）修复。现城门楼应该是光绪二十七年修复中存放的，有100多年的历史。

曾在正阳门博物馆的展柜里，摆放着一个银盒子，盒子旁边是金、银、铜、铁、锡五样元宝，还有红、黄、绿、黑、白五色线圈；红、白、黑、绿、无色的五色宝石；不可或缺的还有五谷。从正阳门箭楼正脊取出来的银质压胜宝盒现在首都博物馆展陈，除宝盒外，还有五样东西，有人就这五样东西作了解读：五枚金属锭代表"金"；五块方木代表"木"；五彩丝线象征流动的"水"；五枚彩色石子比喻"火"（取自女娲炼五彩石补天的传说）；代替"土"的是五种谷物，取义"土生五谷"，当然这也是一种解读，让我们对"五"这个数字有了更多的理解。

五　宫殿建筑的镇物乃集大成者

康熙十八年（1679）太和殿焚毁，到康熙三十四年（1695）太和殿重建完成，留下了《太和殿记事》，是记述清宫太和殿重建工程的专著，这本书详细记载了太和殿安放的镇物，宝匣内存放：金锞、银锞、铜锞、铁锞、锡锞共锭，五色宝石五块、经书五卷、五色缎五块、五色线五绺。五香（红绛香、黄芸香、紫沉香、黑乳香、白檀香）各三钱。五药（生地黄、木香、诃子、人参、茯苓）各三钱，还有五谷（高粱、黄米、粳米、麦、黄豆）。[②] 这和后来施工修复所发现的大体一致。

2018年9月养心殿启动古建修缮工程。在修缮过程中发现正脊中央龙口的镇物，取出了故宫迄今为止发现的第一个有彩绘的宝匣，内有经卷、金钱、金银铜铁锡五种元宝、五色宝石、五色缎、五色丝线、五香、五药和五谷等，与《太和殿记事》所记的存放镇物大体一致。

---

① 卢迎红主编：《北京都城城垣文献资料汇编》，"附录一：北京辽金元明清时期城垣述略"，北京燕山出版社2015年版。

② 周乾：《紫禁城古建筑屋顶宝匣文化研究》，《工业建筑》2020年第4期。

从这些镇物中可以看到五这个数字出现最多，这一方面与紫禁城皇帝独享的九五之尊有关，《易经》中九为阳爻，五为五爻，九为至阳，五则居正中，表示最好的状态，不再求太多，勿成九九归一之势。再有数字五与五行相关，五行肇始于夏商之际，完善于春秋战国，影响持续几千年，是中国古代哲学思想的重要内容，构成五行带来的五行体系，进而形成对五数的崇拜：方位有"五方"，古有"五帝"，天有"五星"，地有"五湖"，山有"五岳"，人伦有"五常""五福"，人体有"五脏""五官"，粮有"五谷"，药有"五毒"，乐有"五音"等。在这些"一分为五"的事物中，"五行"是纲，其他都是比照"五行"推演而成的。

就镇物采用"五"还体现了一种宇宙观，"五金"的金乃金戈兵器之属，故是重要的镇物；"五谷"历四时经八节，五色俱备，五行俱全，五方位俱占，还寓意年成好、粮食丰收；五色线自古以来就是辟邪祛病的镇物，明代《宛署杂记》有"端午日，集五色线为索，系小儿胫"的记载，追溯唐代《初学记》载："五月五日，以五彩丝系臂者，辟兵及鬼，令人不病瘟"；"五色石"在我国古代神话传说中曾经是女娲补天的材料，而作为玉石，从远古就有对玉的推崇，古人认为，玉有超自然的力量，具有极其重要的镇物价值。中药寓意祛病延年，镇物中的佛经被古人认为是有"灵性"的，具有镇妖驱鬼的"保护符"功用。在紫禁城古建筑的镇物中有铜钱，这些铜钱是作为镇物专用的，铸有"天下太平"字样，寓意古代帝王对驱邪避灾、国泰民安的祈盼。

小　结

在北京中轴线古代建筑中发现的镇物，有的在柱基之下，有的在屋顶之上，置于不同类型的建筑中，与建筑本身的功能与地位密切相关。而这些镇物所寄托的是驱除邪魔，祈求平安，保佑使用建筑的主人免受灾害，并可以带来福寿安康；对于建筑物本身而言是企望屹立不倒。尽管，从科学的角度看，与现代科学格格不入，带来笑谈，但是，从文化的发展与进步来看，体现了中国传统文化的宇宙观、自然观和天人合一的哲学思想，是中国传统文化的组成部分。

浅议北京中轴线北延长线的空间和文化

滕朝阳*

摘要：随着北京城市规模的扩大，北京城市的中轴线不断延伸，奥林匹克公园内中轴景观大道及其两侧形成了一个全新的文化空间，本文称之为北京中轴线北延长线文化空间。该空间承载了全国性乃至全球性影响力的文化要素，是中华文明五大突出特性的典型范式。本文旨在梳理此空间的布局分配、其与老城中轴线的呼应，初步探讨各文化要素聚会后在此空间形成的独特气质，对此文化空间的发展做出建议期许。

关键词：中轴线；北延长线；文化空间；中华民族现代文明

近年来，北京中轴线北延长线（以下称"北延长线"）两侧，一栋栋现代化建筑拔地而起，构建起北京全新的文化空间。北延长线是北京中轴线在物理形态和文化脉络上的延伸延续，以其为轴线的文化空间（以下称"北延长线文化空间"）所具备的实际价值已经远远超出北京城市规划的预设，其物理空间已经成为中华优秀传统文化、革命文化和社会主义先进文化的承载载体，是中华民族现代文明的典型呈现。

然而，该文化空间有机巧妙地融入整个城市布局，不具备实在的界线，市民或游客穿梭生活其间，对其承载的文化"日用而不觉"，学界对北延长线文化空间的研究尚未展开，大众对该文化空间的价值尚未觉察体认。基于此，对该文化空间进行全面系统的考察，把日用而不觉的文化元素挖掘出来，把静默的中国故事讲出来，成为充分认识北京作为首都、作

---

* 滕朝阳，2018年北京联合大学应用文理学院专门史硕士研究生毕业，现就职于北京市八一学校附属玉泉中学。研究方向：北京社会文化史。

为全国文化中心的需要；也成为增强文化自信自强，铸就中华文化新辉煌的需要，又因该文化空间承载的文化元素具有全国性乃至全球性的影响，是中华文明五大突出特性的典型范式，这种考察更显必要。

北延长线和文化空间是学界并不经常使用的两个名词，为了更加清楚地表达作者的观点，有必要对这两个名词的概念做简单辨析。

一 北京中轴线北延长线的形成过程

（一）中轴线概念的提出

学界已经就北京中轴线的概念达成一致，大家认可梁思成先生提出的"永定门—钟鼓楼"说法。梁先生说："一根长达八公里，全世界最长、也最伟大的南北中轴线穿过全城。北京独有的壮美秩序就由这条中轴的建立而产生；前后起伏，左右对称的体形或者空间的分配都是以这中轴为依据的；气魄之雄伟就在这个南北引申、一贯到底的规模。"[①] 这条中轴线奠基于元代，传承于明清，直到今天仍然肌理清晰，且呈现勃勃生机。侯仁之先生是研究北京历史地理的权威学者，他也认为，北京城的规划设计是以这条中轴线为依据展开的。

（二）中轴线往正北方向延伸

"随着1990年亚运会的召开和国家奥林匹克体育中心的兴建，北京的中轴线才开始向正北方延伸。"[②] 申奥成功后，奥林匹克公园的兴建则让中轴线继续向北延长，园区的公共建筑群，"突出体现21世纪首都新风貌"，是城市轴线的"高潮"和"总结"，也是延长线的"北端"。侯先生使用了"中轴北延长线"这个说法，并从北京城的发展史的视角出发，认为中轴线的北延是继王朝时期建筑紫禁城、新中国改建天安门广场之后，北京城规划建设的第三个里程碑。本文所使用的北京中轴北延长线即侯先生的说法。无论是北京中轴线还是北延长线都不是实际存在的物理线条，而是因建筑空间布局而形成的理论和想象中的线条。关于它们的描述，也都是学者为表明城市布局的理法而做出有形示意而已。

---

① 梁思成：《北京——都市计划的无比杰作》，《新观察》1954年第4期。
② 侯仁之：《试论北京城市规划建设中的三个里程碑》，《北京联合大学学报》（人文社会科学版）2003年第1期。

(三) 中轴线北延长线的界定

《北京城市总体规划（2016年—2035年）》中明确表示：中轴线及其延长线为传统中轴线及其南北向延伸，传统中轴线南起永定门，北至钟鼓楼，长约7.8公里，向北延伸至燕山山脉，向南延伸至北京新机场、永定河水系。至此，北京中轴线北延长线有了清晰的界定：南起钟鼓楼，向北延伸至燕山山脉。

基于以下三点原因，本文探讨的北京中轴北延长线北端则限定在奥林匹克森林公园内的北京中轴线仰山坐标点，原因如下：一是因为该处明确地标识了中轴线坐标点，且在名称上能与北京中轴线上景山坐标点形成呼应，以在文化层面形成"高山仰止，景行行止"的境界；二是因为奥森公园作为人工建筑群，是"突出体现21世纪首都新风貌"公共建筑群的一部分；三是因为奥森公园以及更北的城市布局让北延长线作为轴线的痕迹，特别是人工建筑的痕迹逐渐淡化虚化，这在《北京城市总体规划（2016年—2035年）》中有较形象的体现。

综上，北京中轴北延长线的有形示意，当以传统中轴线北至鼓楼为南端点，以奥森公园内北京中轴线仰山坐标点为北端点，直线距离约5.2公里。考虑道路、建筑造成的物理分割以及引起的实际视觉效果，再加上城市区域内的人类活动，本文将讨论的中轴线北延长线范围再次限定在当下奥林匹克公园内中轴景观大道这一段，即从北四环北辰桥北至奥森公园南园南门这一段，大体如地铁8号线所行经的线路。

二 北京中轴线北延长线文化空间

（一）关于"文化空间"的概念辨析

"文化空间"的概念本是联合国教科文组织在保护非物质文化遗产时使用的一个专有名词。它是指一个集中民间和传统文化活动的地点，民间和传统的义化活动是群体的、时令的、周期的，这个地点可以是自然也可以是人工的，某一人群的时空间行为具备这些特点时就形成了一个"文化空间"[1]。

---

[1] 向云驹：《论"文化空间"》，转引自《中国民间文化遗产抢救工程普查手册》，高等教育出版社2003年版，第218页。

在非遗保护的视野里,这种文化空间还必须具备濒危的特点。所以类似于中国的春节、端午等节庆活动因不濒危,而不在其列。

联合国教科文组织关于文化空间的概念强调非遗因素的影响,在当代社会生活中,非遗因素影响不明显的空间,却也充满了人类的文化活动,所以,文化空间的概念当拓展为人类群体从事公共活动的人工制作空间。它包含空间内建筑物组成的视觉矩阵、建筑物内部陈设装饰的人工制品、建筑物本身承载的文化元素以及人类群体在这个空间内的活动。比如天安门广场就是这样的文化空间,显然天安门广场不只是空旷的地面,而是包含了天安门城楼、人民大会堂、毛主席纪念堂、国家博物馆等广场周边建筑在内的一个文化空间。天安门广场的人类群体活动,既包含有"十年一大庆、五年一小庆"这样的国庆集会活动,也有每天进行的升旗仪式,这样的庆祝活动具有显著的公共性。当然也有很多家庭每年都在天安门前留影纪念,虽然不具备公共性,但是其周期性、时令性的特征明显。

(二)北京中轴线北延长线文化空间

北延长线文化空间就是以中轴景观大道为轴线形成的公共建筑群,包含的内容有:

第一,北延长线两侧建筑物组成的视觉矩阵。具体来说,东侧矩阵自南向北依次是国家体育场、中国历史研究院、中国工艺美术馆(暨中国非物质文化遗产博物馆)、中国共产党历史展览馆、中国科学技术馆、中国科学家博物馆等建筑体;西侧矩阵自南向北依次是北顶娘娘庙、国家游泳中心、国家体育馆、国家会议中心、亚洲金融大厦等建筑体,奥林匹克塔虽不在北延长线的正中位置,但因其本身的视觉效果和在空间内的相对位置,可视其为整个北延长线两侧公共建筑群的收束,与奥森公园仰山联合后,在功能上类似于北京中轴线的钟楼和鼓楼。

第二,以上建筑内部陈设装饰的人工制品、建筑物本身承载的文化元素以及人类群体在这个空间内的活动。以上建筑中,体育场馆、会议中心等多是空旷的空间,其文化性体现在场馆内举办的各种大型活动,如第29届奥林匹克运动会、第24届冬季奥林匹克运动会等体育盛会,庆祝中国共产党成立100周年文艺演出《伟大征程》等,"一带一路"国际合作高峰论坛等外交活动。博物馆等功能建筑内陈设丰富,诸多装饰也被特意赋予文化内涵,比如中国共产党历史展览馆外立面采用土黄色,寓意中国共产党来自大众，脚踩黄土地沉稳、厚重的这样一种气质，柱础采用了红色花岗岩，寓意着中国共产党的革命性和鲜血换来的这样一个胜利果实的特征；展览馆内的陈设则全景式、全方位、全过程、史诗般地展现中国共产党的百年历史，这就让展馆成为展示中国共产党奋斗历史的精神殿堂，众多仪式性、团体性活动在此举办，展览馆也理所应当成了一个文化空间，作为北延长线两侧公共建筑群的一部分，其构建的文化空间也就成为北延长线文化空间的一个单元。再如中国科学家博物馆，集中展示中国科学家形象，成为弘扬科学家精神的殿堂。其他如中国历史研究院中国考古博物馆、中国工艺美术馆（暨中国非物质文化遗产博物馆）、中国科学技术馆等也有类似的文化空间属性。

三　北延长线文化空间的空间文化

随着北延长线两侧建筑次第落成、各种公共活动屡次兴办，北延长线文化空间也展现出独具魅力的空间文化。这种空间文化既是由该文化空间的物理形态的建筑、装饰及陈设承载，又由人类群体于其间的活动所展现。这种空间文化呈现出鲜明的特质，主要包含以下几个方面。

（一）集中呈现党和国家意志精神

中华人民共和国的国家性质是工人阶级领导的以工农联盟为基础的人民民主专政的社会主义国家。中国共产党历史展览馆建筑方正大气、形成"工"字形，直观生动地体现出工人阶级的形象。在"鸟巢"举办的建党百年纪念活动、在国家会议中心举办的多场多边外交活动、在中国历史研究院召开的文化传承发展座谈会等国际级、国家级的活动，为北延长线文化空间赋予了高规格的文化内涵，其影响力具有全国全民乃至全球属性。这种属性是新时代"四个自信"的标志性来源。

（二）典型呈现中华文明突出特性

习近平总书记在《文化传承发展座谈会上的讲话》中指出，要深刻把握中华文明的突出特性。中华文明绵延不断、生生不息，城市的中轴布局可以追溯到史前时代的双榆树遗址、平粮台遗址；在历史时期，夏都二里头遗址、曹魏邺城、唐长安城、元大都、明清北京城等都城的中轴布局承接有序、绵延不断；新中国成立后，国旗旗杆、人民英雄纪念碑、人民大会堂、国家博物馆、毛主席纪念堂等建筑的兴建则创新性发展了中轴线的文化内涵，为其赋予了革命文化、社会主义文化的内涵，使中轴线的文化内涵更丰厚、更具时代性和中国气派；改革开放后，随着北京城市规模的扩大，中轴线也突破老城内的规模，向北延伸，至新时代形成当下规模，在时间和空间上实证中华文明具有突出的连续性，可谓是中华文明的一条文脉。北延长线文化空间在体现中华文明具有突出的创新性方面也非常明显，除前文所述及的"景仰"典故外，还体现在两组跨时空的对应上，那就是：西路国家会议中心建筑在功能上对应中轴线西路的人民大会堂，东路"博物馆岛"（北京奥运博物馆、中国考古博物馆、中国共产党历史展览馆、中国国家非物质文化博物馆、中国科学技术馆等组成）在功能上对应国家博物馆，这种对应则又进一步体现出中轴线东西对称、南北呼应的布局特点。寓意民族大团结的民族团结柱在完成2009年60周年国庆使命后，屹立于奥林匹克森林公园，其壮观华美的形象则是中华文明突出统一性的典型元素。北延长线文化空间内承载奥林匹克精神的鸟巢、水立方，承载中国人民传统信俗的北顶娘娘庙，承载中华民族五千多年灿烂文明的中国考古博物馆，承载中国共产党百余年奋斗历程的中国共产党历史展览馆，承载着金融文化的亚洲金融大厦等建筑相得益彰、相映成辉，中华文明突出的包容性展露无遗。夏奥冬奥、"一带一路"高峰论坛、亚洲文明对话大会等倡导和平、文明互鉴的国际活动在北延长线文化空间的次第举办，则又为中华文明突出的和平性提供了例证。总之，北延长线文化空间是中华文明突出特性的典型呈现。

（三）融合呈现人类文明优秀成果

中华民族不仅在历史上创造了悠久灿烂的中华文明，还在踔厉奋发不断创造人类社会发展新的奇迹，这都离不开我们不断吸纳人类文明优秀成果，使之与中华优秀传统文化相结合，产生奇妙反应才开出人类文明百花园里的奇葩。在北延长线文化空间里，承载奥林匹克精神这一人类文明优秀成果的鸟巢、水立方又焕新式地承载中华文明"天圆地方"的古老宇宙观；在此举办的服贸会，既是全球服务贸易领域规模最大的综合性展会，又是对中轴文化"面朝后市"功能布局的时代化重现。

（四）开放呈现民众休闲文娱风貌

北延长线文化空间内，参观博物馆、游览鸟巢水立方、逛奥森公园的市民游客络绎不绝；下沉广场内的商场、影院通宵达旦；会议中心的会展论坛压茬举办；夜幕降临，具有老北京风情的秧歌、动感十足的跳绳、广受欢迎的广场舞，甚至各路"大神"出没的网络直播等各种文娱活动鳞次栉比，参与其中的人民群众自发组织、自觉守法，让北延长线文化空间俨然成了一幅新时代的活的"清明上河图"卷。

在拨开"日用而不觉"的薄纱、进行深入细致体察后，我们会发现北延长线文化空间的空间文化体现了北京作为首都在城市建设史不断融入现代元素的同时，又同步保护和弘扬了优秀传统文化，这种空间文化有着深厚的历史渊源和广泛的现实基础，植根于中华文化的沃土，适应首都发展和时代进步的要求，坚持了古为今用、洋为中用的原则，正焕发出旺盛生命力，产生了跨越时空、超越国度、富有永恒魅力、具有当代价值的文化精神，是党带领人民在新时代创造的中华民族现代文明典范，具有十足的中国特色、中国风格和中国气派。

四 讲好北延长线文化空间的文化故事

北京历史悠久，文脉绵长，是中华文明连续性、创新性、统一性、包容性、和平性的有力见证。中国将更好发挥北京作为历史古都和全国文化中心的优势，加强同全球各地的文化交流，共同推动文化繁荣发展、文化遗产保护、文明交流互鉴，践行全球文明倡议，为推动构建人类命运共同体注入深厚持久的文化力量。从党和国家赋予北京的使命、北京城市发展的定位、时代发展的需要和城市现实功能的实践等角度考量，北延长线文化空间理当引起更多的关注。当地时间2024年7月27日，在印度新德里召开的联合国教科文组织第46届世界遗产大会通过决议，将"北京中轴线——中国理想都城秩序的杰作"列入《世界遗产名录》。申遗成功是新的起点，关心北京学发展的学人也当思考如何在更高文化水准上延续充盈发展这条城市文脉。

（一）建立统一的管理机构

有必要站在首善高度，对北延长线文化空间做更高层次的统合，参考天安门地区管理委员会，成立具备辖区内各单位吹哨联动的管理机构。这样，才能在文物建筑保护修缮、应对自然灾害影响、鼓励社区居民参与、科学引导旅游发展、提高阐释展示能力等方面持续发力,确保北延长线文化空间旺盛生命力的焕发。

(二)空间各实体内实现联动

有必要梳理北延长线文化空间内的文旅科技商业类活动,通过联票、通票等形式,形成与现行机制并行的一站式、一体化服务,提升空间内文旅资源的高效利用。我们要加快建设旅游强国,让旅游业服务美好生活、展示中国形象。作为全国文化中心的首都北京,责无旁贷应走在以文塑旅、以旅彰文、文旅融合的前列。

(三)打造统一的文化空间标识

在统一管理规划的基础上,还需着力打造统一文化空间标识,以提高辨识度、认可度,研编统一文化宣传内容、制定符合时代要求和人民精神需求的传播产品,使北延长线文化空间逐渐成为分担天安门广场文化空间人流量的新空间。在适当的时候,有必要为此空间赋予统一名称。

北延长线文化空间,在时空上延续了古都北京的文脉,全面而直观地体现出"两个结合"的思想光辉,彰显了新时代中国共产党人对中华文化的礼敬传承、对创造中华文明新辉煌的使命担当,业已成为中华民族现代文明的典型,北京学的研究范畴理应关注到这个"日用而不觉"的文化空间,将它的故事讲出来、讲开去。

北京中轴线文化资源的开掘
——以北京市第五中学分校跨学科项目化学习设计为例[*]

李蕾　朱燕彤　韩蕊　张宇延　许晶[**]

摘要：近年来，伴随着申遗工作的开展，北京中轴线引起广泛而深入的关注。这条中轴线所蕴藏的历史价值与文化意义不断被专家学者们深入阐释。本文旨在探讨北京市第五中学分校作为北京中轴线上的学校，通过跨学科项目化学习的方式，深入开掘北京中轴线这一宝贵的历史文化资源。从方法论意义上整合校内外资源，形成合力，共同致力于中轴线文化资源的挖掘与整理，并通过一系列创新性的教育活动和实践，提升学生跨学科学习和综合实践的能力，为未来的教育实践和历史文化研究提供思考和启示。

关键词：北京中轴线；跨学科；跨学科项目化学习；文化资源

引　言

古都北京的中心标志——中轴线，自南向北贯穿旧城，全长达 7.8 千米，其承载着深厚的精神内涵与文化积淀。这条轴线南起永定门，一路向

---

[*] 本文为北京市教育科学"十四五"规划 2024 年度课题"以大概念为支点的'思辨性阅读与表达'学习任务群实践研究"、北京市东城区"十四五"教育科学规划 2023 年度课题"以大概念为支点的'文学阅读与创意表达'学习任务群实践研究"（项目编号：2023037）的研究成果。

[**] 李蕾，女，正高级教师，北京市语文学科教学带头人，北京市第五中学分校语文教师，研究方向：文学阅读与创意表达；朱燕彤，女，北京市第五中学分校语文教师，研究方向：中学语文教育；韩蕊，女，中学二级教师，北京市第五中学分校历史教师，研究方向：中学历史教育；张宇延，男，北京市第三中学语文教师，研究方向：中学语文教育；许晶，女，首都师范大学现当代文学专业硕士研究生，研究方向：中学语文教育。

北延伸至钟鼓楼，经过元、明、清的精心构建，逐渐成为一条完整连贯的线性景观遗迹。北京中轴线不仅代表了中国古代城市规划的伟大成就，而且承载着古都的厚重历史与文化底蕴，具有较高的历史、艺术和科学价值。

北京中轴线的保护和利用不仅是北京城市规划总体布局的重要参考，对传承和弘扬中华优秀传统文化、增强民族自信心和凝聚力、展现世界影响力等方面具有深远意义。2012年北京中轴线就被列入《中国世界文化遗产预备名单》，彰显了国际社会对其文化遗产价值的认可。2016年《北京市"十三五"时期加强全国文化中心建设规划》中，中轴线文物保护工程更是被纳入"十三五"期间北京市重点文物保护利用工程项目之中，进一步体现了北京市政府对中轴线保护的重视和决心[1]；2017年最新版的《北京城市总体规划（2016年—2035年）》正式发布，其中设置专章来贯彻落实"加强历史文化名城保护"的要求，特别强调了北京中轴线在保护工作中的重要地位。规划明确提出，要积极推进中轴线申遗工作，并对有潜力列入申遗预备名单的遗产进行遴选。[2] 在此基础上北京市政府细化了保护策略，坚持保护与重点突出，结合申遗工作，加强对钟鼓楼、玉河、景山、天桥等重点地区综合整治，保护中轴线传统风貌特色。为确保北京中轴线申遗工作的有序推进，2020年印发的《北京中轴线申遗保护三年行动计划（2020年7月—2023年6月）》、2022年通过的《北京中轴线文化遗产保护条例》以及2023年《北京中轴线保护管理规划（2022年—2035年）》等一系列文件，保障了北京中轴线文化遗产及其环境的保护以及相关活动。2024年7月27日，第46届世界遗产大会审议通过了中国申报的"北京中轴线：中国理想都城秩序的杰作"，中轴线被列入《世界文化遗产名录》。联合国教科文组织世界遗产委员会认为，其体现了中国传统都城规划理论以及"中""和"的哲学思想，为世界城市规划史作出了重要贡献。针对北京中轴线所蕴含的历史价值与现实意义，北京市第五中学分校以跨学科项目化学习的方式对北京中轴线文化资源进行开掘和利用。

---

[1] 中共北京市委宣传部：《北京市"十三五"时期加强全国文化中心规划建设》，https://fgw.beijing.gov.cn/fzggzl/sswgh2016/ghwb/201912/P020191227588232771221.pdf。

[2] 北京市规划和国土资源管理委员会：《北京城市总体规划（2016—2035年）》，https://www.beijing.gov.cn/gongkai/guihua/wngh/cqgh/201907/t20190701_100008.html。

一 钟鼓声中：北京中轴线上的学校

北京市第五中学分校毗邻历史悠久的钟鼓楼，其地安门校区和鼓楼校区均位于南锣鼓巷附近。这一优越的地理位置与中轴线结下深厚的情缘。在北京市第五中学分校周边数公里内，各类文物古迹遍布街道两旁，沿线就有钟鼓楼、万宁桥、东不压桥、什刹海、北海公园、景山公园、火神庙等各类文化遗迹。这些文化遗产天然地成为拓宽教育的深度和广度，促进文化的传承与发展的纽带。

北京市第五中学分校不仅是一所学校，更是中轴线文化资源的生动传承者和创新开拓者。作为中轴线上的学校，北京市第五中学分校充分利用"家门口"的历史文化遗产资源优势，为学生提供更加全面、深入的学习体验。在老师的引导下，学生通过实地考察、资料收集、团队合作等方式，深入探究中轴线的历史渊源、文化内涵和现代价值。将北京中轴线的历史文脉与现代教育理念相结合开展教学活动，为学生提供了更广阔的学习平台，让他们在学习历史文化知识的同时，也能亲身体验和感受传统文化的魅力。

基于对北京中轴线的文化资源开发，北京市第五中学分校结合自身历史传统和文化特色，打造独特的校园文化品牌，组织了多场校园文化活动，如"国潮中轴线"主题科技嘉年华、"探秘中轴之景山公园"跨学科主题综合实践活动、"北京中轴线历史文化宣讲"专家进校园活动等[1]，涵盖拍摄微电影、文创设计、沙盘制作、定向越野、舞蹈戏剧表演等多种成品展现形式，为学生搭建展示平台，让其在参与中感受北京中轴线文化的魅力。具体而言，"国潮中轴线"主题科技嘉年华为学生提供创造的平台与展示的机会，使他们能够充分展示自我，通过制作精细的微缩景观沙盘、匠心独运的文创设计，以及自编自导的微电影等多种形式，跨领域、全方位地运用科技手段，生动诠释北京中轴线的历史沧桑与文化演进。这一过程不仅促进了学生对中轴线古今智慧的深入探索，还激发了他们对中华传统文化的学习热情与

---

[1] 活动详情见北京市第五中学分校微信公众号：《"探秘中轴之景山公园"——北京市第五中学分校跨学科主题综合实践活动》，https://mp.weixin.qq.com/s/rOVhe2jgtGcWdpxdQN5xSg；《北京市第五中学分校第六届传统文化进校园 暨"北京中轴线历史文化宣讲"专家进校园活动》，https://mp.weixin.qq.com/s/5Aozz7O9CtrRgL1M24_wDg；《北京第五中学分校"国潮中轴线"主题科技嘉年华活动圆满落幕》，https://mp.weixin.qq.com/s/d4EYO4OBIZxmA9oxsBXC_Q。

传播动力。针对初一年级学生，特别设置了"探秘中轴之景山公园"跨学科综合实践课程，该课程巧妙融合了地理、历史、生物、美术、体育等多个学科的知识，经过教师团队的精心策划与实施，学生们在定向越野的挑战与打卡探究的乐趣中，亲身体验古代建筑的魅力，深入挖掘北京中轴线的历史底蕴，感受中华优秀传统文化的深厚积淀。此外，"北京中轴线历史文化宣讲"专家进校园活动，更是将焦点对准了中轴线上的非物质文化遗产，通过一系列精心设计的活动环节——包括微课制作、专家面对面讲解以及结合游园体验的项目式学习微课，为学生们提供了一个与专家直接对话、互动学习的宝贵机会。学生们在提问与解答中拓宽视野，通过沉浸式的游园探索和非遗视频微课的生动展示，完成了富有成效的项目式学习任务，深刻认识到保护北京中轴线及其承载的传统文化的重要价值与深远意义。

北京市第五中学分校不仅关注课程与教学活动创新，校园文化建设也是学校精神风貌和办学特色的重要体现。学校内的建筑古朴典雅，与周边的历史遗迹相互辉映，营造出一种浓郁的文化氛围。置身其中，学生的文化素养和人文精神得到培养和熏陶。同时，校园环境改造工程进一步提升学校的办学环境，为学生创造了更好的学习环境。

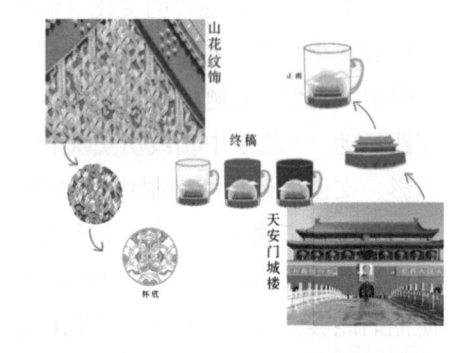

图 1 校园文化建设

钟鼓之声，穿越千年诉说着古都的辉煌与沧桑，而位于这条轴线上的北京市第五中学分校，则以其独特的教学方式，让中轴线文化在新时代焕发出新的光彩。在这里，学生们能够感受到文化的力量，汲取智慧的养分。在"锻造品格、启迪智慧、陶冶情操、强健体魄"的办学理念之下，逐步成长为校训中的"六气"少年（正气、志气、朝气、大气、灵气、书卷气）。学校致力于在实践中传承文化的精神，深深扎根于文化和教育的相互促进和融合的土壤之中。

二 校园内外：对周边历史文化资源的挖掘与整理

凭借得天独厚的地理优势，北京市第五中学分校巧妙整合校内外的丰富资源，对周边宝贵的历史文化资源进行挖掘和整理。《北京中轴线保护管理规划（2022年—2035年）》明确北京中轴线的物质文化遗产构成要素为钟鼓楼、万宁桥、景山、故宫、端门、天安门、外金水桥、天安门广场及建筑群、正阳门、中轴线南段道路遗存、永定门、太庙和社稷坛、天坛和先农坛15处遗产点。[1] 而从北京市文物局公布的全国重点文物保护单位和北京市全国重点文物保护单位[2]以及东城区、西城区文物保护单位[3]的数据来看，北京市第五中学分校附近的物质文化遗产单位可总结如下：

表1　　　　　　　　北京市第五中学分校物质文化遗产

类别	文物保护单位
全国重点文物保护单位（国家级）	故宫、恭王府及花园、北京钟楼、鼓楼、醇亲王府、北海及团城、北京宋庆龄故居、大高玄殿、可园、景山、北平图书馆旧址、关岳庙、广济寺、辅仁大学本部旧址、孙中山先生行馆、文天祥祠、盛新中学与佑贞女中旧址、北京大学地质学馆、智珠寺、郭沫若故居、北京大学红楼、大运河—南新仓、大运河—玉河故道、国子监、雍和宫

---

[1] 北京市人民政府：《北京中轴线保护管理规划（2022年—2035年）》，https://www.beijing.gov.cn/gongkai/guihua/wngh/cqgh/202301/W020230130329977849629.pdf。

[2] 北京市文物局：《北京市全国重点文物保护单位》，https://wwj.beijing.gov.cn/bjww/wwjzzcslm/1737418/1738088/1742737/index.html；北京市文物局：《北京市市级文物保护单位》，https://wwj.beijing.gov.cn/bjww/wwjzzcslm/1737418/1738088/1742739/index.html。

[3] 北京市东城区人民政府：《东城区不可移动文物名单》，https://www.bjdch.gov.cn/zwgk/sjgk/sjxz/cydc/202305/t20230506_3088365.html；北京市西城区人民政府：《西城区文物保护单位》，https://www.bjxch.gov.cn/xcsj/sj/xxxq/pnidpv17.html。

续表

类别	文物保护单位
市级文物保护单位（市级）	庆王府、玉河庵、广化寺、火德真君庙（火神庙）、嵩祝寺及智珠寺、和敬公主府、茅盾故居、旧宅园、东城区圆恩寺后街 7 号四合院、东城区国祥胡同 2 号四合院、东城区帽儿胡同 5 号四合院、东城区东棉花胡同 15 号院及拱门砖雕、东城区前鼓楼苑胡同 7、9 号四合院、鼓楼东大街 255 号四合院、北京明清皇城墙遗存、绮园花园、东城区黑芝麻胡同 13 号四合院、僧王府、东城区沙井胡同 15 号四合院、会贤堂、恭俭冰窖、雪池冰窖、顺天府大堂、大清邮政总局旧址、北平电话北局旧址、广福观、清稽查内务府御史衙门、兆惠府第遗存、澄清下闸遗址、宏恩观、僧格林沁祠堂、西板桥、中法大学旧址、毛主席故居、万宁桥、涛贝勒府、蒋介石行辕、旧式铺面房、贤良祠、西城区地安门西大街 153 号四合院、福佑寺、原中法大学、京师大学堂建筑遗存、孑民堂、涛贝勒府、拈花寺。
区级文物保护单位（区级）	杨昌济故居、吉安所、旧宅院（荣禄宅）、田汉故居、欧阳予倩故居、丰泰庵、黄米胡同四合院、雨儿胡同 13 号四合院（齐白石旧居纪念馆）、板厂胡同 27 号四合院、文昌庙碑、（文昌帝君庙）皇帝敕谕碑、（成寿寺）皇帝敕谕碑、贝子宏旿府、承恩公志钧宅、镶黄旗官学建筑遗存、原北京大学图书馆、菊儿胡同 7 号近代建筑、陈垣故居、保安寺、旌勇祠、大藏龙华寺、永泉庵、真武庙、恭俭胡同三官庙、西板桥、庆云寺（北京金石博物馆）、德胜桥、棍贝子府、鉴园、奎俊宅。
尚未核定为文物保护单位的不可移动文物	万庆当铺旧址、东棉花胡同 17—27 号住宅、前鼓楼苑胡同 13 号四合院、景阳胡同 1 号四合院、方砖厂胡同 67 号院、南下洼子胡同 22 号四合院、福祥胡同 5 号四合院、蓑衣胡同 13 号四合院、大学士耆英宅、清末太医院旧址、黄瓦财神庙建筑遗存、肃亲伯府、柳荫阁、三尔阁、前海观音庵、洪承畴宅、清末将军凤山宅、值年旗衙门。

  这些北京中轴线物质文化遗产点天然地成为我们开展跨学科项目化学习的实在场域，召唤着学生近距离倾听历史传来的久久回音。

  在这条历史的长河中，沿线的非物质文化遗产代代相传与持续发展，也在不断丰富着北京中轴线的内涵与外延。语言艺术、民宿项目、美食制作、宗教祭祀等各类非物质文化遗产代表性项目，都在这条中轴线上找到各自生长的土壤，并绽放出丰硕的果实。至此，已有学者提出加强"虚实结合"的研究方法对于未来深入探索北京中轴线具有重要意义。[①] 因此，我们的首要任务是将物质文化遗产与非物质文化遗产的共同传承与相互支撑作为研究的核心。根据 2011 年的第十一届全国人民代表大会常务委员

[①] 张勃、龚卉：《北京中轴线研究现状与未来展望》，《地方文化研究》2022 年第 3 期。

北京中轴线文化资源的开掘　135

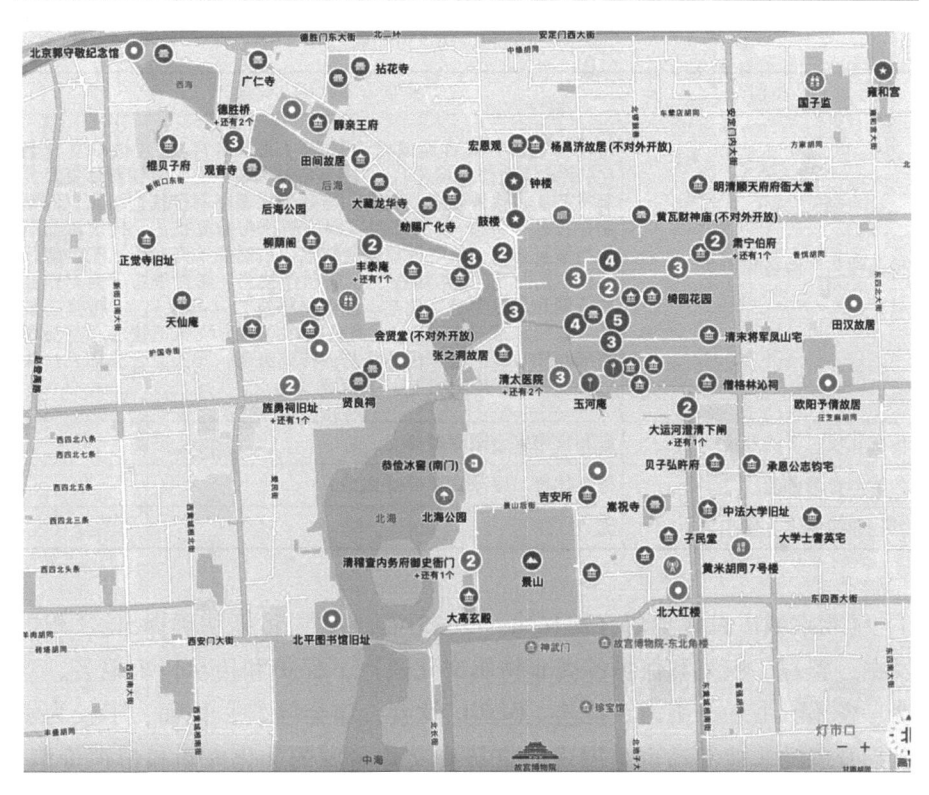

图2　中轴线物质文化遗产点

会第十九次会议通过的《中华人民共和国非物质文化遗产法》认定非物质文化遗产的六项分类[①]，以及历批《北京市市级非物质文化遗产名录》整理出的北京市第五中学分校周边的非物质文化遗产可总结为表2：

表2　　　　　　　北京市第五中学分校周边的非物质文化遗产

类别	北京市非物质文化遗产
传统口头文学以及作为其载体的语言	民间文学：什刹海传说
传统美术、书法、音乐、舞蹈、戏剧、曲艺和杂技	传统美术：兔儿爷制作技艺（南锣鼓巷）、北京面人（南锣鼓巷）；传统音乐：老北京叫卖（鼓楼）；曲艺：牛骨数来宝

---

① 2011年2月25日第十一届全国人民代表大会常务委员会第十九次会议通过《中华人民共和国非物质文化遗产法》，https://www.gov.cn/zhengce/2011-02/25/content_2602255.htm。

续表

类别	北京市非物质文化遗产
传统技艺、医药和历法	传统技艺：官式古建筑营造技艺（北京故宫）、装裱修复技艺（古字画装裱修复技艺）、古书画临摹复制技艺、青铜器修复及复制技艺、古代钟表修复技艺、宫廷传统囊匣制作技艺、北京鸽哨制作技艺（钟楼）、传统百宝镶嵌制作与修复技艺、传统木器制作与修复技艺、传统漆器修复技艺、白魁烧羊肉制作技艺、清代斗拱营造技艺、"年糕钱"年糕制作技艺、烤肉季烤羊肉制作技艺、同和居鲁菜烹制技艺、湘菜制作技艺（马凯）、古籍修复技艺、曹氏风筝（刘宾）、北海公园标本菊传统养殖技法、茶汤李茶汤制作技艺、金石传拓技艺；传统医药：马氏股骨头坏死疗法（北京市鼓楼中医医院）、宫廷正骨
传统礼仪、节庆等民俗	雍和宫密宗金刚驱魔舞
传统体育和游艺	传统体育：踢冰核儿（冰蹴球）
其他非物质文化遗产	无

《北京城市总体规划（2016年—2035年）》第56条明确提出："积极发掘、整理、恢复和保护各类非物质文化遗产，保护和传承传统地名、戏曲、音乐、书画、服饰、技艺、医药、饮食、庙会等。"[1] 因而，学校为学生们开展的非遗活动也是展现北京历史文化名城的文化内涵和精神价值、讲好文化遗产背后的故事、活化文化遗产的体现。

针对北京中轴线上所蕴藏的物质文化遗产和非物质文化遗产资源，学校可以充分发挥其主体角色的作用，积极引导学生开展一系列丰富而有创意的挖掘活动。对于北京中轴线的探索，这必然是一个涉及多学科领域的综合性教育议题。以往，我们并未将北京中轴线作为一个独立的主题进行深入探讨。因此，以北京中轴线为核心展开跨学科项目化学习显得尤为适宜。通过这种方式，我们可以更全面地探索北京中轴线的文化内涵和历史价值，促进不同学科之间的交流和融合，从而深化对北京中轴线的理解，并推动相关教育内容的创新与发展。

跨学科项目化学习是跨学科学习和项目化学习的合集，跨学科项目化学习不是简单拼凑不同学科知识来解决问题，而是在解决真实而复杂的问

---

[1] 北京市规划和国土资源管理委员会：《北京城市总体规划（2016年—2035年）》，https：//www.beijing.gov.cn/gongkai/guihua/wngh/cqgh/201907/t20190701_100008.html。

题中学习不同学科的知识，产生整合性的成果与理解。① 中轴线作为真实问题情景，为跨学科项目化学习提供了良好的素材和生长环境。跨学科项目化学习在北京中轴线这一主题上，为我们提供了一个深入探索与理解城市文化、历史、艺术与地理等多方面的绝佳机会。沿着北京中轴线，从永定门到钟鼓楼，每一座建筑、每一段街道都承载着深厚的历史文化底蕴。同时，北京中轴线不仅是一条空间轴线，更是城市空间布局的重要体现，它贯穿南北，将城市划分为东西对称的两个部分，体现了中国古代城市规划的智慧。中轴线上的建筑、雕塑、绘画等多种艺术形式，也都体现了中华民族的传统美学。以探寻"北京中轴线"为关键概念，"构建学科知识网络，设置驱动性问题，设计多维度学习实践，培养学生问题解决的能力，培养心智自由的终身学习者"② 是开展中轴线跨学科项目化学习的目的和方法。通过整合语文、历史、地理、艺术等多个学科的知识与方法，我们引导学生以全新的视角审视北京中轴线，深入挖掘其文化内涵与历史价值。这种跨学科的学习方式不仅丰富了学生的学习内容，也提高了他们的综合分析能力。同时，项目化学习的问题导向能够改进教学方式，激发学生的主动性和创造性。

北京市第五中学分校结合办学情况，以中轴线为主题开展的跨学科项目化学习关注物质文化遗产与非物质文化遗产之间的相互关联、相辅相成，开展教学实践活动，共同构成了理解中轴线文化的完整体系。他们可以在阅读中汲取知识，在参观中开阔研究，在走访中汲取经验，在设计激发创意，在改善中贡献智慧。面对种类繁多的文化资源，跨文化项目化学习策略与周边历史文化资源的深入挖掘与系统整理提供了方法论层面上的建构，就能够更为科学、系统地把握这些资源的内涵与价值，为未来的实践提供坚实的理论支撑。

三 创新设想：跨学科项目化学习的实践路径

在探索北京中轴线文化资源的开掘过程中，北京市第五中学分校注重

---

① 夏雪梅：《跨学科项目化学习：内涵、设计逻辑与实践原型》，《课程·教材·教法》2022年第10期。

② 李会民、代建军：《基于课程统整的跨学科项目化学习设计》，《教学与管理》2020年第4期。

学科之间的深度融合与项目化学习的问题导向，以期在更广阔的范围内展开学习中轴线文化的实践路径，为学生提供更加多元化、更富有深度的学习体验。学生可根据自己的志趣围绕"北京中轴线"选择专题项目研究，联动语文、历史、地理、艺术等学科的内容，充分和深入挖掘首都北京的红色文化、皇城文化、京味文化、创新文化。针对本校学生的实际情况，北京市第五中学分校"北京中轴线"跨学科项目化学习的专题研究内容如下。

（一）中轴线的历史沿革

在我国古代社会，中轴线的建筑原则就将中心、中正的思想引入建筑之中，在此过程中形成以"中"为美为尊的观念，其历史轨迹与发展过程充满了丰富的内涵，值得我们深入探索。教师向学生介绍中轴线的概念、起源及其在古代城市规划中的作用。在实践环节，教师会引导学生通过古籍库、图书馆、电子阅读网站等学术途径找寻和阅读中轴线相关历史文献，包括历史建筑、文化景点、重要事件等。在小组讨论中，学生围绕中轴线的历史演变、文化内涵及其对现代城市规划的影响等话题展开讨论，从各个历史时期的建筑风格、政治意义以及社会文化背景的变迁中，提炼出北京中轴线历史演变的关键节点和特色。为了让学生更直观地感受中轴线的魅力，组织学生参观中轴线上重要的遗址和建筑，引导学生观察并记录中轴线的布局特点、建筑风格以及周边环境的变迁。策划"中轴线时光穿越"角色扮演活动，让学生分组扮演不同历史时期的居民或建筑工匠，展示中轴线在不同历史时期的变迁与发展，从而深刻理解北京中轴线从元大都到明清北京城的发展过程。

（二）中轴线的建筑艺术

对称美是东方传统文化特有的审美观念。学生需了解中轴线左右对称建筑的特点及其在建筑美学中的作用，激发学生对传统建筑文化的兴趣和热爱。教师组织学生观看中轴线左右对称建筑的纪录片或图片资料，如天坛与先农坛、崇文门与宣武门、太庙与社稷坛、东华门与西华门等左右对称的建筑。学生可以走访北京中轴线沿线建筑遗迹，按照前段、中段、后段分组开展实地调研与活化利用活动。制作中轴线建筑导览手册，包括建筑的历史背景、文化特色、保护现状等信息，供参考学习。引导学生关注建筑的左右对称元素,如门洞、窗户、檐口等,并记录在观察手册中。要求在成果展示会上展示模型制作、摄影比赛、美术绘画等创意设计,让学生理解中轴线左右对称建筑的特点和历史背景,培养学生的团队合作精神和审美情趣。此外,要鼓励学生将视野拓展至更广泛的中轴线智慧概念。四合院民居建筑、恭王府王府建筑、智化寺寺庙、明十三陵皇家陵寝等建筑同样体现了中轴线原则的魅力。这些作为生动案例,学生要在整合各类文史资料的基础之上进行心得分享、论文汇报与展示。

图3 学生制作的中轴线建筑模型

(三)中轴线沿线的非物质文化遗产

北京中轴线沿线汇聚了众多珍贵的非物质文化遗产。学生在欣赏北京戏剧、美术、书法、音乐、舞蹈、曲艺和杂技等特色遗产项目的基础上,分组选择一项中轴线沿线的非物质文化遗产进行汇报展示或模仿,并制作非物质文化遗产宣传手册,包括历史背景、文化内涵、传承现状等信息。在"非物质文化遗产小使者"活动中展示宣传手册,学生化身非物质文化遗产的传承者和推广者,培养学生的文化传承意识和创新能力。此外,中轴线上汇集了许多享有盛名的老字号品牌,它们见证了北京深厚的商业历史和传统技艺的传承。从元大都的万宁桥到明清时期的正阳门一带,这些地方的老字号承载着丰富的历史文化内涵和商业价值。在了解元明清的商业格局之上，我们设计了"探访老字号"的任务。学生们在实地探访的过程中，不仅了解了这些老字号的历史渊源和商业特色，还深刻感受到了它们所蕴含的文化内涵和工匠精神。在"老字号文化分享会"上，学生们通过书写老字号匾额、拍摄打卡视频、口头报告等多种形式，分享自己的所见所闻和感想。这些活动不仅让学生们对中轴线的历史文化有了更深刻的理解，还培养了他们的文化素养和人文精神，以及他们对文化传承的责任感和使命感。

（四）中轴线与红色文化

中轴线不仅承载着丰富的历史文化，还见证了中华民族勇敢不屈的品质和追求自由、进步的奋斗足迹。红色文化则代表了中国革命历史、革命精神和革命传统，是中华民族宝贵的精神财富。学生可追寻人民英雄纪念碑、毛主席纪念堂、天安门广场、北大红楼、陈独秀旧居、中法大学旧址等沿线的红色足迹，理解红色文化的历史演变、代表性事件以及文化特色，探寻每一处蕴藏着的先烈的英勇事迹和革命精神。学校组织红色地图绘制、红色故事分享、红色文化主题演讲、红色主题摄影展等多种形式展示学生的制作成果。这样的活动不仅能够增强历史使命感和民族自豪感，更为传承和弘扬红色文化贡献力量，向更多的人传递红色文化的价值和意义。

（五）中轴线上的文学作品

中轴线上的文学作品，作为一个独特的文化载体，不仅展现了文脉书写的深厚底蕴，也反映了时代变迁和社会发展。中轴线上的文学作品丰富多样，涵盖了散文、小说、传记等多种体裁。根据中华人民共和国教育部制定的《义务教育语文课程标准（2022年版）》中"文学阅读与创意表达"学习任务群要求，我们需要"通过整体感知、联想想象，感受文学语言和形象的独特魅力，获得个性化的审美体验；了解文学作品的基本特点，欣赏和评价语言文字作品，提高审美品位；观察、感受自然与社会，表达自己独特的体验与思考，尝试创作文学作品"。[①] 因此，以中轴线为主

---

① 中华人民共和国教育部编：《义务教育语文课程标准（2022年版）》，北京师范大学出版社2022年版，第26页。

题的文学作品探究是对语文核心素养的突出。学生在广泛查阅资料之上，选择和确定与中轴线紧密相关的文学作品作为书目，了解作品的主题、情节、人物塑造等文学要素。除此之外，根据项目主题，将其与历史文化背景探究、地理、生态等学科相融合，关注历史文化背景探究、地理环境考察、生态保护意识培养等。在文学阅读之后，进行创意表达。在文学作品阅读会上以论文、报告、视频等多种形式展示项目成果，展现学生的跨学科学习成果和实践能力。学校借助文学作品这一切口，让学生深入了解中轴线上的文学作品及中轴线所蕴含的文化内涵。

图4　学生与教师研讨中轴线上的文学作品

跨学科项目化学习的实践路径是北京市第五中学分校在探索北京中轴线文化资源开掘过程中的一项重要创新设想。学校为学生提供更加丰富、多元的学习体验，同时也推动了中轴线文化的传承与发展。这将有助于培养更多具有文化素养和创新能力的人才，为社会的繁荣与发展贡献力量。未来，我们将继续探索创新育人模式，为培养具有跨文化视野和创新能力的人做努力。这些经验不仅有助于我们更好地开展类似的文化资源开掘活动，也为未来的教育实践提供了有益的借鉴和启示。

结　语

　　北京市第五中学分校的北京中轴线跨学科项目化学习方式，在深度挖掘和精准传承中轴线这一独特文化资源上，展现出非凡的价值与深远的意义。通过跨学科的研究与实践，学生们不仅增进了对中轴线历史脉络与文化底蕴的理解，更在团队协作、创新思维和问题解决等方面得到了全面锻炼与显著提升。此次项目式学习不仅是一次对中华优秀传统文化的探索之旅，更是一次具有里程碑意义的教育实践。展望未来，我们期待更多的学校能够借鉴这一模式，结合自身的特点和优势，开展更多富有创意和深度的项目化学习，共同推动中华优秀传统文化的传承与创新。同时，我们也意识到，中轴线文化资源的开掘并非一蹴而就的工作，它需要我们持续不断地努力与探索。在今后的实践中，北京市第五中学分校将继续深化跨学科项目化学习的实践路径，为中轴线文化资源的开掘与传承贡献更多的智慧和力量，使得这一璀璨的文化瑰宝能在新时代绽放出更加夺目的光彩。这将成为我们推动中华传统文化传承与创新的不竭动力，也是我们为中华民族伟大复兴贡献的坚定力量。

北京历史文化名城保护

2017年新版总体规划实施以来北京老城保护更新模式探索

赵长海[*]

摘要：2017年是在北京老城保护发展史上具有重要意义的一年，随着北京新版总体规划的发布实施，北京老城进入整体保护的新阶段。自2010年开始，北京老城在多片历史文化街区内，启动了区别于"危改带开发"的老城保护更新模式的探索，这些探索为北京老城保护和城市更新试点项目的启动积累了经验。2019年至今，历时5年，以试点项目为模本，启动了24个保护更新项目，完成了7900余户的人口疏解，确保了北京新版城市总体规划的稳步实施。腾退修建带运营的新模式通过实施申请式退租、保护性修缮和恢复性修建、腾退资产运营，达到人居环境改善、城市风貌延续、资金投入平衡的既定目标。通过对多个项目全过程实践、跟踪式研究、长期性总结，本文对腾退修建带运营模式的形成发展历程进行了详细梳理，对过往经验教训开展了深入总结，对未来发展方向提出了建议，以促进这一模式不断的自我调整和自我完善。

关键词：腾退修建带运营；申请式退租；保护性修缮和恢复性修建；腾退资产运营

一 北京老城保护和城市更新模式研究背景

（一）北京文化中心建设走上新高度

文化中心是北京城市功能的重要定位之一，传统文化是北京文化中心

---

[*] 赵长海，北京金恒丰城市更新资产运营管理有限公司规划设计主管，高级工程师、一级注册建筑师，研究方向：北京四合院、北京老城保护和城市更新。

建设重要的组成部分，传统胡同四合院是北京传统文化的核心载体，伴随着危改的持续推进，北京老城传统胡同四合院存量内仅占北京老城的22%，2017年新一版城市总体规划发布之后，老城现有传统胡同四合院得到了最大限度的保留，北京文化中心建设走上新高度。

（二）北京老城整体保护打开新局面

2017年发布实施的《北京城市总体规划（2016年—2035年）》是北京老城保护和城市更新的重要纲领性文件，是北京老城保护和城市更新的顶层设计。顶层设计要求"老城不能再拆了"，明确历史文化街区将在原有的33片历史文化保护区基础上逐渐扩容，通过推动老城整体保护与复兴，将北京老城建设成为承载中华优秀传统文化的代表地区，北京老城整体保护打开新局面。

（三）北京老城保护更新探索新模式

在北京老城保护的上一个周期，北京老城是以解危排险或棚户区改造为实施路径的拆旧建新的增量更新模式，《北京城市总体规划（2016年—2035年）》的实施标志着这一模式的终结。在减量发展、存量更新背景下，以申请式退租、申请式改善、恢复性修建和腾退资产运营为实施路径的腾退修建带运营模式正在逐渐成熟。新旧模式完成转换，北京老城保护更新探索出了新模式。

（四）北京老城风貌延续推出新措施

2017年实施的《北京城市总体规划（2016年—2035年）》明确，将核心区内具有历史价值的地区规划纳入历史文化街区保护名单，通过腾退、恢复性修建，做到应保尽保，最大限度留存有价值的历史信息。恢复性修建首次正式提出，成为最大限度留存有价值的历史信息、历史文化街区中普通四合院更新的有效措施。传统老城风貌的延续是北京老城保护更新的核心目的，在具体实践过程中，针对北京老城传统风貌延续推出了新措施。

（五）北京老城保护更新产生新问题

自2017年以来"保护北京特有的胡同—四合院传统建筑形态，老城内不再拆除胡同四合院"的总体要求得到了贯彻执行，在北京老城保护和城市更新的具体实施层面，尚有诸多问题需要解决。申请式退租产生的共生院，恢复性修建带来的风貌破坏，腾退资产运营过程中的资金平衡难等一系列问题，是北京老城保护更新模式实施过程中产生的新问题，这些问题纷繁芜杂，有的还没有得到全面的认识，需要在持续的推进过程中进行全面地认识和系统地解决。

二 北京老城保护和城市更新模式研究的意义

（一）梳理提炼北京老城保护和城市更新模式实施的路径

2017年新版北京城市总体规划正式实施以来，北京老城保护更新模式发生转换，本文通过对老城保护和城市更新项目，在申请式退租、申请式改善、保护性修缮和恢复性修建、腾退资产运营等模块实施路径的分析和研究，梳理提炼出规划可支持、居民可接受、资金可支撑、形式可推广的保护更新模式的实施路径。

（二）总结归纳北京老城保护和城市更新模式实践的经验

本文以项目实践和实地调研为抓手，在总结和梳理保护更新项目实践经验的基础上，对各个保护更新项目在申请式退租、申请式改善、保护性修缮和恢复性修建、腾退资产运营等模块的实践经验，进行总结和归纳，为北京老城保护和城市更新从业者的相关工作提供参考和借鉴。

（三）分析研究北京老城保护和城市更新模式存在的问题

自2019年北京老城保护和城市更新试点项目批复实施以来，已进行了多个项目的实践探索，保护更新模式逐渐形成并不断发展。通过对保护更新模式系统的分析和研究，可以及时发现保护更新模式存在的问题和不足，并结合实际情况及时调整，避免社会资源的浪费。

（四）初步提出北京老城保护和城市更新模式优化的建议

通过对北京老城保护更新模式的系统研究，本文在项目前期谋划、人居环境改善、传统风貌延续和腾退空间利用四个层面，针对新形势下探索出的保护更新模式存在的问题和不足，尝试性地提出了一些优化建议，供老城保护更新的相关人员进行参考和借鉴。

三 腾退修建带运营模式研究

2017年在北京老城的保护发展史上具有重要意义，随着北京新版城市总体规划的发布实施，北京老城进入整体保护的新阶段。自2012年开始，在白塔寺、前门西区、南锣鼓巷、前门东区4片历史文化街区内，就开始了区别于当时"危改带开发"等模式的老城保护和城市更新模式的探索，这些探索为2019年北京老城保护和城市更新试点项目的启动积累了经验。

2019年启动菜市口西片和雨儿胡同试点项目以来，北京老城已经陆续启动了26个申请式退租项目和1个申请式换租项目。2019—2023年，通过城市更新项目的实施，北京老城已完成核心区平房（院落）申请式退租（换租）签约7900余户，完成平房修缮改建7190余户。[1] 经过5年的发展和沉淀，腾退修建带运营的北京老城保护和城市更新模式已经成型。

（一）腾退修建带运营模式介绍

1. 基本概念

腾退修建带运营模式是指通过申请式退租完成人口疏解和异地改善，通过保护性修缮和恢复性修建完成风貌延续和在地改善，通过腾退资产运营实现项目资金平衡的北京老城保护和城市更新模式。

申请式退租：公房承租人遵循"居民自愿、平等协商、公开公平、适度改善"的原则，与公房管理单位解除承租关系，将房屋交给政府授权的保护更新实施主体，从实施主体处取得退租补偿的过程。

保护性修缮和恢复性修建：2017年北京新版总体规划正式提出恢复性修建的概念，2021年北京市发布实施的《关于首都功能核心区平房（院落）保护性修缮和恢复性修建工作的意见》[2]，将恢复性修建细分为保护性修缮和恢复性修建，明确了各自的定义——保护性修缮是指对现存建筑格局完整、建筑质量较好、建筑结构安全的房屋院落进行修缮，对存在安全隐患的房屋进行维修，通过结构加固、设施设备维修和改造提升等方式，

---

[1] 《市政协委员建议扩大申请式腾退修缮政策支持范围 北京已在20个地区开展申请式退租》，http://www.bjzx.gov.cn/zxgz/zxdt/202304/t20230418_44323.html。

[2] 《关于首都功能核心区平房（院落）保护性修缮和恢复性修建工作的意见》，https://www.beijing.gov.cn/zhengce/zhengcefagui/202106/t20210617_2414558.html。

恢复传统风貌、优化居住及使用功能。保护性修缮项目原则上不增加原房屋产权面积、建筑高度，不改变原房屋位置、布局及性质。保护性修缮包括翻建、大修、中修、小修和综合维修。翻建需办理规划审批手续；大修、中修、小修、综合维修无须办理规划、土地审批手续。恢复性修建是指对传统格局和风貌已发生不可逆改变或无法通过修缮、改善等方式继续维持传统风貌的区域，依据史料研究与传统民居形态特征规律，对传统格局和风貌样式进行辨析，选取有价值的要素，适度采用新材料、新技术、新工艺，进行传统风貌恢复的建设行为。恢复性修建需办理相关审批手续。

腾退资产运营：实施主体将完成申请式退租后的房屋，进行保护性修缮或恢复性修建后，将实施片区胡同四合院的空间价值及其承载的文化价值进行价值转换，空间价值转化通过房屋租赁和自营商业完成，文化价值的转化主要通过文创产品开发和销售完成。

2. 发展历程

在北京老城保护的上一个周期，针对胡同四合院实行的是以解危排险或棚户区改造为路径的"危改带开发"的增量更新模式。

2017年是北京四合院保护和利用具有里程碑意义的一年，这一年发布的新的总体规划明确北京老城内不再拆除平房四合院，以危改立项的正在实施拆迁腾退的项目全部停滞，经过2019年菜西试点项目的探索，此类危改遗留项目陆续转变为以腾退修建带运营模式的老城保护和城市更新项目。

在存量更新、减量发展背景下，以申请式退租、恢复性修建和城市资产运营为实施路径的腾退修建带运营的老城保护和城市更新模式，满足"规划可支持、居民可接受、资金可支撑、形式可推广"的目标要求，调整和优化正在逐渐成熟，经过5年多的发展，北京老城城市更新新旧模式已经完成转换。

腾退修建带运营模式在形成和发展的5年间，自身也在不断地调整和优化，在前期谋划阶段，财政资金经历了从按项目总投40%进行资金支持到按退租面积7万元/平方米进行支持的调整；在申请式退租环节，经历"居民自愿、平等协商、公开公平、适度改善"到"居民自愿、平等协商、整院实施"的调整；在规划建设环节，经历了从恢复性修建到保护性修缮和恢复性修建的不断完善；在腾退资产运营环节，正在经历消费升级和业态准入要求的不断提升。

（二）腾退修建带运营模式实施路径

腾退修建带运营模式通过前期谋划、申请式退租、申请式改善、保护性修缮和恢复性修建、腾退资产运营5个模块完成。各个模块有各自的目标和工作要点，具体腾退修建带运营模式实施框架详见图1。

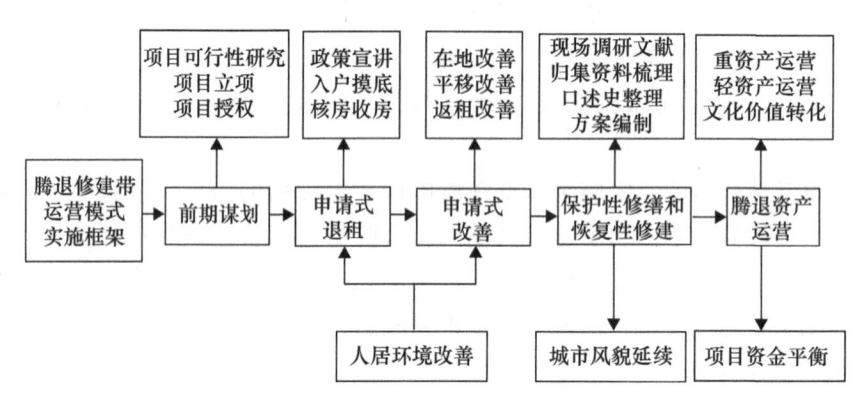

图1　腾退修建带运营模式实施框架

1. 申请式退租实施路径

申请式退租从入户摸排到正式张贴《致居民的一封信》再到签约退租直至搬家腾房，通过不断地总结和调整，形成了一整套非常成熟的流程，不同的实施主体在各个环节采取的组织措施不同，取得的退租成果也有非常大的区别。申请式退租的基本操作流程，各个项目基本一致，根据各个项目张贴的申请式退租公告和申请式退租手册，本文对申请式退租实施路径及关键节点进行了梳理。

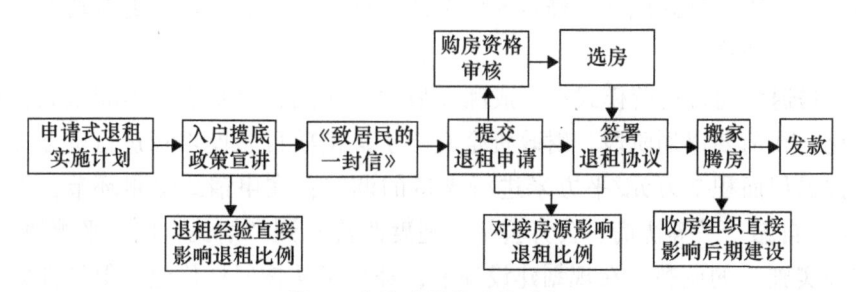

图2　申请式退租实施路径

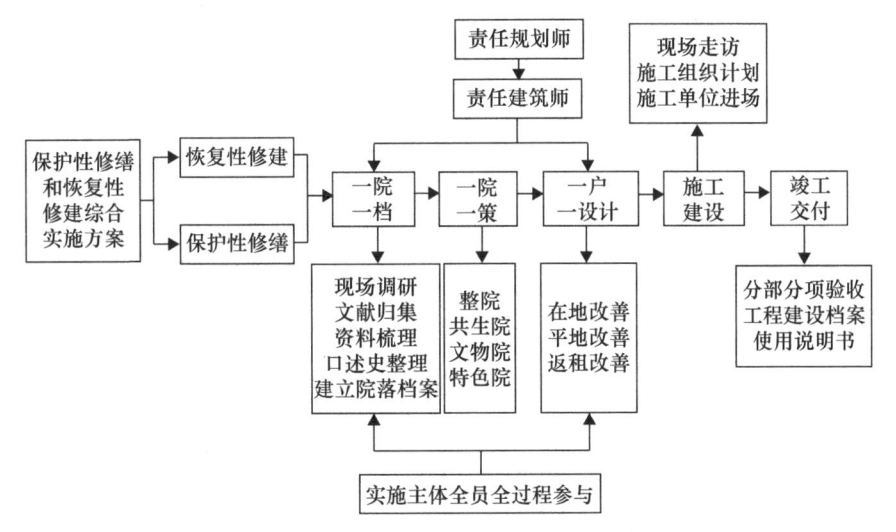

2. 保护性修缮和恢复性修建实施路径

保护性修缮和恢复性修建从综合实施方案的编制到入院摸排周边居民情况制定民扰和扰民预案，再到施工单位进场直至竣工验收交付运营，建设流程在不断地优化和完善，通过对已启动的保护更新的项目保护性修缮和恢复性修建模块的系统研究发现，实施主体对保护性修缮和恢复性修建的认识，设计管理人员和工程技术人员的结构配给和知识储备，施工过程中的组织和管理，都对保护性修缮和恢复性修建的成果有非常大的影响，本文根据工程实践对保护性修缮和恢复性修建实施路径及关键节点进行了总结。

图3 保护性修缮和恢复性修建实施路径图

申请式改善是保护更新实施主体为破解共生院难题，针对共生院留住居民改善居住环境的需求，提出的一项惠民措施。通过申请式改善，使居住环境改善机制可以覆盖所有居民。共生院的保护性修缮和恢复性修建要结合申请式改善整体推进。

3. 腾退资产运营实施路径

腾退资产运营从腾退空间利用方案的编制到目标客户储备，再到确定客户直至入驻开业，腾退资产运营流程在不断地优化和完善，腾退资产运营环节是保护更新项目成败的关键环节，运营具有周期长、运营资产零散的特点，通过对已启动保护更新的项目腾退资产运营模块的系统研究发现，实施主体的组织架构、运营机制，对运营效率有直接的影响。

图 4　申请式改善实施路径图

图 5　腾退资产运营实施路径图

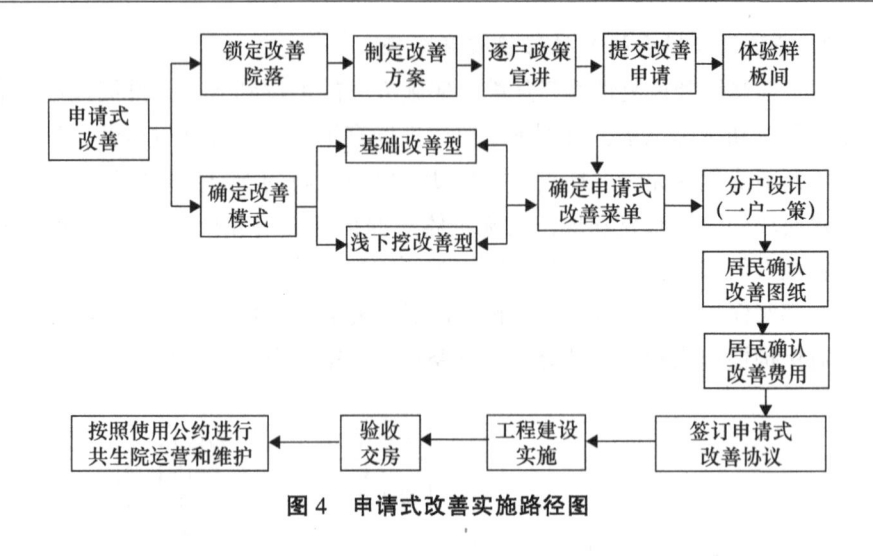

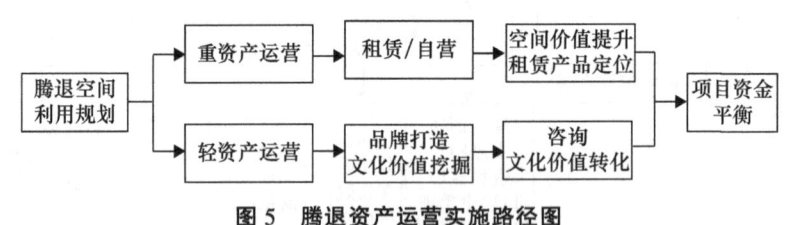

四　北京老城保护和城市更新模式现存问题及相关建议

（一）现存问题

1. 项目前期谋划

第一，实施片区整体保护更新谋划不足。截至目前，实施主体在每个划定区域仅集中组织一次申请式退租，通过申请式退租人口疏解的目标基本达成，留住居民整体居住环境改善状况不明显；保护更新的最终目标是片区人居环境的整体改善，风貌的整体保护和延续尚未探索出有效的实施路径；项目资金平衡周期过长，整体盈利能力不足。

第二，零散的修建不利于风貌整体保护。共生院是申请式退租的必然产物，约占腾退空间总规模的70%，退租院落零散地分布于整个片区内，不利于集中组织有保护性修缮和恢复性修建，共生院的改善和维护成本非常高，还造成大量民扰和扰民的产生，对整个片区整体风貌的保护和延续尚未探索出行之有效的措施。

第三，实施主体保护更新能力参差不齐。实施主体是北京老城保护和城市更新的关键核心因素，实施主体的认知程度、组织架构、工作组织、技术储备等对保护更新项目的顺利推进有非常大的影响，目前对实施主体的准入和退出机制尚不完善，保护更新能力的评估尚无标准。

2. 人居环境改善

第一，居住空间面积不足，居住面积增加难。北京核心区平房区现有常住居民约66万人，平房四合院建筑面积约550万平方米，平房区人均居住面积不足10平方米，远低于北京市33.41平方米[①]的人均居住面积。增加居住面积是平房区居住环境改善的最迫切需求，北京老城保护和城市更新的特点是存量更新，这与增加居住面积的需求相矛盾，也是人居环境改善最难解决的问题。

第二，院落私搭乱建普遍，安全隐患解决难。为了解决居住空间面积不足的问题，居民自行利用院落空间搭建简易房屋，作为厨房甚至卧室使用。这些自建房的存在解决了基本的居住需求的同时，也带来了非常严重的安全隐患和不稳定因素，给城市风貌带来了消极影响。在北京老城的保护更新过程中，院落格局的恢复必定涉及自建房的拆除，拆除的前提是对居民自建房内的功能需求进行妥善地解决。

第三，胡同市政配套缺失，现代生活实现难。胡同配套市政基础设施是实现"老胡同，现代生活"的基础，由于胡同市政基础设施资金投入大，工程实施难度大，实施过程对居民生活影响大。胡同内的水、电、气、热和停车等问题的解决进展缓慢。故胡同内居民交往空间、适老化改造、胡同文化的展现是胡同市政配套设施的一部分，是实现现代生活的具体体现，这些功能的实现还需要付出更大的努力。

3. 传统风貌延续

第一，传统文化载体亟待保护。文化中心是北京城市功能的重要定位之一，传统文化是北京文化中心建设的重要组成部分，传统建筑是北京传统文化的重要载体，伴随着危改的持续推进，北京老城传统建筑存量仅占北京老城的22%，新总规发布之后，老城现有传统风貌建筑得到最大限度

---

① 《2020年城市人均居住面积超36平方米 平均初婚推后近4岁》，https://www.chinanews.com.cn/cj/2022/06-27/9789330.shtml。

的保留，但是如何延续这些传统建筑，依然存在巨大的挑战。

第二，传统胡同四合院文化亟待挖掘。传统建筑文化正在伴随着人口疏解而日渐消失，北京老城胡同四合院虽然有深厚的文化层积，但是大量文化未被记录于笔端，他们通过居民的口传心授代代留存，伴随着人口疏解，有些文化将永远地湮没于历史中。北京的老城保护更新不仅是要延续有形的传统建筑风貌，还要延续无形的胡同文化。

第三，传统建筑理论研究亟待加强。北京四合院理论体系不能支撑保护更新带来的大规模保护性修缮和恢复性修建。保护性破坏是北京老城保护和城市更新过程中遇到的非常普遍的问题，这一问题的根源是传统胡同四合院研究体系不系统，传统建筑从业人才培养体系不完善，传统建筑施工制度不健全。其中以传统建筑研究体系不系统最为棘手，需要尽快组织系统的胡同四合院理论再研究，以避免在大规模的恢复性修建和保护性修缮中，给北京老城的传统风貌带来更大的破坏。

4. 项目资金平衡

第一，运营方式不清晰，缺乏相应政策及路径支撑。针对后期进行恢复性修建后的院落和房屋具体如何开展商业运营问题，市区经过共同研究已有大致方向，但受限于核心区禁限目录要求和风貌保护影响，部分高回报率行业不可实施。其次，民宅开展商业活动受规划、国土、工商等现行规定制约和禁止，涉及土地及房屋性质转化、土地出让金补缴等一系列问题。申请式退租工作仅是保护更新工作内容的一部分，对后期如何进行经营管理、如何真正实现片区整体可持续发展，目前还缺乏可借鉴、可操作的现实路径，急需相应的配套政策支持。

第二，资金平衡周期长，企业背负长期的财务压力。老城保护更新的资金平衡模式是政府把腾退空间的50年经营权授予城市更新实施主体，实施主体通过50年的经营来平衡城市更新项目的总体投入。城市更新项目前期申请式改善和恢复性修建一次性投入大，企业背负的财务成本和运营成本非常高，长期不能实现盈利，对于企业的长远发展带来非常严重的挑战。

(二) 相关建议

1. 前期统筹谋划

第一，高位全面统筹，加强保护更新顶层设计。保护更新的最终目的是完成整个片区所有居民的环境改善和房屋修缮，使腾退资产价值最大化。对于居民环境改善,要做一个统筹安排,建议同时启动申请式改善和申请式退租。建立长效机制,退租居民异地改善。留住居民,通过政府、企业、个人三方共同出资,进行共生院的整体保护性修缮。修缮过程中通过自建房拆除、平移、浅下挖等方式,改善居民的居住环境。

第二,完善组织架构,提升实施主体工作组织能力。实施主体在保护更新推进过程中,具有承上启下的关键作用。实施主体的认知水平和组织能力对保护更新的实施有重大影响。实施主体类型有由房管局授权委托经营的区属国企、房屋管理单位的下属单位、从事一级开发的区属国企、房屋管理单位与区属其他企业组成的合资公司四种类型。建议强化实施主体组织构架搭建,提升实施主体工作组织能力。

第三,打破项目壁垒,搭建老城保护更新项目交流平台。北京的老城保护更新项目之间壁垒高筑,项目之间不能有效地共享信息、资源和技术。由于各个实施主体在申请式退租、申请式改善、恢复性修建、人居环境提升、物业管理、城市资产运营等老城保护更新等模块各有优势,项目之间的壁垒导致各个项目资源和技术不能被最大化利用,形成浪费。建议在制度设计上鼓励进行跨项目合作,通过一定的激励机制,把老城区的保护更新项目连接起来,鼓励各个项目之间相互配合,形成合力。

2. 人居环境改善

第一,构建异地改善长效机制。申请式退租是为异地改善居民住房条件建立的通道,建议在完成以项目为单位的申请式退租之后,打破项目界限建立核心区统一的申请式退租长效机制,居民在每年规定的时间窗口提出退租申请,统一进行退租资格审核,统一安排退租资金和安置房源。

第二,探索在地改善实施模式。申请式改善是为改善留住居民住房条件建立的通道,申请式改善遵循"居民自愿、整院实施、一户一册、居民自费、适度改善"的原则,通过建立完善的工作组织、动态的工作机制,在统一透明的申请式改善条件下,实现想改尽改、应改尽改。

第三,完善公共空间配套设施。通过完善胡同基础设施,夯实实现"老胡同,现代生活"目标的基础。通过公共空间环境的提升,通过公共空间的提升,塑造传统街巷活力空间,建设居民交往公共会客厅,利用存量空间和增量空间资源,拓展公共活动和交往空间。

3. 传统风貌延续

第一,推广一院一档的院落档案制度。构建四合院保护"一院一档"

机制，在实施每个院落的保护性修缮和恢复性修建之前，给每个院落建立档案，将院落的历史脉络、现状照片和设计图纸进行系统地留存，通过现场调研、文献查阅及资料的梳理，建立"一院一档"的数据管理平台。

第二，开展北京四合院理论体系再研究。组织北京四合院再研究，构建全面、系统，具有实践指导意义的四合院理论体系，为北京四合院整体保护中的保护性修缮和恢复性修建提供理论支撑，在北京老城四合院系统研究的基础上进行四合院的整体保护。

第三，制定老城保护更新人才培养储备机制。老城保护和城市更新最核心的工作是传统建筑风貌的保护和延续，这要求从业人员具备一定的专业知识。建议制定老城保护和城市更新人才培养及人才储备机制，为老城保护和城市更新培养和储备不同方向的人才。

第四，鼓励与老城风貌适配的机电产品的研发。空调、暖气、上下水等非传统四合院原生的现代设备设施，是"传统胡同，现代生活"实现的基础。建议制定政策，鼓励研发适应老城风貌的现代机电产品，尤其是空调、变配电箱、厨卫设备，并在北京老城内进行推广。

4. 腾退空间利用

第一，完善北京老城腾退空间运营顶层设计。老城保护更新项目的腾退空间运营还处于探索成长阶段，还没有成熟的运营模式可供参考借鉴，腾退空间运营要在总结国内外现有项目经验的基础上，结合新版北京总体规划、核心区控规，完善腾退空间运营的顶层设计，保证腾退空间运营沿着正确的道路向前发展。

第二，制定腾退空间利用总体规划实施方案。伴随着老城保护更新的推进，北京核心区在近5年内腾1万余户，腾退空间规模将达25万平方米左右。腾退面积的70%左右为共生院，这些腾退空间一般作为精装公寓推向租赁市场，大量的资源推向市场在产生同质竞争的同时，也不利于核心区的人口疏解，伴随着核心区保护更新的持续推进，建议构建统筹机制，对腾退空间的利用进行统一安排、高位谋划，制定腾退空间总体规划实施方案，科学进行资源配置。

第三，提升实施主体对腾退空间的运用能力。老城保护更新项目的运行模式，采用的是轻资产运营与重资产运营的混合模式，从故宫博物院到杨梅竹斜街再到白塔寺东西岔都是一种混合的资产运营模式。重资产运营收入稳定、固定，收入规模可以预见。轻资产运营培育周期长，不确定因素多，需要持续的投入，人力配置要求高，需要长远布局。实施主体要通过提升对腾退空间的运用能力，增加腾退资产的运营效率，提升腾退资产的价值。

第四，加大轻资产运营能力和投入力度。轻资产相对于重资产模式来说，是一种相对投入少、风险低、折旧率低且利润率高的发展模式。老城保护更新项目轻资产运营还没有形成成熟的模式，在这方面借鉴商业市场上常见的"轻资产"发展模式，城市更新项目轻资产运营发展有如下两种建议发展模式：品牌、服务管理输出模式和文化附加值的挖掘和转化。

五 余 论

腾退修建带运营的保护更新模式是在探索一种通过适度财政投入可以实现区域自我循环的模式，这种模式成熟的标准是"规划可支持、资金可保障、群众可接受"。目前腾退修建带运营模式正在通过项目的实践，进行不断的自我调整和完善。

腾退修建带运营模式的实施顺序是申请式退租、保护性修缮和恢复性修建、腾退资产运营，达到的目的是人居环境改善、传统风貌延续和资金投入平衡。从逻辑关系上来说，城市风貌延续是根本，人居环境的改善和资金投入的平衡要以城市风貌的延续为前提，只有确保了传统风貌的延续，才能保证老城保护更新的顺利推进。

诗意地栖居：北京法源寺历史文化街区活化策略研究

王子尧　贾煜渤*

摘要：北京老城保护与复兴进入 2.0 的新阶段，法源寺历史文化街区"立足记忆—整合资源—倡导公众参与—形成立体文化空间"的更新与改造路径具有典范性和模范性。法源寺历史文化街区的活化策略整体遵循"凝练诗意—聚合诗意—传承诗意"的底层逻辑，与海德格尔对"诗意地栖居"的阐释相通，为历史文化街区协调处理物质文化建设与精神文明建设之关系、整合文化资源、生产空间意义、传承地方文化等提供启示，是北京历史文化名城保护的有效样本。

关键词：法源寺历史文化街区；老城保护与复兴；活化策略；诗意栖居

一　问题的提出

"历史文化街区"指的是保留有一定数量的不可移动文物、历史建筑、传统风貌建筑以及传统胡同、历史街巷等历史环境要素，能够较完整、真实地体现历史格局和传统风貌，并具有一定规模的区域。① 历史文化名城保护体系中，"历史文化街区"介于"历史文化名城"和"历史建筑"之

---

* 王子尧，中央民族大学文艺学专业博士研究生，研究方向：北京城市文化、民间文艺学；贾煜渤，首都师范大学中国现当代文学专业硕士研究生，研究方向：北京城市文学。

① 北京市人民政府：政府名词"历史文化街区"，2021 年 1 月 27 日，北京市人民政府官网（http://www.beijing.gov.cn/zhengce/mc/zwmcck/qt/whyc/202403/t20240315_3590661.html）。访问日期：2024 年 3 月 24 日。

间，起保护传统风貌集中区域的作用。赵中枢、兰伟杰认为，"历史文化街区"涉及风貌保持、民生改善、功能活化等，可以体现出名城保护的落地性、综合性和长期性，具有现实性和普遍性的特征。[1] 党的十八大以来，随着社会经济向高质量发展，将历史文化街区保护融入城市现代生活，推动城市功能转型，提升城市活力，是在"遗产真实、风貌完整、生活存续"基本原则上的新要求。

　　北京法源寺历史文化街区汇集唐辽古刹、会馆遗珍、文豪足迹、红色资源、胡同幽情等城市意象，见证了城市空间和城市文化的传承与变迁，具有突出的历史与文化价值。近年来，随着北京老城保护与复兴进程的推进，旧城面貌得以修复和翻新。作为老北京留存至今的活标本，法源寺历史文化街区的开发与保护为推动形成可复制、可推广的城市更新模式提供了案例和经验，学界展开了广泛探讨。在开发和保护策略方面，陈惠安等提出法源寺历史文化街区需要实施"保护性开发改造"[2] 的整体性观点；石亚军、李欣雅分别从人居环境科学视角[3]和新型城镇化[4]的视角出发，提出法源寺历史文化街区开发与保护的现存问题和解决方案；李春青等以法源寺历史文化街区内东莞会馆的更新为个案，为会馆遗产的保护与再利用贡献案例[5]；刘涓瑶论述了实施智慧化管理模式应用于法源寺历史文化街区的可行性[6]；王亦敏等通过微更新理论，为法源寺历史文化街区提出相应的更新策略[7]；唐然等阐述了文创产品的设计过程对营造地方感、建构地方性的积极意义[8]。在法源寺历史文化街区的价值与意义方面，许苗苗

---

[1] 赵中枢、兰伟杰：《历史文化名城保护体系相关概念的形成与演变》，《城市规划》2022年第S2期。
[2] 陈惠安、郭昊：《对历史街区开发与保护的反思——以北京法源寺地区为例》，《盐城工学院学报》（自然科学版）2013年第3期。
[3] 石亚军：《基于人居环境科学视角的建筑遗产保护研究——以北京法源寺为例》，《宁波保国寺大殿建成1000周年学术研讨会暨中国建筑史学分会2013年会论文集》，2013年。
[4] 李欣雅：《新型城镇化视角下城市文化资源发掘与利用》，《北京规划建设》2014年第1期。
[5] 李春青、戴菲菲、刘国刚：《北京法源寺历史街区东莞会馆建筑保护与再利用研究》，《遗产与保护研究》2018年第10期。
[6] 刘涓瑶：《历史文化街区智慧化管理模式研究——以北京法源寺历史文化街区为例》，《企业改革与管理》2022年第14期。
[7] 王亦敏、卢思：《北京法源寺历史街区微更新策略研究》，《艺术与设计（理论）》2022年第24期。
[8] 唐然、刘晴：《"地方感"的营建：北京法源寺历史街区文创产品设计实践与思考》，《装饰》2023年第11期。

通过都市研究的视角，探讨了"法源寺"的空间意义[1]；于潇关注到法源寺丁香诗会具有的历史与文化意义[2]；刘艺伟等聚焦法源寺历史文化街区的美学意义，认为其具有内在人文美和外在形态美的双重审美价值[3]。另有对法源寺历史文化街区内宗教文化、会馆文化、文人足迹的历史沿革、重点事件梳理和挖掘的研究成果[4]。可以说，当前对法源寺历史文化街区的研究涉及历史与当下、物质与精神、宏观与微观等不同层面。但是，从活化利用视角阐发法源寺历史文化街区文化资源的研究成果较少；在提升居民生活的物质条件后，法源寺历史文化街区将区内文化资源有机融入区内日常生活，丰富了居民的精神世界，营造了富含诗意的街区氛围，其经验做法和样本意义值得整合和探究。

"诗意地栖居"首见于荷尔德林（Friedrich Hölderlin）的诗作，经由海德格尔（Martin Heidegger）的哲学思考，被表述为"扎根于这里的人民几百年来未曾变化的生活的那种不可替代的大地的根基"[5]，可将其理解为"一种以大地为生存根基，同时又通过仰望天空而贯通大地与天空，从而体认并实现其本质的存在方式"[6]。亦如叶秀山所言："哲学可以'居住'在'概念''理论'里，但活生生的人必定要'居住'在'大地'上；人不能仅仅'哲学地'居住在'大地'上，也不能仅仅'物质'地存留在

---

[1] 许苗苗：《作为都市空间的法源寺——空间意义的生产与再创造》，《文化研究》2015年第1期。

[2] 于潇：《佛法与诗的相遇：从北京法源寺丁香诗会说起》，《中国宗教》2017年第4期。

[3] 刘艺伟、刘征：《北京老城"宣西——法源寺文化精华区"的美学分析》，《艺术教育》2019年第12期。

[4] 中田源次郎《法源寺考》（2013）、伊岚《"八指头陀"寄禅与北京法源寺》（2015）、庆心《法源寺寺额变迁考》（2021）等文章，对法源寺的历史沿革和重要事件进行梳理；常润华《论述浙江在北京的会馆》（2000）、孙冬虎《宣南历史文化三议》（2005）、吕红梅《二十世纪九十年代以来北京地区会馆研究评述》（2012）、白杰《北京会馆成因及其功能解构》（2014）等文章，分别对以法源寺街区内绍兴会馆为代表的浙人会馆、宣南会馆文化的整体状貌以及会馆研究的学术史进行概述；谢保杰《故都古刹与文人面影——民国作家与北京寺庙印象》（2007）、肖复兴《京城花事》（2015）、苏云萍《泰戈尔、法舫与北京法源寺的因缘》（2019）等文章，对法源寺的丁香花事、文豪足迹与文人诗会进行采写。

[5]［德］海德格尔：《人，诗意地栖居：超译海德格尔》，郜元宝译，北京时代华文书局2017年版，第97页。周宪等认为，海德格尔十分重视"诗性栖居"的本体论意义，并主张以此对抗常人流俗闲谈式的平庸生活，表明审美现代性对日常经验的否定的积极意义。叶秀山将这一命题的内涵概括为"人劳作地居住在大地上"。彭富春、吴予敏、龚刚等对此亦有解读。

[6] 龚刚：《马丁·海德格尔"诗意地栖居"误读剖析》，《外国语文论丛》第11辑。

'大地'上。"① 改善物质生活条件后，法源寺历史文化街区将区内宗教文化、会馆文化、文人文化、红色文化、市井文化有机融合，与海德格尔"诗意栖居"的论说存在共通之处。将二者结合，可以辩证地认识历史文化街区的物质文化建设与精神文明建设之关系；有助于理解法源寺历史文化街区立足文化记忆、创新改造形式、打造文化空间的活化策略。

二 以何复兴：立足记忆的法源寺历史文化街区

法源寺历史街区位于北京市西城区，街区东至菜市口大街，西至教子胡同，南至南横西街，北至法源寺后街，总面积达16.16公顷；区内建筑主要为四合院，共有238个院落单位；区内共包含烂缦胡同等五条胡同，保留明清的"竖胡同"街巷格局，与周边地区的"横胡同"形成对比，具有独特的区域风貌。近年来，老城复兴进入"有机更新的2.0新阶段"②，法源寺历史文化街区在完善街区功能的同时，注重挖掘街区文化，提升街区活力，取得一系列重要进展。

（一）法源寺历史文化街区的兴替

法源寺的历史可以追溯到周代。侯仁之认为，战国燕都蓟城遗址位于北京广安门内，而蓟城的中心地带大致位于现在的广安门地区。③ 基于这一论断，可知法源寺所处位置即处蓟城内部。唐代，蓟城成为幽州治所，是北方军事重镇。唐太宗为悼念东征高丽阵亡的将士，于此修建悯忠寺（今法源寺）；辽代升幽州为南京，南京城东城墙位于烂缦胡同一带，受城墙走向影响，街区逐渐形成平行城墙的"竖胡同"格局；金代改南京为中都，以原南京城为中心，向东、南、西三面扩建，街区地处南横街等城市干道沿线，交通区位优越；元代易中都为大都，以琼华岛为中心另建新城，原中都成为大都南城，街区整体位于核心城区外围；明代城市商业中

---

① 叶秀山：《何谓"人诗意地栖居在大地上"》，《读书》1995年第10期。
② 林楠：《法源设计之旅 街区参与式营造"我们的城市"》，《设计》2018年第22期。其中，"有机更新的2.0新阶段"聚焦的问题是：如何在不断变革和发展的内外部环境，找到适合不同街区的保护更新模式；如何真正在五大发展理念之下同步推进不同维度的老城保护和利用；如何在风貌保护、社会民生、经济发展的同时培养文化自信，形成不同街区的老城魅力与自我生长的持续力量；如何在科技变革中平衡自然生态赢得城市新一轮的胜利。
③ 侯仁之：《北京城的生命印记》，生活·读书·新知三联书店2009年版，第16—17页。

心向东南转移，商贾集中于南城，并在此开设会馆；清代推行旗民分治，南城成为汉人聚居地，宣武门外以士人、官宦为主，为仕宦聚集区。以士人文化、平民文化为主体的"宣南文化"应运而生，法源寺丁香诗会创设于这一时期；近代以来，法源寺历史文化街区内的粤东、浏阳、湖南等会馆成为旧民主主义革命和新民主主义革命重大事件的发生地。

中华人民共和国成立后，法源寺历史文化街区被列为北京市第二批历史文化保护区。随着城市的快速发展，法源寺历史文化街区与北京其他的历史文化街区都面临着建筑拥挤、设施陈旧等共性问题。2002年9月，《北京历史文化名城保护规划》将宣武区（现西城区）法源寺地区列为北京市第2批历史文化保护区，意味着法源寺地区的历史价值得到应有的重视。2008年，《宣武区法源寺历史文化保护区保护规划》出台，试图通过整合用地、疏散人口、修缮院落、更新设施，提高居民生活质量，从而弘扬法源寺历史文化街区的文化特质。

在旧城改造的背景下，有学者对法源寺历史文化街区展开调研，并对其中存在的问题进行分析。陈惠安、郭昊认为法源寺历史文化街区面临着建筑拥挤、设施陈旧、人心思离的现实困境[1]；陈庆红等认为，房屋设施老旧、人口结构老龄化是法源寺历史文化街区更新改造所需要面对的阻力[2]；法念真等还关注到街区内无证用地、违法建设、模糊产权关系、历史欠账的兑现等复杂问题[3]。据此可见，法源寺历史文化街区的更新既要解决生活环境差、配套设施旧、常住人口多、产权不明晰等在老城改造过程中普遍出现的问题，也不能忽视法源寺历史文化街区文化记忆遗失、居民精神生活匮乏、街区特色不够鲜明的突出问题。

（二）立足文化记忆的参与式营造

法源寺历史文化街区的营造始于对生活设施的更新、居住环境的改善，并在更新与改造的过程中，探索出了一条"立足文化记忆"的参与

---

[1] 陈惠安、郭昊：《对历史街区开发与保护的反思——以北京法源寺地区为例》，《盐城工学院学报》（自然科学版）2013年第3期。

[2] 陈庆红、王伟、庄秋澈、李忠英、董慧娟：《从北京老城大杂院到共生院的探索——以法源寺历史文化街区为例》，《城市建筑》2021年第6期。

[3] 法念真：《利益统筹视角下历史文化街区更新实施路径探索——以法源寺历史文化街区更新为例》，《住宅产业》2022年第Z1期。

式营造模式,在最大限度地保护街区生态风貌的同时,也留住了法源寺地区的文化记忆。2017年9月,《北京城市总体规划(2016年—2035年)》发布,明确提出推动老城整体保护与复兴,并确定了13片文化精华区,法源寺文保区被定位为"宣西—法源寺文化精华区"。同年,法源寺文保区城市保护更新项目正式立项;2018年,法源寺街区更新计划启动,为街区新建雨水、污水、电力、燃气等多条管线,实现了雨污分流,极大改善了街区的居住环境。此外,法源寺历史文化街区首次推出申请式腾退政策,即居民以个人自愿方式选择改善现有居住房屋,或在获得一定数额的补偿金后迁出四合院,迁入政府的共有产权新房,腾退的院落被改造为办公场所、人才公寓或作为面向公众开放的博物馆、研学基地。

值得关注的是,法源寺历史文化街区内还成立了"民意会客厅",在规划、施工等各个阶段,政府部门与施工单位都会邀请街区内的居民在此参与座谈,充分听取民意、民声,让居民参与到更新改造项目的每一个环节。这一实践不仅让居民有关法源寺地区的文化记忆得以保存,也推动了法源寺历史文化街区"立足文化记忆"参与式营造方式的形成。文化记忆是地方发展的精神载体,是历史文化街区的活化之基。2019年,习近平总书记在北京老城前门东区视察时,提出了"让城市留住记忆,让人们记住乡愁"[1]的工作要求。如何让街区的文化记忆重现并转化为民众对街区的情感,是老城复兴进入有机更新阶段后的重要任务。段义孚认为,个人生活的街道是自身亲切经验的主要来源,街区则是一个更大的概念化单位。"只有该单元有强烈的地方风情、视觉特征和清晰的边界时",在地者"利用对街区特定部分的直接经验或者据此进行推断"[2],个人对街道的感情才能扩散到更大的区域,对街区的洞察也会变得更加生动真实。

法源寺历史文化街区在立足街区文化记忆的基础上,通过整合文化资源、依托文化活动形式,提出的"参与式营造"老城更新模式富有创新性。在理论层面,"参与式营造"将民众需求作为切入点,以打造"公共服务品牌"和公益志愿服务为载体,促进街区内各主体间的资源连接,形成社会力量参与公共治理的新格局;实践层面,"参与式营造"立足于法

---

[1] 本书编写组编:《习近平的小康情怀》,人民出版社、新华出版社2022年版,第292页。
[2] [美]段义孚:《空间与地方——经验的视角》,王志标译,中国人民大学出版社2017年版,第141页。

源丁香、胡同幽情、宣南风物、会馆乡情等街区文化记忆的认识，将历史文化街区在地青少年儿童、社会志愿者作为主要受众，相继推出"小朋友眼中的四合院"绘画创作、儿童文保画展、胡同涂鸦墙创作、手工制作掐丝珐琅丁香花、"历史文化街区保护更新与利用"青少年城市探索研究班等多场精品活动。据统计，每场活动参与人数 30 人左右，累计参与活动的青少年约 150 人、文保区居民 200 人，累计观展人数达 1300 人以上。[①] 2023 年 9 月 26 日，第二届北京城市更新论坛表彰了入选该年度"北京城市更新最佳实践评选活动"的最佳实践，"法源寺文保区保护更新项目——烂缦胡同景观提升和试点院改造"成功入选。以法源寺历史文化街区组织的系列文化活动，让民众从生活实际出发，通过对街区某处地方、某种意象的挖掘，切实参与历史文化街区的营造，从而提升对街区文化记忆的认知与认同。

三 同声和鸣：法源寺历史街区多元包容的城市意象

《易传·系辞上》记载："书不尽言，言不尽意……圣人立象以尽意"[②]。"意"的规定不是纯客观的外物或抽象的主观情意，而是渗透了主体特定"意"的体验之"意象"，中国古典诗词中的"意象"建构出用语言无法描述的世界。凯文·林奇（Kevin Lynch）提出"城市意象"这一概念，"任何一个城市似乎都有一个共同的意象，它是由许多个别意象叠合而成"[③]。法源寺历史文化街区的有机更新，让其中蕴含的佛教文化、会馆文化、文人遗迹、文学想象、居民市井文化、近现代红色文化等诸多城市意象"浮出历史地表"。

（一）佛教文化

始建于唐代的悯忠寺（今法源寺）兼具历史底蕴和佛教色彩，散发着清幽禅意的文化气息，是街区的"标志物"。法源寺兴建于唐，历经宋、辽、金、元、明、清，直至现代，迭罹变故，迄无替绝。1956 年，中国佛

[①] 北京历史文化名城保护委员会办公室、北京城市规划学会：《北京历史文化名城保护优秀案例汇编集（2013 年—2022 年）》，北京，2022 年 7 月，第 131 页。

[②] （清）阮元：《周易·系辞上》，《十三经注疏》，中华书局 1980 年版，第 82 页。

[③] [美] 凯文·林奇：《城市意象》，方益萍、何晓军译，华夏出版社 2001 年版，第 7 页。

学院创办于此,以"教书育人,学修并重,爱国爱教,弘法利生"为教学指导方针,是培养现代僧伽和研究佛教文化的重要场所。1980年,中国佛教文物图书馆在此落成。此外,由于法源寺比邻七井胡同、西砖胡同、南半截胡同,使佛教文化与市井文化有机结合,形成了于生活中见禅意、于禅意中悟生活的文化气氛。

(二) 文人文化

法源寺以丁香花事闻名,明清两代文人在此处吟诗唱和,逐渐形成法源寺丁香诗会的风雅习俗与文人诗意的城市意象。1914年春,王闿运邀请在京名流齐聚法源寺赏花作诗,提升了法源寺丁香诗会的知名度与影响力。1924年,徐志摩与林徽因陪同印度诗人泰戈尔在法源寺欣赏丁香,泰戈尔还于此写下"那么多的花朵,那样的光芒、芳香和歌曲"[1]的诗句,这段往事也成为中印诗坛的佳话。之后,"丁香诗会"一度因战争中断。2002年,李金龙提出恢复"丁香诗会";同年,诗会如期举办,一举成为北京市十大创新文化品牌。2024年,泰戈尔访华100周年之际,"百年丁香诗会"亮相北京法源寺。主办单位联合高校共建丁香诗歌创作基地,发布诗旅路线,辐射周边文化地标,丰富历史文化底蕴。在营造诗歌文化盛宴的同时,打造"丁香诗会消费季",带动商业创新,以诗意文化激发消费热情,赓续了法源寺诗意文化传统。

(三) 会馆文化

法源寺历史文化街区拥有丰富的会馆资源。北京的会馆最早产生于明中期,多为接待士人应试的会馆,也具有为商人服务的功能。科举废除之后,演变为同乡会的驻地,成为在京联络同乡的场所;部分会馆还改为名人故居,为街区增添了庄重的文化气息,如烂缦胡同东莞会馆和济南十六邑馆,分别是抗清名将张家玉和清代水利专家嵇璜的故宅。白杰认为,会馆是"明清首都城市管理内在需要的产物,并以民间社会组织身份内化为城市功能的重要组成"[2]。可见,会馆是汇聚地方文化的城市文化意象,也是北京城市发展过程中的重要产物。2017年以来,法源寺历史文化街区更

---

[1] 苏云萍:《泰戈尔、法舫与北京法源寺的因缘》,《法音》2019年第4期。
[2] 白杰:《北京会馆成因及其功能解构》,《北京联合大学学报》(人文社会科学版)2014年第3期。

新项目为每个会馆都挂上导览名牌，使其成为市民与游客探寻北京会馆文化的"指路牌"。

（四）革命文化

晚清时期，革命先烈和文人名士活动于法源寺一带，周遭的会馆成为中国近现代革命的重要策源地。民族危亡之际，会馆成为知识分子的"根据地"。如戊戌变法前夕，维新人士将宣传册发往各省会馆；徐锡麟居住于绍兴会馆，并在此策划反清武装起义；新文化运动时期，陈独秀、李大钊、蔡元培、鲁迅都以会馆为中心开展革命活动。这些历史事件使得这一地区的会馆在"聚一乡一邑之人"的传统意义上，生发了革命的色彩。近年来，法源寺历史文化街区的红色资源被活化利用，如江宁郡馆成为牛街街道红色会客厅、湖南会馆成为爱国主义教育基地等。

（五）市井文化

养鸽子是老北京人的生活习俗。胡同中的居民往往在院内屋檐下，安置木箱，外设钢丝网作为鸽子笼。随着时代发展，原来的"鸽子笼"变成了"鸽子房"。这一类自发改建的"鸽子房"也被定义为"违章建筑"。但是，法源寺历史文化街区内的"鸽子房"经过精心设计的改造，成为烂缦胡同的打卡地。这不仅满足居民养鸽的需求，也保留了老北京人的习俗传统，还使其成为"民俗观赏地"。同时，街区的路面及其两旁步道被重新铺设，在改善居住环境的同时，促进了街区商业的发展，将传统市井文化与新兴商业结合，形成了新时代的市井文化。

（六）文艺作品构建的文学空间

文学与戏剧作品呈现的"法源寺"也是不可忽视的城市意象。2000年，李敖创作的小说《北京法源寺》将背景设定于此，以戊戌变法到辛亥革命前后为时间线，讲述了康有为、梁启超、谭嗣同等志士为维新变法做出的努力；2016年，田沁鑫据李敖同名小说改编的话剧在京上映，故事情节紧凑，活灵活现地还原出小说中赤胆忠心的人物形象；2019年，该剧作为"献礼新中国成立70周年"演出剧目亮相国家大剧院。文学作品与戏剧艺术使"法源寺"突破现实生活中的地域限制，以艺术符号的形式在想象世界不断延展，并为更多人所认识和了解。

同声和鸣的城市意象呈现出良好的互动关系。"同声"指的是不同城市意象发生在同一场域，彼此包容，和谐共生；"和鸣"则意味着这些城市意象和而不争，集中指向当下街区的精神文明建设。法源寺历史文化街区将生发于不同时期的城市意象兼收并蓄，层累地形成街区的历史文化底蕴，即海德格尔从存在主义视角阐发的"生存根基"，也是"诗意"的内涵所在。

四 回溯传统：法源寺历史文化街区的空间意义

法源寺历史文化街区多种文化意象的复合，推动了空间意义的产生。作为北京历史最为悠久的寺庙和全国唯一实现三级佛教学历教育的佛教院校，法源寺是著名的宗教空间；将宣南风流注入当下的市民文化生活的"花会""诗会"，使街区成为引领风尚的文化空间；街区内以湖南会馆为代表的革命资源，让法源寺历史文化街区具有红色空间的教育意义；文学作品与戏剧艺术对"北京法源寺"的建构，赋予它家国大义的使命感和历史意义，使之成为崇高的艺术空间。多重空间意义的有机复合，形成法源寺历史文化街区一体多面的空间形态。

"一体多面"空间形态的构建，得益于法源寺历史文化街区对可读性、可意象性、可见性等环境意象的利用和探索。林奇将"可读性"理解为"形状、颜色或是布局都有助于创造个性生动、结构鲜明、高度实用的环境意象"[1]。法源寺历史文化街区通过设计"街区印象香薰明信片"等文创产品、张贴"我在烂缦等你""缦邮文化生活季"等胡同标语，以及把改造前的老照片固定于改造后的同一位置，让居民和游客能够更为直观地感受到街区前后变化的行为方式，使街区面貌焕然一新，提升了街区的可读性；"可意象性"是"有形物体中蕴含的，对于任何观察者都很有可能唤起强烈意象的特性"[2]。法源寺历史文化街区精准捕捉到街区内的城市意象，借助举办"丁香诗会"、组织胡同涂鸦创作、策划街区游览路线等活动，化零散为系统，以项目式、线索式的活动形式推动街区的城市意象有机复合，让参加者沉浸式地感受到街区的历史底蕴与文化魅力；"可见性"

---

[1] ［美］凯文·林奇：《城市意象》，方益萍、何晓军译，华夏出版社2001年版，第7页。
[2] ［美］凯文·林奇：《城市意象》，方益萍、何晓军译，华夏出版社2001年版，第7页。

是街区精神文明建设的最高目标,强调的是"物体不只是被看见,而且是清晰、强烈地被感知"①。统观法源寺历史文化街区的活化利用策略,正是通过营造可读性、放大可意象性,生发"可见性"。可读性聚焦共时性,注重街区的平面形象是否适配当下的生活;可意象性侧重历时性,关注街区的历史演变及其衍生出的城市意象;而"可见性"通过聚合共时形象和历时形象,激发人们形成对所处街区的精神感知,这种感知既涵盖对过往岁月的回溯,也包括对街区当下与未来发展的想象,为法源寺历史文化街区这一空间赋予意义。

当下加速的现代化体验中,城市生活的现代性景观逐渐形成,民众在感受到急剧变化的生活带来的种种心理震荡时,不忘返身回到古代祈求传统引导,并热衷于为空间赋予传统意义。一座法源寺,半部中国史。以法源寺为标志物的历史文化街区,孕育了佛教文化、市井文化、会馆文化、文人文化、革命文化等多元城市意象,它们共同组成了街区的文化根脉、生存根基。现今的街区风貌、文化活动,也都基于对街区文化记忆的挖掘和阐释,是站在当下回溯过往的具象表现。法源寺历史文化街区以"凝练诗意—聚合诗意—传承诗意"为底层逻辑的活化利用策略回应了人们对传统、过去的精神需求,并以物质文化建设与精神文明建设并举的实际行为,为民众营造出富有诗意的宜居街区。

结　语

随着现代化城市景观逐渐覆盖原有的城市风貌,城市记忆也随之冲淡,民众较难感知到所在城市的底蕴与魅力。历史文化街区作为连通历史文化名城与历史建筑的枢纽,应该集中有效地统合街区内的文化意象,将其融入街区民众的日常生活中,达到聚沙成塔的建设效果,进而推动历史文化名城保护。这一语境下,法源寺历史文化街区"立足记忆—整合资源—倡导公众参与—形成立体文化空间"的活化策略,在保护风貌、改善民生、发展经济的同时,培养了街区的文化自信,形成自我生长的持续力量,回应了老城保护与复兴"有机更新"的新要求,也为其他历史文化街区的更新改造提供模版;此外,法源寺历史文化街区的活化策略强调对街

---

① [美]凯文·林奇:《城市意象》,方益萍、何晓军译,华夏出版社2001年版,第7页。

区历史根基的保护和传承,将其中蕴含的"诗意"创造性转化、创新性发展为当下区内民众精神生活的重要组成部分,这一想法具有前瞻性,值得进一步探索。

北京中轴线体育文化资源时空演变分析

周翰文　张宝秀　杜姗姗[*]

摘要：北京中轴线申遗背景下，体育文化资源未受到足够关注。作为首座"双奥城市"，体育是北京城市形象的关键部分。本研究对于北京中轴线的体育文化资源进行了系统性梳理与时空演变分析，不仅丰富了中轴线的文化多样性与历史叙事维度，而且对提升其世界文化遗产的申报价值提供一些借鉴。通过揭示体育文化从古代皇室专享到现代全民参与的转变过程，以及体育场所随城市扩张而北移的现象，为理解北京城市发展与体育文化共生演进提供了新视角。

关键词："北京中轴线；体育文化资源；时空演变"

引　言

近年来，北京市积极推动中轴线申报世界文化遗产工作，全球目光再次聚焦于这座历史悠久的城市脊梁。中轴线作为北京城的灵魂所在，不仅串联起众多举世瞩目的历史遗迹，更蕴藏着深厚的文化底蕴和民族记忆。北京作为世界上首座"双奥城市"，体育已经成为其不可或缺的城市名片，映射着中国体育事业蓬勃发展和迈向体育强国的坚定步伐。以往对于中轴

---

[*] 杜姗姗，北京联合大学应用文理学院副教授，研究方向：城乡规划。

线的研究更多侧重于其历史[①][②]、建筑[③]、空间[④]或文化价值[⑤]，却相对忽略了体育文化在这条千年轴线上留下的丰富足迹和独特贡献。

本文以此为契机，从体育文化的崭新视角出发，深入挖掘并系统梳理北京中轴线上的体育文化资源，探讨其在不同历史时期的空间分布、发展演变和对城市文化的影响。通过考察从古代皇家狩猎、骑射到现代国际体育赛事的演变历程，力求展现体育文化如何与中轴线的历史变迁交织共生，如何在传承与创新中塑造了北京城市形象和文化认同。通过对体育文化资源的研究，能够更好地认识体育与文化、体育与城市之间相互作用的机制，并为当前及未来的城市规划和文化发展提供参考。该研究将揭示体育文化在北京中轴线上的独特地位，同时也为文化遗产的保护与利用提供了实际的应用场景，使其在全球视野下更具代表性。

一　中轴线体育文化资源界定

（一）北京中轴线

北京中轴线（图1），作为北京古城规划的核心与灵魂，是中国古代都城设计思想的杰出代表，体现了中国古代城市规划的哲学理念与美学追求。中轴线的历史可追溯至元大都的规划之初，而"中轴线"这一命名则是由中国著名建筑学家梁思成先生在1951年首次明确提出的，这一名称精确概括了这条历史文脉的地理与文化核心地位。[⑥] 中轴线不仅塑造了老城严谨的对称美，也体现了古代追求天地人和谐的哲学观。紫禁城（今故宫博物院）、天安门、国家奥林匹克体育中心分别代表了中轴线规划建设的三个里程碑[⑦]，中轴线不仅作为展现古都风貌的地理标识，更是承载着

---

① 李路珂：《北京城市中轴线的历史研究》，《城市规划》2003年第4期。
② 李琛：《北京中轴线的历史变迁及其发展趋势》，《北京规划建设》2012年第2期。
③ 王南：《规矩方圆天地中轴——明清北京中轴线规划及标志性建筑设计构图比例探析》，《北京规划建设》2019年第1期。
④ 张宝秀、张妙弟、李欣雅：《北京中轴线的文化空间格局及其重构》，《北京联合大学学报》（人文社会科学版）2015年第2期。
⑤ 李建平：《北京中轴线的文化内涵》，《北京联合大学学报》（人文社会科学版）2020年第4期。
⑥ 张勃：《北京中轴线概念的提出及意义》，《北京社会科学》2022年第9期。
⑦ 侯仁之：《试论北京城市规划建设中的三个里程碑》，《北京联合大学学报》（人文社会科学版）2003年第1期。

文化，是一条穿越时空的文化脉络，映射出这座城市从历史底蕴到现代文明的辉煌。

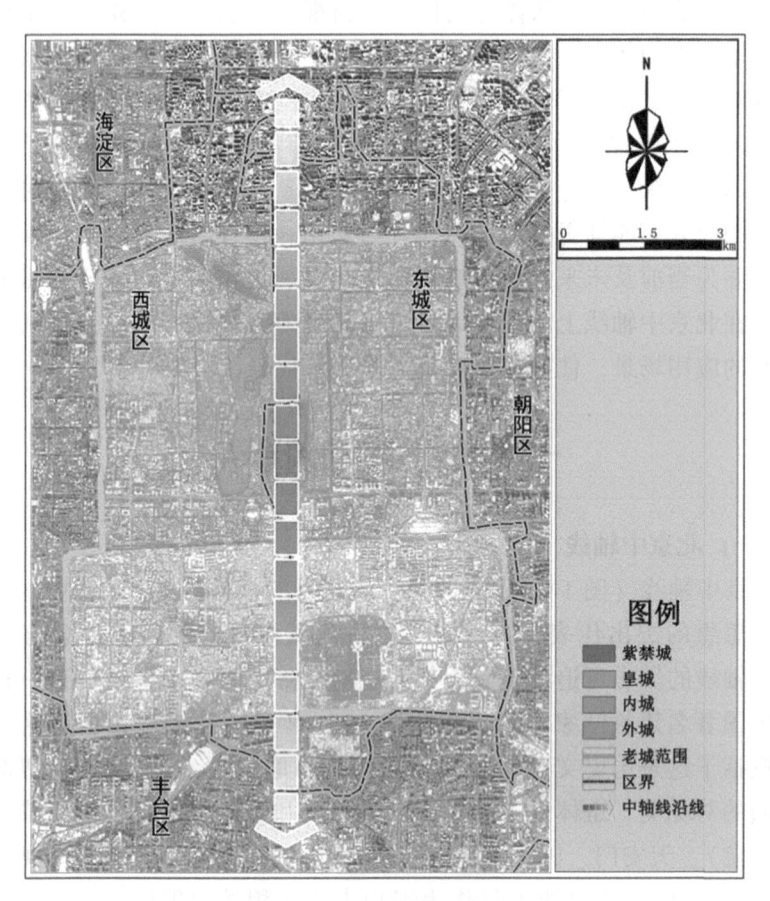

图 1　北京中轴线示意图

（二）体育文化资源

体育是一项涉及身心的综合性社会文化活动，它遵循人的生理和心理发展规律，利用各种锻炼和训练手段，旨在全面提升个人的身体素质、教育水平和运动技能。中国体育历史悠久，但"体育"却是一个外来词。它最早见于 20 世纪初，当时，我国有大批留学生东渡去日本求学，他们将"体育"一词引进到中国。

体育文化是体育活动中展现的特有文化面貌，体现于人们追求身心健康的过程中。通过竞技、娱乐和教育等方式，以身体活动和技巧展示出富含运动特色的文化内涵。[1] 体育文化的传播也是城市形象构建中重要的组成部分。[2] 本文所研究的体育文化资源正是指在人类社会历史发展过程中，围绕体育活动所创造、积累和传承的一切物质与精神财富的集合。[3]

北京中轴线体育文化资源是指位于北京中轴线及其沿线区域，以物质或非物质形态存在，与体育活动、体育精神、体育传统紧密关联，体现体育文化价值与功能的一系列资源要素。本研究所梳理的体育文化资源主要为具有一定历史文化意义的相关场所、活动或赛事。

（三）中轴线体育文化基础

作为城市空间的脊梁，中轴线承载着丰富的历史文化遗产，其实也蕴含着深厚的体育文化积淀。历史上的北京，作为多民族交融之地，燕赵文化与游牧文化的尚武传统在此留下了深刻的烙印。从元明清三代皇家的骑射打猎传统，到现代奥林匹克体育精神的展现，北京中轴线见证了体育与城市、体育与文化的深度融合。

元代的太液池、明代的西苑、清代的南苑，紫禁城的箭亭、中南海的紫光阁等都是古代皇家进行体育活动的场所，这些地点沿中轴线分布，构成了古代北京体育文化的重要组成部分。进入现代，北京作为中国的首都，承办了亚运会、奥运会、冬奥会等重大国际体育赛事，是目前唯一的双奥城市，奥体中心、鸟巢、水立方等现代体育建筑也成为中轴线上新的城市地标，每年从天安门出发到鸟巢的北京马拉松，起点和终点也都选在了中轴线上，也进一步丰富着中轴线的文化内涵。

二 北京中轴线体育文化发展

（一）历史上中轴线体育文化

古代北京中轴线上的体育文化在明清时期发展到巅峰，其主要围绕着

---

[1] 李艳翎、刘哲石：《体育文化建设的重要着力点与策略》，《湖南师范大学社会科学学报》2014年第1期。

[2] 李川、杨志俊：《体育文化传播与城市形象构建研究》，《西安体育学院学报》2013年第5期。

[3] 李海、徐剑、刘建国：《论体育文化对城市文化的提升作用》，《南京体育学院学报》（社会科学版）2013年第5期。

皇家的体育活动与地方传统娱乐而展开，通过查阅相关史料文献等记载，梳理出物质与非物质在内的 26 项，详见表 1。根据活动类型可大致分为冰上运动、骑射运动及摔跤等其他运动。

表 1　　　　　　　　　古代中轴线体育文化资源

类型		名称	年代	类型		名称	年代
活动场所	冰上运动	太液池	元	体育活动	冰上运动	冰床游玩	明
		庆霄楼	清			嬉冰表演	清
	骑射运动	南苑（南海子）	元			嬉冰"抢等"	清
		景山（北苑）	元			嬉冰"抢球"	清
		南顶马场	明			转龙射球	清
		黄寺北教场	明			打滑挞	清
		紫光阁	明		骑射运动	射兔	辽
		西苑	明			射柳	金
		箭亭	清			射草狗	元
		金鱼池一带	清			走马骑射	明
		沙子口一带	清			赛马	明
	其他运动	天桥市场	清		其他运动	抖空竹	明
						天桥摔跤	清
						蹴球（踢石球）	清

1. 冰上运动

冰上运动自古就是北京体育文化的重要组成部分。据《明宫史·金集》记载，明代时北京的冬季已盛行冰上活动，如拉拖床等，深受当时民间和宫廷人士喜爱。到了清代，冰上运动更是被统治者定为"国俗"，成为常设性的冬季体育项目——"冰嬉"。据《清朝文献通考》所述，清代宫廷每年会从八旗中精选数千名擅长滑冰的士兵，配以专门装备，在冬至后于瀛台等地举行冰嬉和射箭比赛，场面壮观，参与人数众多，充分体现了冰嬉在清代社会生活中的重要地位和影响力。

位于北京中轴线西侧的太液池，自古以来便是皇家园林"西苑"的核心组成部分，它覆盖了北海、中海与南海的广阔水域，承载着悠久的历史与丰富的文化传承。这片水域不仅是皇家休闲的胜地,更是中国古代冰上活动的璀璨舞台,尤其在明清时期,它见证了"冰嬉"这一传统国俗的辉煌,成为展现冰上运动魅力的中心。其体育活动包括明代的冰床游玩,清代的速度滑冰(抢等)、类似冰球的射球比赛(抢球)、技巧与力量并重的转龙射球,以及挑战勇气的打滑挞等活动。这些运动不仅展示了高超的冰上技艺,也是军事训练与民族文化交融的体现,相关记载可见于《日下旧闻考》《养吉斋丛录》等诸多古籍文献中。

庆霄楼坐落于太液池中琼华岛之上,其建于清乾隆三十八年(1773),楼体分为上下两层,设计巧妙,相传清乾隆帝每逢旧历十二月八日奉太后到这里观赏"冰嬉"。乾隆皇帝对此冰嬉活动颇为钟爱,并亲自题诗以纪,诗中提及的"冰鞋队在液池西,长至才过集健儿,踘蹴分棚旗八色,庆霄楼上看'冰嬉'"。

2. 骑射运动

北京的骑射运动传统源远流长,辽金时期,源自游牧民族的尚武精神,骑射作为军事与生活技能被高度重视,奠定了深厚的基础。明代承续此传统,骑射不仅限于军事演练,更成为皇室及民间春日里的消遣活动,如走马骑射,预示了赛马运动的兴起。至清代,骑射围猎达到鼎盛,不仅被皇室推崇,更广泛普及至民间,形成系统化的赛马、比武射箭等竞技项目,于京城各处设立赛马场,如永定门外南顶等,展现了从军事到体育娱乐的转变与融合。天坛外的金鱼池一带,每逢农历五月端五日,一般富家子弟在此跑车赛马,以显豪俊。后移于永定门外沙子口。

走马骑射作为一项独立于军事训练之外的民间体育娱乐活动,盛行于明代的北京。清代,在朝廷的积极推动下,骑射不仅成为王公贵族、旗兵的必修技能,并通过定期的比赛活动渗透至民间,使赛马从消遣行为转变为竞技性强的走马竞速与马术展示。北京因此涌现多处赛马场地,其中,永定门外南顶马场赛马期最长,春季至深秋;黄寺北教场马场马道最长,连接安定门和德胜门,这两个赛马场均位于中轴线沿线。

中轴线向南延伸至北京南苑(南海子),作为元、明、清三朝皇家骑射围猎的重地,其体育文化价值在历代史料中均有体现。元代虽记录零散,但从《元史》及文人诗作中可感受到骑射文化的普遍性。明代《明实录》《明宫史》详细记载了南苑狩猎活动的盛况,展示了活动的礼仪化发展。清代,尤其是乾隆时期,据《清实录》《大清会典》及《日下旧闻考》记载，南苑成为皇家狩猎与休憩的典范，反映出狩猎活动在该时期的巅峰状态及文化意涵的深化，乾隆帝的御制诗更添艺术色彩，共同勾勒出南苑骑射围猎跨越三个朝代的辉煌历史画卷。

此外，位于中轴线上的景山、紫禁城的箭亭、中南海的紫光阁等也是古代皇家游猎、比武和检阅士兵的场所。早在金代，景山被纳入皇家御苑，称为"北苑"，元代，改称"青山"，是皇室成员进行狩猎等户外活动的场所。明代称景山为"万岁山"，在其东北隅建设了殿台，供皇帝登高、赏花、射箭、饮宴，后清顺治十二年（1655）改为"景山"。箭亭，位于紫禁城内的建福宫区域，是明清两代皇帝进行射箭比武、展示骑射的场所，也是皇家子弟学习箭术、武艺的地方，有时还会举办盛大的射箭比赛，以彰显皇家的武勇和对传统骑射文化的重视。

3. 其他运动

除了冰嬉和骑射活动，古代北京的中轴线周边还活跃着诸多富含民俗风情的民间体育活动，如天桥的摔跤、抖空竹、踢石球等。

天桥摔跤，起源于中国古老的摔跤运动，清代时发展至高峰并形成"官跤"。清末以后，前宫廷摔跤高手在天桥地区开设跤馆，传授技艺，使得"官跤"转变为民间的"掼跤"。20世纪20年代，宝善林在天桥推广的掼跤以其独特的风格和表演形式，如灵活多变的动作、优美的体型展示、幽默的解说及结合中幡表演等，吸引了大量观众，确立了独特的掼跤文化。

抖空竹，是中国一项有着超过600年历史的传统体育活动，并在2006年被列为非物质文化遗产得到保护和传承。明代《帝京景物略》一书中就有空竹玩法和制作方法记述，明定陵亦有出土的文物为证。北京抖空竹历史悠久，有着深厚的群众基础和成熟的技巧体系，其代表如从天桥"撂地"卖艺到斩获国际大奖的"王氏空竹"。

蹴球（踢石球），作为另一项古老的北京民间体育活动，源自古代蹴鞠游戏，已被列入市级非遗代表性项目名录。蹴球游戏简便易行，只需简单的场地和器材，即可进行竞技，适合各年龄段人群参与。它融合了竞技性、娱乐性和观赏性，尤其受到满族群众的喜爱，体现了民族体育文化的独特韵味。

（二）近现代中轴线体育文化

北京的近现代体育文化发展大致可分为三个阶段，即从蓄力体育强国梦想到实现奥运伟业，再到全民运动蓬勃兴起的辉煌历程。北京作为国际大都市，中轴线上的现代体育文化资源丰富多彩。随着北京亚运会、奥运会和冬奥会的成功举办，崛起了众多现代化的体育场馆和设施，诸如北京马拉松等国际体育赛事也丰富着现代北京体育文化的内涵。研究梳理出中轴线现代体育文化资源23项，详见表2。

表2　　　　　　　　　近现代中轴线体育文化资源

类型	名称	类型	名称
体育院校	先农坛体校	运动场所及相关地标	熊猫环岛（已拆）
	什刹海体校		奥林匹克森林公园
体育场馆	先农坛体育场		奥林匹克公园
	国家奥林匹克体育中心		奥林匹克塔
	国家体育场（鸟巢）		北京奥运博物馆
	国家游泳中心（水立方）		北中轴线景观大道
	国家体育馆		元大都遗址公园
	国家速滑馆（冰丝带）		钟鼓楼文化广场
体育赛事	1990年亚运会		景山公园
	2008年奥运会		什刹海冰场
	2022年冬奥会		北海冰场
	北京马拉松		

1. 蓄力强国体育

民国时期，北京体育竞进会发起北部运动会，后称华北运动会。由于当时北京缺乏专用体育场地，首届赛事于1913年，在北京天坛公园斋宫以北的空地举行。随着北京广大体育工作者和赛会组织者的推动，北京市政府决定在明清两代皇家祭坛"先农坛"原址上修建公共体育场。[①] 先农坛体育场始建于1936年，初称"北平公共体育场"，是北京市修建最早的体育场，也是北京民国时期，乃至新中国成立初期仅有的大型公共体育场。在新中国成立初期，先农坛体育场成功举办了北京人民体育大会、北

---

① 白绍颐：《先农坛体育场的今昔》，《体育文化导刊》2004年第6期。

京市工人运动会等大型体育盛会,是北京市公共体育的发源地。1949 年后在此建立先农坛体校为国家培养了如马龙、王楚钦等世界冠军。

北京什刹海体校,创建于 1958 年,坐落于北京市中心的什刹海西岸,该校致力于青少年体育人才的培养,为国家输送了众多优秀运动员。据统计,该校已培养出 3000 多名杰出体育人才,其中有 38 人曾获得世界冠军的荣誉。体操名将马艳红、乒乓传奇张怡宁、女排队长冯坤、国际功夫巨星李连杰及甄子丹、吴京等影视明星均出自什刹海体校。其在促进体育事业发展、弘扬体育精神方面扮演着不可替代的角色。

2. 实现奥运伟业

为了迎接 1990 年北京亚运会,北京建立了多个重要的体育设施,其中最为显著的是国家奥林匹克体育中心。其位于中轴线北部延伸的东侧,是亚运会的主赛场之一,其包含多种体育设施的综合性体育园区,不仅满足了亚运会的需求,也为后续的国际体育赛事和市民体育活动提供了场所。

"熊猫环岛"是北京亚运会时代的一个标志性景点,位于中轴线北辰路和北土城东路交叉口,靠近奥林匹克体育中心。这一名称来源于环岛中央曾设有的一个以北京亚运会吉祥物熊猫"盼盼"为主题的雕塑。随着时间的推移,熊猫环岛在 2008 年北京奥运会前的城市规划中被改造,原有的环岛被拆除,取而代之的是一个地下通道和地面上的奥运主题景观,成为城市交通和奥运记忆的新节点。

为了迎接 2008 年夏季奥运会,北京在中轴线北端规划了奥林匹克公园,精心打造了多座世界级体育地标,包括国家体育场(鸟巢),其独特的钢结构设计不仅承载了奥运开闭幕式的辉煌,也成为国际建筑设计的里程碑;相邻的国家游泳中心(水立方),以创新的环保膜结构展现了科技与自然的和谐共生,成为绿色建筑的典范;以及国家体育馆,其"折扇"造型巧妙融入中国传统元素,为体操等室内赛事提供了兼具功能与美感的舞台。这些场馆不仅服务了夏季奥运,也成为北京的奥运文化遗产[①],促进了体育文化的传播与发展。

转至 2022 年冬奥会,北京延续并扩展了这一轴线上的体育场馆集群,特别是在奥林匹克森林公园西侧新建了国家速滑馆(冰丝带)。作为冬奥

---

① 孔繁敏:《人文奥运遗产与"人文北京"建设》,《北京联合大学学报》(人文社会科学版) 2009 年第 4 期。

会唯一新建的冰上竞技场，冰丝带以3360块曲面玻璃构成的"冰丝带"外观惊艳世界，不仅在技术上实现了亚洲最大的全冰面覆盖，更在设计美学上体现了中国对冬季运动设施建设的高超水平与创新追求。这一系列场馆的建设和升级，不仅为赛事提供了顶级硬件支持，而且进一步强化了北京作为全球体育盛事举办地的地位，深刻体现了城市规划与体育发展的和谐融合。

3. 全民运动兴起

北京的中轴线不仅是历史与现代交融的地标，也是全民健身热潮的活跃舞台。奥林匹克森林公园作为城市绿肺，坐落在中轴线北端，占地广阔，园内绿树成荫，湖泊清澈，为市民提供了跑步、健走等多种户外运动的理想环境。元大都城垣遗址公园沿着元朝都城北城墙遗迹而建，穿过中轴线，既保留了丰富的历史文化遗迹，又融入了现代体育设施，如健身步道、休闲广场等，满足不同年龄层的健身需求，使得休闲生活与历史文化体验完美结合。

北京中轴线上的全民健身不仅仅局限于特定场所，而且贯穿于城市的日常生活中。例如，紫禁城周边的筒子河区域、钟鼓楼间的小广场，早晨和傍晚时分常见居民慢跑、跳操、踢毽子或打太极拳，展现了一幅古今交融的生动画面。

每年举办的北京国际马拉松赛，不仅是一项体育盛事，更是全民参与、共享体育乐趣的平台。从天安门广场出发，在国家体育场冲线，巧妙地将起点和终点都放在了北京中轴线上，让跑者在挑战自我的同时，能够深切感受到北京壮丽景致和深厚文化，促进了体育与城市文化的深度融合。

三 北京中轴线体育文化资源时空演变特征

（一）空间格局演变

北京中轴线上的体育文化资源，随着时代的变迁展现出由南向北的空间演化特征。在古代（图2），尤其明、清时期，体育活动多集中于阜城周边，向北延伸至北城墙外的黄寺北教场，而向南，则可至皇家猎苑南海子。这一时期的体育空间布局，重心明显偏南，与皇权的中心位置相呼应，反映了古代体育文化与皇室生活的紧密联系。

迈入近现代（图3），随着北京城市化的发展，曾经的皇家御苑逐渐废除，现代建筑拔地而起。随着北京奥运会及冬奥会等国际体育赛事的相继举办，中轴线体育资源不再局限于旧城区域，而是向北延展，至现今的北五环地带。这一北延的过程，使北京中轴线上的体育文化资源重心整体北移。

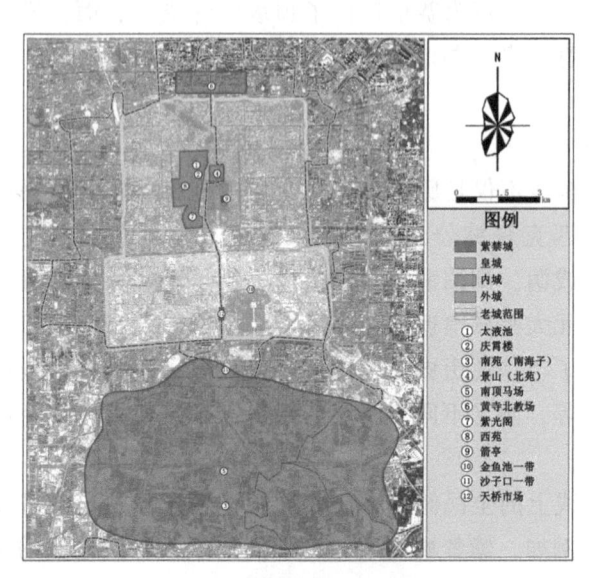

图 2　古代中轴线体育文化资源分布

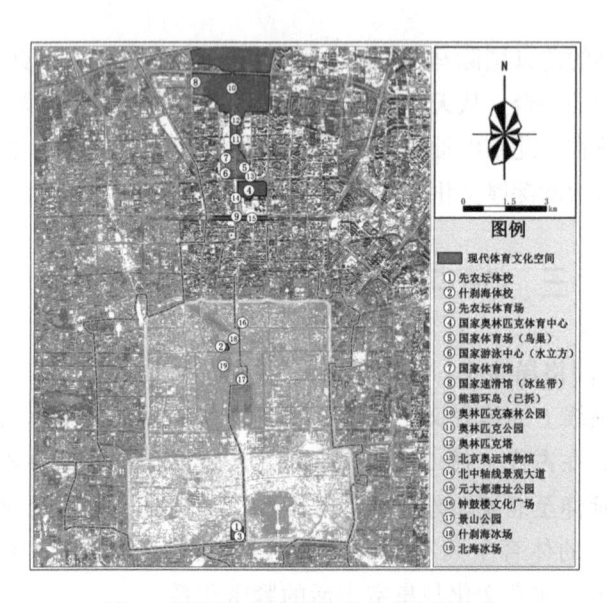

图 3　近现代中轴线体育文化资源分布

(二) 主体变化

主体的变化反映了体育活动从皇室专享到全民共享的深刻转变。在元明清时期，中轴线上的体育场所，如太液池的冰嬉、南苑的皇家狩猎以及箭亭的射艺演练等，皆是皇室成员专享的体育活动空间，它们不仅彰显了皇家的威严与权势，也体现了当时对于军事战备的重视，因而此时的体育场所带有浓厚的贵族色彩和礼仪性、军事性功能。

进入近现代，随着社会结构的转型和体育理念的普及，旧有的皇家禁地逐步开放，一些区域转变为公共体育场所和体育院校，随着国家对体育事业的重视和奥林匹克精神的引入，中轴线上的体育场所经历了根本性的革新。"鸟巢""水立方"等场馆的建立，成为现代体育精神与城市文化完美融合的典范。奥林匹克公园及周边的公共绿地、健身步道等，进一步推动了体育资源的大众化，使得无论是专业运动员还是普通民众，都能在这片古老而又充满活力的土地上享受运动的乐趣。

(三) 内涵变化

中轴线体育文化的内涵经历了从军事战备的庄严，到大国风采的展现，再到如今深入人心的大众健康与绿色生活理念的转变。

元明清时期，中轴线附近的体育活动关联着军事战备与国家礼仪。皇家狩猎、射箭比武不仅磨砺了皇族及士兵的武艺，强化了军事技能，同时也是一种权力与荣耀的展示，体现了封建社会对军事力量的崇尚及对秩序美的追求。冰嬉等活动，则为宫廷生活增添一抹亮色，成为尊贵与雅致的象征，反映了体育与艺术、礼仪的紧密结合。

步入近现代，体育成为展现国家实力、提升国际地位的重要途径。北京中轴线上的体育设施建设，象征着中国面向世界的开放姿态，体育成为国家形象和文化软实力的重要组成部分。

时至今日，北京中轴线体育文化资源的内涵再次拓展，更加注重体育的社会功能与个体福祉。随着人们生活水平的提高与健康意识的增强，体育活动逐渐转化为大众日常生活的一部分，不再局限于专业竞技层面，而是普及到了每一个市民的日常之中。体育在这里，成为连接过去与未来，促进人与自然和谐共生，实现个人全面发展的重要桥梁。

四 结 语

北京中轴线上的体育文化资源，如同一部跨越时空的史诗，诉说着这座城市从古代到现代的辉煌与变迁。从皇家御苑的庄重与神秘，到现代体育场馆的活力与开放，再到全民健身热潮的涌动与激情，这条线路不仅见证了中国体育事业的崛起，也映射出了中华民族从封闭走向开放、从落后走向复兴的壮丽历程。如今，这些资源已经融入城市的血脉，成为推动城市发展的重要力量，丰富市民的文化生活，提升城市的品质与形象，为这座古老而又现代的城市增添了一份独特的魅力与活力。

未来，随着体育事业的持续发展和城市文化的深度挖掘，北京中轴线上的体育文化资源将继续绽放出更加璀璨的光芒，为城市的繁荣与进步注入源源不断的动力。本文不仅有助于深化对北京中轴线文化内涵的理解，还能为北京的文化建设和城市发展提供新的思路和视角。通过对中轴线体育文化的挖掘和传播，可以进一步丰富北京的城市形象，提升城市的文化软实力。同时，这也为保护和传承非物质文化遗产，推动体育与文化的融合发展提供有益的借鉴和参考。

北京市新民主主义革命时期红色法治文化遗存研究：理论基础、现状分析和保护机制

李 驰[*]

摘要：近年来，红色法治文化遗存逐渐成为学界热词。北京市红色法治文化遗存整理与保护研究也应当提上日程。在此，以北京市新民主主义革命时期红色法治文化遗存为切入点，发掘和整理相关资源，并在现有经验基础上，研究北京市新民主主义革命时期红色法治文化遗存的理论基础、现实状况和保护机制，以充分发掘其理论与实践意义。

关键词：红色法治文化遗存；法治文化；北京市

引 言

当下，红色法治文化建设已成为社会热点。2020年中共中央印发《法治社会建设实施纲要（2020—2025年）》并指出："大力加强法治文化阵地建设，有效促进法治文化与传统文化、红色文化、地方文化、行业文化、企业文化融合发展。"① 2021年4月5日，中共中央办公厅、国务院办公厅发布《关于加强社会主义法治文化建设的意见》（以下简称《意见》）提出了红色法治文化的概念。《意见》指出："注重发掘、研究、保护共和国红色法治文化，传承红色法治基因，建设一批以红色法治文化

---

[*] 李驰，中国人民大学法学博士，现为中国政法大学人文学院法治文化研究所讲师，兼任北京市法学会中国法律文化研究会理事。
① 《中共中央印发法治社会建设实施纲要（2020—2025年）》，《人民日报》2020年12月8日第1版。

为主题的高质量法治宣传教育基地。"① 2021年6月15日,《中央宣传部、司法部关于开展法治宣传教育的第八个五年规划（2021—2025年）》（以下简称《八五规划》）指出："注重发掘、总结党在革命时期领导人民进行法治建设的光荣历史和成功实践,大力弘扬红色法治文化。探索建立红色法治文化遗存目录,明确保护责任,修缮相关设施,完善展陈内容。组织开展红色法治文化研究阐发、展示利用、宣传普及、传播交流等活动。建设一批以红色法治文化为主题的法治宣传教育基地。讲好红色法治故事,传承红色法治基因,教育引导全社会增强走中国特色社会主义法治道路的自信和自觉。"②《意见》和《八五规划》的颁布使得红色法治文化在政策落实和学术研究层面于2020年至2023年达到一个小高潮。

与之相应,有关红色法治文化遗存的理论与实践探索也正如火如荼地进行。例如,四川省司法厅制定了专门针对红色法治文化资源整理和保护的规范。2023年,四川省委依法治省办、省委宣传部、司法厅联合制定了《四川省红色法治文化遗存目录编制管理工作规范（试行）》（以下简称《工作规范》）。《工作规范》包含总则、组织申报、审查复核、调查评审、公开公布、管理保护、宣传传承和附则八个方面共三十二条。四川省司法厅已公布了两批《四川省红色法治文化遗存目录名单》,发掘和整理了20项红色法治文化遗存。又如,2023年,福建省公布了"首批红色法治文化遗存目录",龙岩市上杭县古田会议旧址（含共和国法治摇篮展览馆）、三明市建宁县中央苏区（反围剿纪念馆）、三明市永安市中央红军标语博物馆等9个单位获评。

北京市法治宣传教育工作也十分重视红色法治文化。2021年7月30日,中共北京市委、北京市人民政府转发《关于在全市开展法治宣传教育的第八个五年规划（2021—2025）》并明确指出要"加强红色法治文化的保护、宣传和传承"。③ 整理和保护红色法治文化在政策实践层面方兴未艾,在理论研讨层面有待充实。有鉴于此,研究北京市新民主主义革命时期红色法治文化遗存应当及时提上日程。

---

① 《中办国办发意见　加强社会主义法治文化建设》,《思想政治工作研究》2021年第4期。
② 《中央宣传部、司法部关于开展法治宣传教育的第八个五年规划（2021—2025年）》,《人民日报》2021年6月16日第1版。
③ 《关于在全市开展法治宣传教育的第八个五年规划（2021—2025年）》,《北京日报》2021年8月11日第4版。

一 理论基础

目前来看，法治文化的理论研究已逐渐步入成熟阶段，国内外学者对此主题皆有阐述。在国内，学界对法治文化的理论阐释日益成熟且逐渐系统化。李德顺、张文显、李林、何勤华、刘作翔、马长山、刘斌、龚廷泰、文兵、崔蕴华等学者围绕着法治文化的概念、体系和理论展开过分析，确定了其基本范畴，奠定了良好基础。[①] 虽然学界对法治文化的理论探讨已积累了不少成果，但大多没能区分讨论相关问题的具体语境，导致相关理论和政策所指不明，不利于展开后续相关工作。红色法治文化研究亦是如此。因此，只有先确定讨论"红色法治文化"概念的具体语境才能分析概念、探究原理、推动实践。

（一）理解北京市新民主主义革命时期红色法治文化遗存的政策语境

概言之，理解法治文化在当下至少有政策、学术和学科三种现实语境。在政策语境中，法治文化是法治宣传教育的一种形式，与"普法"重叠但又不完全等同[②]；在学术上是指从文化中研究法治，以法治构造文化的理论范式；在学科上是指部分高校自主设立的法学二级学科或交叉学科。[③] 遗憾的是，人们往往将法治文化的政策、学术和学科内涵混为一谈，导致至今人们对"法治文化"无法达成共识。围绕法治文化所产生的许多疑问都与没有区分其使用语境有关。

多数时候，人们是在政策而非其学术、学科语境中谈及"法治文化"。

[①] 李德顺：《法治文化论纲》，《中国政法大学学报》2007年第1期。张文显：《法治的文化内涵——法治中国的文化建构》，《吉林大学社会科学学报》2015年第4期。李林：《社会主义法治文化概念的几个问题》，《北京联合大学学报》（人文社会科学版）2012年第2期。常锋：《开启社会主义法治文化新征程——访华东政法大学教授何勤华》，《人民检察》2017年第21期。刘作翔：《法治文化的几个理论问题》，《法学论坛》2012年第1期。马长山：《法治文化视野下公民精神和品格的"自觉性生态"转型》，《新疆师范大学学报》（哲学社会科学版）2015年第3期。刘斌：《中国当代法治文化的研究范畴》，《中国政法大学学报》2009年第6期。龚廷泰：《法治文化的认同：概念、意义、肌理与路径》，《法制与社会发展》2014年第4期。文兵：《法治是实现"中国梦"的一个平台，文化需要法治来塑造》，《中国政法大学学报》2014年第1期。崔蕴华：《新时期以来法治文化的研究视域与中国语境》，《中国政法大学学报》2020年第2期。

[②] 李驰：《政策语境中法治文化的理论内涵》，《上海法学研究》2023年第2期。

[③] 李驰：《法治文化学科发展：历史、现状与未来》，《中国法学教育研究》2023年第2期。

所谓"政策"是指"国家、政党为实现一定的目标所规定的具体行动纲领和准则"。① 本文所称的"政策语境"是与法治文化相关政策性文件的内容，以及围绕这些文件产生的理论与实践话语。在政策语境中，"法治文化"应被看作法治宣传教育在政策上的最新表达。这是因为，"法治文化"最早出现在法治宣传教育"四五"规划后期，并在《六五规划》文件中正式亮相。一直以来，"法治文化"都被一线司法行政工作者看作是法治宣传教育的一种重要形式，并认为其形式和内涵基本与"普法"相同。② 但是，已有研究成果尚未能充分认识到"法治文化"的政策意义，更没能指出法治文化与法治宣传教育在政策上的紧密关系。这是因为，研究者们往往错把政策意义上的"法治文化"看作是学术意义上"法律文化"的升级，混淆了两个概念的具体语境，导致已有研究大多没能讨论法治文化与法治宣传教育在政策上的关系。此外，人们对法治文化与法律史、法学理论关系的讨论属于是学科建设范畴，不能将其与政策语境中的法治文化混淆。

表1　　　　　　　　　不同语境中"法治文化"的相关概念

	概念	语境	不同语境中与"法治文化"最相关的概念
1	"法治文化"	政策	"普法"、法治宣传教育、公共法律服务、国家治理
2		学术	法律文化
3		学科	法律史、法学理论

与之法治文化相应，理解红色法治文化也应区分语境。由于红色法治文化是一个来源政策语境的新概念，所以仍应将之放在政策语境中加以理解。特别是，一些与之相关的概念只能在政策语境中被理解。例如，面对如何理解"红色法源"就是区分不同语境的重要例子。在学术层面，"法源"是法律渊源的简称，是指司法裁判依据的来源。③ 与之不同，在政策语境中"法源"另有所指。"红色法源"是指红色法治的源头。例如，福建省宁德市古田县建立了"共和国红色法源"展览馆。这里所称的"红色法源"是指古田是"共和国法治孕育地"。相应展品包括最早的《土地

---

① 中国百科大辞典编委会：《中国百科大辞典》，华夏出版社1990年版，第163页。
② 李驰：《政策语境中法治文化的理论内涵》，《上海法学研究》2023年第2期。
③ 雷磊：《法律渊源、法律论证与法治》，《社会科学战线》2023年第1期。

法》《裁判条例》《婚姻法》《苏维埃组织法》等立法文件在内的法治文物，都是见证古田在中国红色法治史上地位的精神和物质资源。①

（二）北京市新民主主义革命时期红色法治文化遗存的基本内涵

在确定理解"红色法治文化"的政策语境之后，为了深入讨论北京市新民主主义革命时期红色法治文化遗存相关问题，首先应当澄清有关概念，并对什么是"北京市新民主主义革命时期红色法治文化遗存"做出理论界定。

1. 红色法治文化的定义

根据现有政策文件要求和理论研究成果，对红色法治文化做出如下概括：

其一，概念。红色法治文化是在中国共产党领导下中国人民在"五四运动"以来的新民主主义革命时期、社会主义革命和建设时期、改革开放和社会主义现代化建设新时期、中国特色社会主义新时代不同阶段追求社会主义现代法治过程中所形成的具有标识意义的精神或物质文化的内容和形式。值得注意的是，红色法治文化并不仅仅是过去的、历史的，而是处于流动中的，更是面向未来的。换言之，红色法治文化资源并不是"躺在博物馆"里的文物展品，而是生动地存在于现实中且将来还会不断被发展和创造的文化资源。

其二，特征。相较于其他法治文化概念，红色法治文化主要有时空和对象两种特征。一是时空特征。红色法治文化理论与实践对应的时间段是"五四运动"以来在中国共产党领导下的各个时期。"五四运动"以来的新民主主义革命时期、社会主义革命和建设时期、改革开放和社会主义现代化建设新时期、中国特色社会主义新时代都属于该范畴。红色法治文化的理论与实践研究的对象应集中这一时空。二是对象特征。法治文化的研究对象是，在中国共产党领导下全国人民在各个时期追求社会主义法治所取得的成就以及据此形成的标志性精神和物质载体。在整理和研究过程中，应特别突出这些载体中的法治因素，以与其他红色文化形式相区别。

其三，形式。综合既有相关政策，特别是在参考全国首份《工作规范》的基础上，可将红色法治文化分为物质和精神两大类：一是物质类红

---

① 全国普法办编：《"七五"普法规划实施报告》，法律出版社2021年版，第610页。

色法治文化资源。所谓物质类红色法治文化资源是指能够体现与红色法治文化主题相关且具有重大意义的物质实体。这类资源又可被分为可移动和不可移动两类：可移动物质类资源是指，重要法治事件和活动的文件、手稿、报刊、口述历史记录、回忆录等文献资料或实物；不可移动物质类资源是指，如重要法治事件和活动的旧址、遗址或场所，重要法治人物的故居、旧居、活动地、墓地、殉难地等纪念场所，反映中国共产党法治理念的碑刻、雕塑、标语、村规民约等历史遗迹。二是精神类红色法治文化资源。所谓精神类红色法治文化资源是指能够体现与红色法治主题相关且被充分提炼和论证过，对社会主义现代法治具有促进作用的法治典型事件、法治人物事迹、标志性法治精神等。如"黄克功事件""马锡五审判方式""枫桥经验"等都属于红色法治文化的精神资源。

2. 红色法治文化遗存的定义

综合相关理论与实践经验可得出，红色法治文化遗存的概念是，"五四运动"以来，中国共产党领导全国人民在新民主主义革命时期、社会主义革命和建设时期、改革开放和社会主义现代化建设新时期、中国特色社会主义新时代追求现代法治过程中形成的物质类遗存，包括可移动的法治事件和活动的文件、手稿、报刊等，不可移动的重要法治事件和活动旧址、遗址或场所，以及重要法治人物的故居、旧居、活动地、目的地、殉难地等纪念场所。

3. 北京市新民主主义革命时期红色法治文化遗存的定义

首先，时空定位。从时间上来看，相关研究应集中于新民主主义革命时期，该阶段历经"五四运动"和第一次国内革命战争、第二次国内革命战争、抗日战争、解放战争，历史内涵十分丰富。在该阶段，北京共产党人积极建构并推广了中国早期马克思主义法思想，取得了辉煌的历史成就，积累了丰富的红色法治资源。从空间上来看，由于北京市新民主主义革命时期红色法治文化遗存涉及历史上"北京"的概念，因而不得不对此进行梳理和界定。其中，尤其需要交代的是近代中国语境中"北京"的概念。这里要讨论的"北京"是指当下北京行政区域涵盖的地理范围，在新民主主义革命时期，这一范围与当时作为行政区划的"北京"或"北平"重叠，也包括在其周边但不归属于当时"北京"管辖的如昌平、宛平、房山等"平郊"地区。当然，这些地区今天大部分归属于北京市行政区划内。

其次，对象特征。北京市新民主主义革命时期红色法治文化遗存研究的对象是，在中国共产党领导下北京地区人民追求社会主义现代法治过程中遗留至今的物质类见证，包括可移动的法治事件和活动的文件、手稿、报刊等，不可移动的重要法治事件和活动旧址、遗址或场所，以及重要法治人物的故居、旧居、活动地、目的地、殉难地等纪念场所。

最后，概念内涵。综合来看，北京市新民主主义革命时期红色法治文化遗存是指，在现北京市行政区域涵盖的范围内（包括新民主主义革命时期的北平及平郊地区），中国共产党领导人民追求现代法治过程中遗留至今且具有典型法治意义的物质类见证，包括可移动和不可移动两类。

（三）整理和保护北京市新民主主义革命时期红色法治文化遗存的意义

概言之，整理和保护北京市新民主主义革命时期红色法治文化遗存的意义主要有三点。

其一，有助于向全社会提供公共红色法治文化产品。具体来说，一是利于完善对红色法治文化遗存的保护，能够使具有红色法治意义的历史遗存得到专门保护。二是利于建立以遗存为线索的北京新民主主义时期的法治建设叙事，能够借此展示该时期在中国共产党领导下北京人民取得的法治成就。三是利于依托遗存制作文化创意产品以扩大影响。在"博物馆热"的时代背景下，对遗存中符合传播规律的符号进行再次创作，将有助于扩大宣传，增强法治宣传教育的效果。

其二，有助于塑造和增强人们对党领导下社会主义法治建设的认同。红色法治文化最重要的任务之一是使人们高度认同党领导下的社会主义法治理念。自《一五规划》起，法治宣传教育的主要任务之一是塑造人们的法治观念（或法制观念）。1985年，《中共中央、国务院转发〈关于向全体公民基本普及法律常识的五年规划〉的通知》："切实增强领导干部和广大工作人员的法制观念，提高遵纪守法的自觉性。"[①] 之后，《六五规划》强调弘扬法治精神、《七五规划》强调要培育法治信仰都可看作是法治宣传教育塑造法治观念这一根本任务的延伸。由于在政策语境中法治文化是法治宣传教育的最新形式之一，故其自然也承担着其塑造人们法治观念的

---

① 《中共中央、国务院转发〈关于向全体公民基本普及法律常识的五年规划〉的通知》，《中华人民共和国国务院公报》1985年第36期。

基本职能。同样，红色法治文化也正承担着这一政策任务。与一般意义上的法治文化建设略有不同，红色法治文化的理论与实践工作更加强调"中国共产党领导"在全国人民追求社会主义现代法治中的基础性作用。那么，通过整理和保护北京市红色法治文化遗存将为人们增强对社会主义法治的理解和认同提供生动形象的例证。

其三，有助于塑造尊重法治的社会共识和风气。从目前法治文化建设相关政策动向来看，红色法治文化正在承担着更高的政策任务，延伸出了更为深刻的国家治理意义。这集中体现在《意见》所明确的"总体目标"中。《意见》指出："到2035年，基本形成与法治国家、法治政府、法治社会相适应，与中国特色社会主义法治体系相适应的社会主义法治文化，基本形成全社会办事依法、遇事找法、解决问题用法、化解矛盾靠法的法治环境"。① 这意味着法治文化的国家治理主要任务是构造一种"法治环境"，使全社会具有"办事依法、遇事找法、解决问题用法、化解矛盾靠法"的共识或风气。相比塑造和增强个人的法治观念、精神、信仰，"法治环境"是一种更为复杂的系统性工程，需要全社会的高度参与，凝聚国家治理的全部力量共同解决。其中，红色法治文化是法治文化中最具代表性的方向，能为法治"一体建设"提供最具中国特色的理论和实践支撑。红色法治文化强调的是，法治建设应当是在中国共产党领导下建设社会主义现代法治，这种法治既不是完全来源于中国古代的法律文化，也不来源于西方的"法治文化"。红色法治文化将为构建中国式法治现代化提供最为丰富的本土给养。通过整理和保护北京市红色法治文化遗存将为法治文化履行这一职能提供丰富资源。

总之，整理和保护北京市新民主主义革命时期红色法治文化遗存，将有助于向全社会提供红色法治文化产品，并能够借此增强人们对社会主义法治理念的认同，也能够借此塑造全社会尊重法治的社会共识或风气。

二 现状分析

（一）理论现状

目前来看，北京市新民主主义革命时期红色法治文化遗存研究并不多

---

① 《中办国办印发意见　加强社会主义法治文化建设》，《思想政治工作研究》2021年第4期。

见，相关研究仍在起步阶段。这主要是因为：其一，建立专门的红色法治文化发展叙事线索较为困难。阐释北京市新民主主义革命时期红色法治文化遗存缺少连贯统一的叙事线索。当下，尚没有一种被人们广泛认可的北京民主主义法律史或法治史，无法将处于零散状态的理论与实践经验整合起来，导致挖掘和整理该时期红色法治文化遗存缺少"路线图"。[①] 其二，历史上新民主主义革命时期北京市红色法治建设困难重重。在新民主主义革命时期，北京主要在北洋政府、国民党反动政府和侵华日军的控制之下，党组织甚至一度遭到破坏，遗留自该时期的红色法治资源较少，这也决定了讨论新民主主义革命时期的红色法治文化遗存问题具有一定难度。相比起中央苏区、陕甘宁边区建立的相对比较健全的司法制度和相对比较完善的司法实践，在北京同时期能够称得上是"红色法治"的制度、事件、场所、活动相对较少。其三，受新民主主义革命时期中国共产党批判旧法制立场的影响。在北京新民主主义革命时期，中国共产党人更多是批判和破坏旧法制，并以此为中心阐释自己的法思想，而相对缺少建构性的论述，这就使得北京市范围内遗留自新民主主义革命时期的红色法治文化遗存较少。

（二）保护现状

由于目前缺少完善的理论支撑，北京市红色法治文化遗存保护在实践中也存在一些问题。最为显著的问题是，北京市尚缺乏专门的红色法治文化遗存保护机制。具体来说，目前尚未建立专门针对北京市红色法治文化遗存的遴选、法律和宣传机制。

其一，尚未能建立专门的遴选机制。以红色法治文化遗存的理论为视角进行检视，目前具有红色法治文化性质的遗存，大多集中在各级文物保护单位名单和爱国主义教育基地名单中，而缺少专门以红色法治文化为视角的保护机制，导致相关遗存的法治意义未能被充分发掘。例如，长辛店工人俱乐部旧址属于北京市文物保护单位。人们目前主要关注其在中国革命史上的关键意义，而较少谈及其在中国法律上的意义。实际上，长辛店工人俱乐部旧址在北京红色法治史上亦有重要地位。长辛店工人俱乐部旧

[①] 其他地区有专门法律史，为梳理历史线索、指导实践操作提供了便利。代表性著作有王立民：《上海法制史》，上海人民出版社2019年版。

址是1922年京汉铁路大罢工中中国共产党人领导"劳动立法运动"的重要物质见证。[①] 长辛店工人俱乐部旧址的红色法治意义之所以隐而不彰，正是因为缺少专门的遴选机制，致使那些具有法治因素的遗存没能以"红色法治文化遗存"的身份出现在人们的视野中。有鉴于此，建设专门的"红色法治文化遗存"遴选机制，将那些具有红色法治文化意义的遗存挑选出来并充分阐释其意义迫在眉睫。

其二，尚未能建立专门的法律机制。保护红色法治文化遗存最好的方式是立法。遗憾的是，截至目前，国内尚未有专门针对"红色法治文化"的地方性法律法规。仅有四川省司法厅发布的《四川省红色法治文化遗存目录编制管理工作规范（试行）》。目前已有的相关地方性法律法规主要是针对一般意义上的"红色文化"而制定的。像上海、福建、山东、山西等地方立法机关相继制定并发布了"红色文化保护条例"。上海市颁布了《上海市红色资源传承弘扬和保护利用条例》、福建省颁布了《福建省红色文化遗存保护条例》、山东省颁布了《山东省红色文化保护传承条例》、山西省颁布了《山西省红色文化遗址保护条例》，等等。为了更好地保护红色法治文化遗存，北京市应在参考既有相关地方性法规的基础上，并根据《中华人民共和国英雄烈士保护法》《中华人民共和国文物保护法》等上位法，制定专门的红色法治文化资源（遗存）保护地方性法律法规。

其三，尚未能建立专门的宣传机制。截至目前，对红色法治文化的宣传仍从属于红色文化宣传这一大的类别中，缺乏专门的宣传机制。这导致人们容易忽略在中国共产党领导下全国人民在新民主主义革命时期所取得的法治成就。例如，人们都知道双清别墅在中国新民主主义革命史上具有重要的政治意义，但却很少有人提及其具有的红色法治意义。实际上，双清别墅不但是和平解放北京过程中若干重要法律文本制定过程的重要"见证人"，更是党的领导人筹划新中国宪制安排的重要历史场所，其法治意义应当被予以充分重视和宣传。例如，1949年4月25日，中国人民革命军事委员会主席毛泽东、中国人民解放军总司令朱德在此颁布"约法八章"："（一）保护全体人民的生命财产；（二）保护一切公私学校、医院、文化教育机关、体育场所和其他一切公益事业；……（五）除怙恶不悛的战争罪犯及罪大恶极的反革命分子外，一律不加俘虏，不加逮捕，不加侮

---

① 宋柏主编：《北京现代革命史》，中国人民大学出版社1988年版，第44页。

辱；（六）一切散兵游勇，均应向当地人民解放军或人民政府报到；（七）有准备有步骤地废除农村的封建土地所有制；（八）保护外国侨民生命财产的安全。"① 这表明，在宣传红色文化时也应当将其中所蕴含的法治文化因素进行集中体现。

三 保护机制

鉴于目前北京市新民主主义革命时期红色法治文化遗存相关理论和实践存在一些问题，本文提出建立包括遴选、法律和宣传在内的保护机制，以保障未来相关建设能够起到应有效果。

（一）遴选机制

其一，遴选标准。遴选北京市新民主主义革命时期红色法治文化遗存主要有三个关键因素：第一，应能体现北京特色。应是能够代表北京新民主主义革命时期红色法治文化成就的遗存。第二，应能体现法治特点。北京市有关新民主主义革命时期的革命文化、红色文化相关资源较多，但真正能够体现红色法治文化特点的资源并不多见。有鉴于此，应当广泛发掘和整理北京市新民主主义革命时期的文化资源，遴选其中具有红色法治文化因素的遗存。主要有两种方法：一是持续挖掘专门的红色法治文化遗存，结合历史和理论视角，寻访被"忽略"或"遗漏"的红色法治文化遗存；二是诠释现有革命文化、红色文化遗存的法治意义，发掘其红色法治文化遗存的性质。例如，大多数现有革命遗址的简介都未言明其法治内涵及意义。相关工作者应当以法治为视角对其进行重述，使之能够兼有红色法治文化遗存的属性。第三，应具有典型性。作为中国共产党早期活动的重要城市，北京遗留下来了大量的红色法治文化遗存，包括大量的文书、器物、信件等，但不是所有遗存都需要成为人们加以关注的对象。应当从其中选取最为关键的、最具代表性的资源。这种遗存应当具有超越一般遗存的法治意义且具有较大影响力。

本文结合"全国法治宣传教育基地"名录、《北京市革命遗址通览》、

---

① 中共中央文献研究室编：《毛泽东年谱（1893—1949）》（下卷），中央文献出版社1993年版，第487页。

《北京革命史大事迹（1919—1949）》、《中国共产党法治大事记（1921年7月—2021年7月）》等文献并结合实地走访，初步草拟了第一批 10 处"北京市新民主主义革命时期红色法治文化遗存"名录。

表2　第一批北京新民主主义革命时期红色法治文化遗存分布情况（初步建议）

	名称	目前被收录的保护名录名称	红色法治意义
1	陈独秀故居（《新青年》编辑部旧址）	北京市文物保护单位	陈独秀是早期马克思主义传播的主力之一，《新青年》也是早期马克思主义法学传播的阵地
2	李大钊故居	北京市爱国主义教育基地	李大钊在此撰写了许多法学文章，产生了巨大的社会影响
3	北京大学红楼（中国共产党早期北京革命活动纪念馆）	全国重点文物保护单位、北京市爱国主义教育基地	北大红楼既是马克思主义法学在中国传播的阵地，也是中国共产党创立的根据地
4	"亢慕义斋"旧址	无	斋内藏有《国家与革命》等法学类著作，是马克思主义法学早期传播的历史见证
5	长辛店工人俱乐部旧址	北京市文物保护单位	邓中夏等人领导工人参与"劳动立法运动"的历史见证
6	毛泽东在京旧居（吉安所左巷毛泽东居住地/豆腐池胡同毛泽东居住地）	北京市文物保护单位/东城区文物保护单位	毛泽东早期法学思想形成的历史见证。在北京大学的经历，使毛泽东对旧法制的批判更加鞭辟入里
7	鲁迅故居（鲁迅纪念馆、新文化运动纪念馆）	全国重点保护文物/国家一级博物馆/全国重点文物保护单位	鲁迅在此居住期间创作的《复仇》《一个"罪犯"的自述》等具有法学意义的作品并参与指导"女师大风潮"。这些作品和事件都体现了鲁迅本人的正义观
8	国民会议促成会全国代表大会会址	无	中国共产党人参与推动实现民主政治的重要见证
9	昌宛县委、县政府驻地旧址	无	昌（平）宛（平）县是中国共产党在平郊建立的县级党组织和抗日民主政权。政权设有司法机关，是抗日战争时期北京地区红色法治实践的历史遗迹
10	双清别墅	北京市文物保护单位/北京市爱国主义教育基地/全国爱国主义教育示范基地	中共领导人筹划新中国宪制的重要历史场所

其二，遴选机构。由于法治宣传教育工作属于司法行政部门主管，所以建议以北京市市级司法行政机构为中心，协调组织相关资源，并适时成立"北京市新民主主义革命时期红色法治文化遗存利用和保护委员会"。委员会应由市级司法行政部门统一领导，由司法行政部门负责人，法学会

专家，科研机构从业人员、法院、检察院、监察委、公安部门工作人员，高校专家等社会各方面人员组成，定期举行会议负责北京市新民主主义革命时期红色法治文化遗存遴选、评定、公布等相关工作。委员会受市级司法行政部门委托行使职权，行使职权时受市级司法行政机关监督。委员会可下设各专业委员会，负责具体类别北京市新民主主义革命时期红色法治文化遗存的遴选、评定和公布工作。

其三，长效机制。北京市新民主主义革命时期红色法治文化遗存利用和保护机制的核心是确定哪些资源属于该范畴。为了对此进行确定，应当分两步走：第一，确定首批或两批"北京市新民主主义革命时期红色法治文化遗存"名单并公布。通过一至两批遗存名单，使人们知道什么是红色法治文化遗存，哪些应当是红色法治文化遗存，从而使"红色法治文化遗存"的概念内涵深入人心，为展开后续工作奠定基础。第二，在社会广泛接受红色法治文化遗存概念之时，充分调动社会参与，使全社会共同参与后续的遴选和确定环节。其主要有以下三部分：一是明确遴选标准并向社会开放申请；二是鼓励各单位按要求申报；三是组织专家委员会遴选、审核、发布遗存名单并定期更新名单。

（二）法律机制

保障红色法治文化遗存最重要的方式是立法。根据北京市红色法治文化遗存保护现状，可制定涵盖"红色法治文化遗存"在内的《北京市红色法治文化资源保护条例》（以下简称《条例》）。本文认为相关立法内容可分为如下几个部分：（1）总则：原则性地规定相关概念的法律内容以及相关工作的组织机制；（2）调查认定：具体规定相关红色法治文化遗存遴选、确认和宣传机制运转的组织和规则；（3）保护管理：明确规定相关遗存日常保护工作的方法和流程；（4）法律责任：明确规定相关法律主体在管理、参观、利用相关遗存中不当、违法、犯罪行为的法律后果。

（三）宣传机制

宣传北京市新民主主义革命时期红色法治文化遗存的相关工作应当是由党委领导，司法行政组织协调，集中相关各部门优势力量协同完成的法治宣传教育工作。《意见》指出，社会主义法治文化建设应当建立健全党委统一领导、政府主导实施、部门分工负责、社会力量积极参与的工作机制。中央全面依法治国委员会办公室和各地依法治省（市、县）委员会办公室加强统筹协调，司法行政部门具体负责日常工作。党委宣传、网信、法院、检察院、教育、财政、文化和旅游等部门要发挥职能作用，积极推进法治文化建设。具体到北京市，包括北京市红色法治文化资源在内的法治文化应当由北京市依法治国办公室统一协调，北京市市级司法行政系统（北京市司法局）负责具体工作，各区司法行政单位具体落实。此外，可充分结合现有博物馆、档案馆、纪念馆等文化机构，建立"北京市弘扬新民主主义革命时期红色法治文化遗存宣传单位"，以更好地宣传红色法治文化遗存的红色法治意义。

表3 北京市弘扬新民主主义革命时期红色法治文化遗存宣传单位（初步建议）

	名称	目前所属名录
1	中国法院博物馆	全国法治宣传教育基地
2	人民检察博物馆	全国法治宣传教育基地
3	中国警察博物馆	
4	中国律师博物馆	
5	中国政法大学钱端升纪念馆	
6	国家图书馆	
7	首都图书馆	
8	北京市档案馆	
9	长辛店二七纪念馆	
10	北京市税务博物馆	全国法治宣传教育基地
11	北京市全面从严治党警示教育基地	全国法治宣传教育基地
12	沈家本故居	全国法治宣传教育基地
13	中国政法大学	全国法治宣传教育基地
14	北京市安全生产实训基地	全国法治宣传教育基地
15	北京市民法宣传教育师范基地	全国法治宣传教育基地
16	中国共产党历史纪念馆	
17	新文化运动纪念馆	
18	北京法院院史馆	

结　语

虽然在政策语境中红色法治文化遗存已成为热门词汇，但在理论上对其内涵加以界定和讨论的研究成果尚不多见。为了更好地厘清其内涵并指导相应实践，应当首先在理论上澄清北京市新民主主义革命时期红色法治文化遗存的性质、概念、任务等相关问题。通过综合判断可知，北京市新民主主义革命时期红色法治文化遗存是指在新民主主义革命时期，在现北京市行政区域涵盖的范围内（包括新民主主义革命时期的北平及平郊地区），中国共产党领导人民追求现代法治过程中遗留至今且具有典型法治意义的物质类见证，包括可移动和不可移动两类。研究北京市新民主主义革命时期红色法治文化遗存的主要任务是使人们认同中国共产党领导下的社会主义现代法治理念。随着各地方对红色法治文化的重视，相信在不远的未来，其将成为法治宣传教育的最重要方向之一。

全国文化中心建设研究

北京市民感知的北京全国文化中心建设：内容方面与情感分析[*]

王晶鑫　刘伟中　张艳[**]

摘要： 北京全国文化中心建设和城市文化的发展不仅反映了北京作为首都的形象与地位，更关乎市民日常生活的需要，对市民生活满意度和幸福感、文化素质水平等具有重要意义。本文基于2023年3月开展的对北京全国文化中心建设成效评价的万份北京市民问卷调查数据，运用大语言模型（Qwen2-72b-Instruct）对市民近五年来对北京全国文化中心建设效果的感受文本，共3892条有效信息、7万余字进行方面级情感分析（Aspect-based sentiment analysis，ABSA），同时结合基于扎根理论的方法，对市民主观感受文本自下而上地进行编码分析。研究发现：北京市民感受文本集中在"社会主义核心价值观""幸福感""城市生活""城市文化氛围""环境改善"等24个方面。从情感分析来看，市民对北京全国文化中心的感受呈现出正向、积极的态度，持正面情绪的感受文本4805条，占比84.88%；持负面情绪的感受文本595条，占比10.51%；中立态度文本261条，占比4.61%。正面情绪文本主要表现在文化建设融入日常生活、贴近百姓，文化活动与设施供给丰富、满足不同群体多样化的文化需求，生态

---

[*] 本文是北京市社科基金决策咨询重点项目"北京全国文化中心建设成效评价与提升"（项目编号：20301AE2315）的阶段性研究成果。本文是北京联合大学北京学学生创新项目"公众对北京中轴线的空间感知与城市漫游路线规划研究"（项目编号：BJXJD-XSCXKT2024-03）的阶段性研究成果。

[**] 王晶鑫，北京联合大学地理学硕士研究生，研究方向：城市社会地理、时空行为研究。刘伟中，北京联合大学地理学硕士研究生，研究方向：城市社会地理、时空行为研究。张艳，北京联合大学北京学研究所教授，通讯作者，研究方向：城市社会地理、时空行为与规划研究。

环境改善与公园绿地建设等八个方面；负面情绪文本主要集中在城市建设过程中不接地气，"烟火气"少了，文化建设融入市民生活的程度不够，文化活动缺乏活力等六个方面。建议在今后的北京全国文化中心建设过程中要加强市民文化需求与政府文化建设之间的衔接；提升文化宣传传播的效果，增强文化国际影响力；深化社会主义核心价值观教育，提升市民文明素质。

关键词：北京全国文化中心建设；北京市民感受；大语言模型；文本分析；成效评价

一 引 言

北京全国文化中心建设和城市文化的发展不仅反映了北京作为首都的形象与地位，更关乎市民日常生活的需要，涉及休闲、教育等方面。文化活动和文化需求不仅是市民日常生活的关键组成，还显著影响着市民的生活满意度、幸福感以及文化素质水平。

自2017年北京开始建设全国文化中心以来，政府的重视程度不断提升，在文化建设、文化宣传、文化活动等方面实施了一系列重大举措。然而，市民感受到的文化建设往往存在偏差和滞后性。[①] 市民视角则对于认识北京全国文化中心建设成效和洞察未来优化提升方向提供自下而上、以人为本的重要视角。此外，随着北京城市化推进以及社会经济转型不断深入，市民工作学习及生活节奏不断加快、职住分离和长通勤持续增加，市民不断提升且愈发多样化的文化生活需求与城市文化资源时空配置制约的矛盾不断凸显。[②] 因此，从市民视角出发，比较不同市民对文化中心建设成效的感受，对识别当前北京全国文化中心建设成效和不足、挖掘未来建设重点方向、提高市民文化满意度和生活幸福感等具有重要价值。

已有关于北京全国文化中心建设成效评价的研究已开始通过评价指标体系构建和定量化的指数测算来进行评价。于丹以世界文化中心城市为参照，确定了以文化资源力、文化创新力、文化传播力、文化涵育力、文化凝聚力

[①] 石成城：《论政府、市场、市民社会在文化领域中的角色和职责——以英国政府在广播电视领域的调控政策为例》，《山东广播电视大学学报》2017年第4期。

[②] 李斐然、冯健、刘杰等：《基于活动类型的郊区大型居住区居民生活空间重构——以回龙观为例》，《人文地理》2013年第3期。

五个方面作为核心指标的评估体系，文化资源力的测度指标为文化遗产资源、文化人力资源、文化设施资源，文化创新力的测度指标为文化政策动力、文化资本活力、文化企业实力、文化经济体量，文化传播力的测度指标为城市文化品牌塑造、核心内容产品辐射和重大活动影响，文化涵育力的测度指标为投入、建设和效果三类指标，文化凝聚力的测度指标是国内吸引力和国际吸引力。[1] 卢明华等从历史文化名城保护、公共文化服务设施完善、首都特色文化创意产业三个方面构建了首都文化中心建设评估的指标体系，通过对人文生态建设、公共文化供给和文化旅游等指标的比较，提出北京全国文化中心建设在历史文化保护方面取得显著进步，而在公共文化设施、文化产业发展两个方面，对标世界文化中心城市仍存在明显不足。[2] 在建设路径及对策方面，王波强调了发展文化产业对全国文化中心建设的重要性[3]；在"推进全国文化中心建设，增强首都文化软实力"界别联组座谈会中提出推进北京全国文化中心建设过程中要加强北京与港澳台文化交流、推进博物馆之城建设、打造演艺之都，举全市之力做好首都文化这篇大文章[4]。

文化中心的建设成效并非仅体现在物质层面，更体现在北京市民和全国公众的实质参与和情感认同，从市民视角解读市民群体真实的文化需求和对政府文化建设的认可度对进一步建设北京全国文化中心具有重大意义。现有研究较少从市民视角关注北京全国文化中心建设的成效与不足，尤其对市民主观感受和评价的直接调查和内容分析更是缺乏。市民是城市文化的直接体验者和受益者，市民视角的研究有助于发现文化建设和治理中的不足，如文化设施的可达性、文化活动的参与门槛、文化服务的均等化问题等，从而为政策制定提供改进的方向。同时，北京作为全国超大城市的代表，人口结构复杂[5]，社会空间分异显著，不同市民在年龄、教育背景、就业行业、居住时长等方面的差别会影响其对北京全国文化中心建设的需求、感知与评价的差异[6]。因此，亟须对

---

[1] 于丹：《全国文化中心核心指标体系建构研究》，《前线》2019年第8期。
[2] 卢明华、朱婷、李国平：《基于国际比较视角的北京"四个中心"建设体检评估探索》，《地理科学》2021年第10期。
[3] 王波：《推进北京全国文化中心建设》，《北京观察》2023年第7期。
[4] 张涛：《推进全国文化中心建设》，《北京观察》2024年第2期。
[5] 宋志军、朱战强、郭治华等：《建国以来北京城乡人口变化的时空分析》，《经济地理》2015年第10期。
[6] 成志芬、郭予良、邓思宇等：《大运河（京津冀段）沿线传统村落村民对村落大运河文化认同的比较研究——以北京皇木厂、天津杨柳青、河北捷地村为例》，《北京联合大学学报》（人文社会科学版）2023年第5期。

市民视角下的主观评价进行研究，加强政府主导的文化建设与居民多样化需求间的衔接，推动文化建设与城市发展的良性互动，为北京全国文化中心建设提供新的改进方向。

综上所述，本文立足市民需求，首先自下而上将市民对近五年北京全国文化中心建设的感受进行编码，构建民众视角下文化中心的关键要素与深层结构，从需求侧提出当前建设存在的问题和未来建设的对策。

二 数据来源与研究方法

（一）研究数据与样本属性

研究数据源于 2023 年 3 月由北京联合大学北京学研究基地开展的"北京全国文化中心建设评价"的网络问卷调查中针对北京市民发放的万份问卷调查。其中，针对北京市民共发放万余份问卷，回收有效问卷 8701 份，有效率约为 79.8%。本文基于问卷调查中的开放性问题："过去五年，对北京全国文化中心建设的效果您有哪些感受？"经数据清理后，共获取有效评价文本共 3892 条，以此构建内容分析与情感评价的基础数据库。

（二）研究方法

本研究采用定性研究和定量研究相结合的方式，挖掘北京市民对近五年来北京全国文化中心建设感受的情感导向。

首先采用大语言模型（Qwen2-72b-Instruct）对市民的感受文本进行被评价对象的识别及其所对应的情感正负导向的评价。Qwen2-72b-Instruct 是阿里巴巴云自主研发的"通义千问"系列语言模型，该模型属于超大规模预训练语言模型类别，参数规模高达 720 亿，通过深度学习技术，尤其是基于 Transformer 架构的算法，在广泛而多样的文本语料上进行优化训练，可特别针对自然语言处理、对象识别、情感分析提供准确的结果。本研究对 3892 条感知文本的评价对象进行识别，共提取出 6888 条市民对北京全国文化中心建设感受中所提及的对象和情感信息，剔除无效文本后，供获取有效信息 5661 条。其次，基于扎根理论，对大语言模型识别出的对象自下而上进行编码分析，最终汇总为 24 个方面，并对北京市民的不同情感文本进行描述性分析。

三 结果分析

(一) 市民感受文本编码结果

采用扎根理论对北京市民关于北京全国文化中心建设的自下而上的认知进行深入编码与分析，旨在揭示市民视角下文化中心构建的关键要素与深层结构。编码结果将市民感受文本汇总为"社会主义核心价值观""幸福感""城市生活""城市文化氛围""环境改善""多元化文化需求""文化设施与文化空间""文化影响力""文化活动参与与文化消费"等24个方面，全面勾勒出北京文化中心建设的多元面向与社会民众的内在需求。

进一步将汇总的24个方面概括为"百姓文化需求""政府文化建设""幸福感""社会主义核心价值观""文化融入城市生活贴近百姓需求"五大部分，各部分之间相互联系，共同反映了市民认同的北京全国文化中心建设成效。"百姓文化需求"部分囊括了生态环境改善、文化氛围营造、文化活动与文化消费等，最直观地展现出北京市民层面对文化的需求。如图1所示，"政府文化建设"主要体现在对北京首都文化的建设、宣传传播、老城整体保护、三条文化带建设等，自上而下地从北京特色的文化、北京城市发展定位、北京文化的宣传传播入手，对北京全国文化中心建设起到引领示范作用。"百姓基层文化需求"和"政府文化建设"共同之处在于文化设施、文化服务的供给，文化基础设施配置和文化传播方面是否能够在不同区域之间形成平衡，文化发展对北京市民生活质量的影响等方面发挥作用，促进文化真正融入城市生活，更加贴近北京市民的真实需求。另外，"百姓文化需求"的满足会促进市民幸福感、安全感和获得感提升，主要体现在北京市民的文化参与，城市宜居、开放、包容，市民幸福指数提升等方面。"政府文化建设"基于文化建设的上层要求，借助官方手段传播北京特色文化，提升市民的文化自信和文化认同，培养市民的爱国精神，发挥引领示范作用，成为推动文化中心建设的精神动力。以上五个部分体现了市民各个层次感受之间的关联，形成了市民群体对北京全国文化中心建设成效感知的整体架构。

对5661条有效文本信息进行情感分析，并对结果进行统计后可知，总体上看，北京市民的感受文本中，持正面情绪感受文本4805条，占比

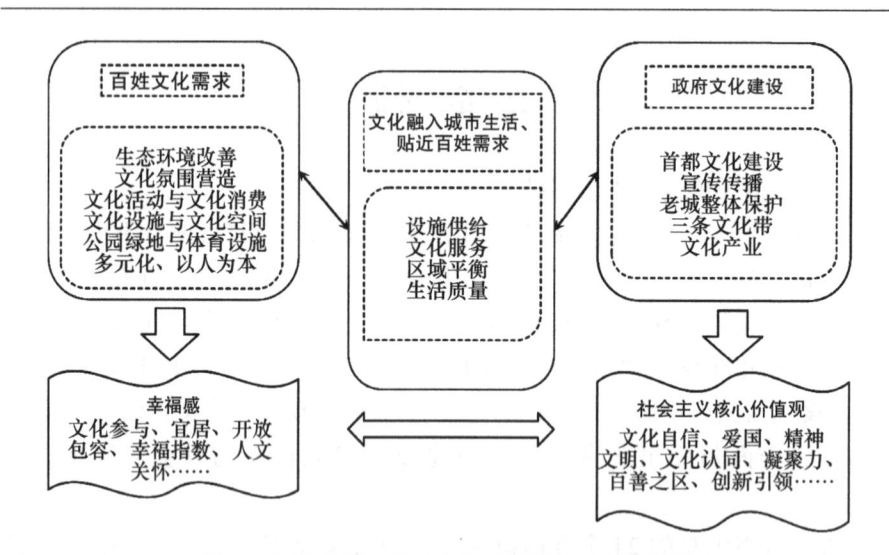

图 1 政府文化建设与市民文化需求的关系结构

84.88%；持负面情绪感受文本 595 条，占比 10.51%；持中立态度文本 261 条，占比 4.61%。说明北京市民对北京全国文化中心的感受呈现出正向、积极的态度。正面情感文本主要聚焦在"社会主义核心价值观""幸福感"和"城市生活"三个方面，其中"社会主义核心价值观"正向情感的文本数为 745 条，占比 15.50%；"幸福感"方面有 498 条，占比 10.36%；"城市生活"的文本条数为 451 条，占比 9.39%。负面情绪感受文本主要为"城市生活"和"文化活动参与与文化消费"两个方面，"城市生活"的负面情绪文本数量为 89 条，占比 14.96%；"文化活动参与与文化消费"的文本数量为 66 条，占比 11.09%。研究发现，正面情绪和负面情绪的感知文本都对"城市生活"方面的关注较高，说明相比于政府文化建设政策和精神文明建设，市民群体更多重视生活中文化的可接触性，关注文化建设是否能提高市民群体日常的生活水平和生活质量。

表 1　市民感知内容方面编码的情感分析

感知方面编码	正面	占比（%）	负面	占比（%）	中立	占比（%）	总计
社会主义核心价值观	745	15.50	56	9.41	36	13.79	837
幸福感	498	10.36	0	0.00	0	0.00	498

续表

感知方面编码	正面	占比(%)	负面	占比(%)	中立	占比(%)	总计
城市生活	451	9.39	89	14.96	34	13.03	574
城市文化氛围	390	8.12	10	1.68	2	0.77	402
环境改善	345	7.18	4	0.67	14	5.36	363
多元化文化需求	298	6.20	36	6.05	15	5.75	349
文化设施与文化空间	277	5.76	37	6.22	8	3.07	322
文化影响力	194	4.04	27	4.54	10	3.83	231
文化活动参与与文化消费	194	4.04	66	11.09	9	3.45	269
文化遗产	170	3.54	32	5.38	21	8.05	223
京味文化	161	3.35	34	5.71	13	4.98	208
自上而下政府推动	148	3.08	51	8.57	19	7.28	218
城市治理	125	2.60	16	2.69	9	3.45	150
贴近百姓	123	2.56	24	4.03	6	2.30	153
公园绿地与体育设施	120	2.50	6	1.01	3	1.15	129
宣传传播	118	2.46	26	4.37	12	4.60	156
古都文化	116	2.41	6	1.01	6	2.30	128
创新文化	82	1.71	6	1.01	6	2.30	94
文化产业	77	1.60	11	1.85	3	1.15	91
文旅融合	63	1.31	8	1.34	2	0.77	73
老城整体保护	49	1.02	5	0.84	10	3.83	64
红色文化	35	0.73	0	0.00	3	1.15	38
三条文化带	26	0.54	0	0.00	7	2.68	33
疫情影响	0	0	45	7.56	13	4.98	58
总计	4805	100	595	100	261	100	5661

综上所述，通过对北京市民关于北京全国文化中心建设的认知进行扎根理论分析，研究揭示了市民感知的北京全国文化中心建设的关键要素与深层结构，展现了文化中心建设的多个方面和民众的内在需求。情感分析显示，北京市民对全国文化中心建设持有84.88%的正面情绪，主要集中在社会主义核心价值观、幸福感与城市生活方面，体现了积极正面的态

度。市民群体认知和情感分析，共同反映市民对文化中心建设成效的认可。

（二）市民正面情感分析

市民对文化发展的满意程度受社会环境、个人需求、城市建设、生活经历等复杂因素影响。因此，本部分基于 Python 软件，调用 Matplotlib 模型针对市民感知的文本信息从正面和负面情绪两个方面绘制词云图，识别市民满意与不满意的主要内容，深入梳理影响市民对北京全国文化中心建设的满意度及其文化需求的脉络。正面情绪的内容主要包括八个方面：

（1）文化建设融入日常生活、贴近百姓

首先在贴近百姓生活方面（图 2a），"人民生活水平""日常生活""贴近民心"和"接地气"等词出现频率较高，市民们认为文化活动能够真正融入他们的日常生活中，参与文化活动也能够提高市民们的生活质量；"普通百姓参观机会"和"平民化的东西"说明文化设施、文化活动的准入门槛降低，全体市民群体都有机会参与到文化活动中来，文化活动向着更加平民化、亲民化的方向发展。

其次在关注城市生活方面（图 2b），关键词较为明显的是"生活""城市""街道"和"交通"等词汇，反映出市民对于文化中心建设的关注点在于公共文化服务和文化设施的供给，提高了日常生活水平，部分词汇与市民的休闲娱乐和社区生活相关，说明市民群体享受到了更好的休闲娱乐场所和社区环境。

(a) 贴近百姓生活　　　　　　(b) 关注城市生活

图 2　文化建设融入日常生活、贴近百姓

（2）文化活动与设施供给丰富、满足不同群体多样化的文化需求

在文化活动与消费方面（图3a），"体验""体验感"和"参与度"等词表明文化活动能够满足市民群体的需要，降低参与门槛，使得市民群体整个活动过程中的体验感和参与度都得到了提升，"文化演出""文创产品""演出"等词的出现侧面表现出文化活动和文化消费的种类增多，市民群体的可选择性增强。

在文化设施与空间方面（图3b），"博物馆""书店""展览"和"文化设施"等词汇的出现频率较高，一方面表现出在北京全国文化中心建设过程中，文化设施的可达性增强；另一方面也反映了政府对北京博物馆之城和书香京城在设施建设和宣传传播上所作出的成效。

在多元化的文化需求方面（图3c），词云图中出现了明显的地区差异，如"石景山的文化活动""副中心变化"等，人群年龄上的变化，如"对老年人的意义""遛娃去处""孩子在接受教育"等，活动形式的差异，如"公开讲座或活动""居委会组织的活动""社区活动"等，说明北京全国文化中心建设过程中能够满足不同地区市民群体的需要，文化服务对象涵盖各个年龄层，同时文化活动形式丰富多样，能够满足不同市民的需求。

在文化氛围方面（图3d），关键词较少，主要是"文化氛围""文化底蕴"和"文化气息"，反映了北京市民在全国文化中心建设过程中感受到了北京浓郁的文化氛围与文化底蕴。

（3）生态环境改善与公园绿地建设

在生态环境改善方面（图4a），关键词表现为"环境""绿地""绿化""城市环境"等，市民群体对生态环境建设的正面评价，反映了在北京全国文化中心建设过程中绿化率明显增加，成为更宜居的城市，增加了城市的美观和舒适度，提高了居民的生活水平和生活质量。

在公园绿地建设方面（图4b），"公园绿地""街心公园""公园"等词汇的出现频率高，说明城市休闲和运动的空间增多，为市民提供了良好的居住条件和休闲娱乐场所，"公园拆除了围栏""绿道普惠"等也说明了各种城市公园的可达性和可进入性提高，配合公园20分钟效应，公园绿地的增多也给了市民放松身心、远离城市喧嚣、亲近大自然的机会。

（4）政府推动文化建设与宣传传播、文化影响力显著提升

在政府推动文化建设方面（图5a），"重视""力度""规划"和"建设

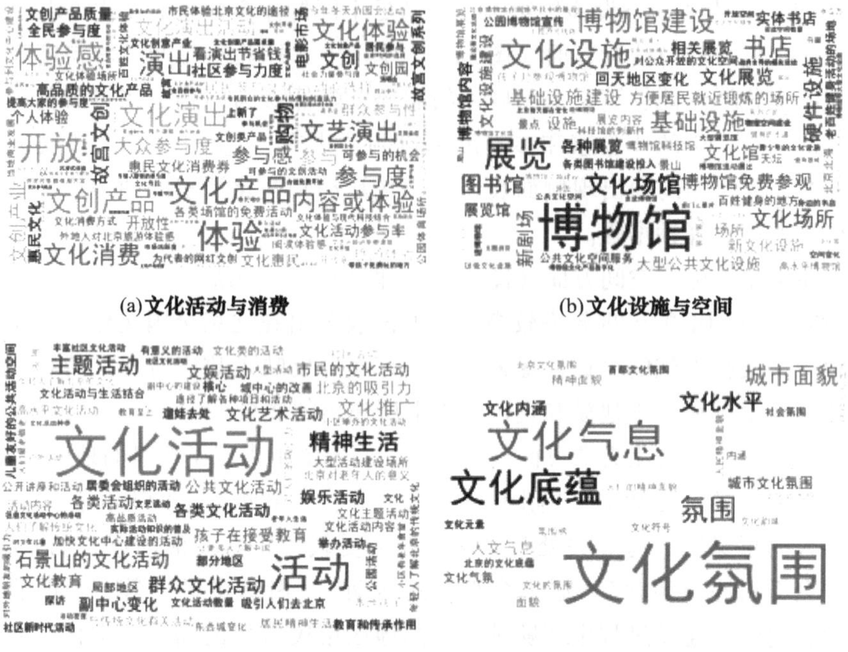

(a) 文化活动与消费　　　　　　　　(b) 文化设施与空间

(c) 多元化的文化需求　　　　　　　(d) 文化氛围

图3　文化活动与设施供给丰富、满足不同群体多样化的文化需求

(a) 生态环境改善　　　　　　　　　(b) 公园绿地建设

图4　生态环境改善与公园绿地建设

力度"等词汇出现较多,显示了政府对文化建设的关注和努力,反映了政府在制定相关政策、规划和投资时所采取的战略性措施促进城市文化的繁荣和发展;"领导力""政策导向""法制保障"等词汇体现了政府在文化建设过程中的主导作用,政府通过制定相关法律法规、提供财政支持以及引导社会

力量参与等方式，为文化建设提供了有力的支持和保障。

在宣传传播方面（图5b），"宣传力度""宣传""文化宣传"等词汇出现的频率较高，表明了政府的宣传传播活动在推广北京文化方面的重要性，增强本地居民对自身文化的认同感，同时"对外开放和国际交流""世界文化交流的中心"等都表明宣传传播的方式手段吸引了外来游客和国际友人关注并了解北京的历史文化和现代风貌，促进了跨文化交流与合作。

在文化影响力方面（图5c），"文化软实力""影响力"是核心词汇，强调了北京市在文化建设中增强了文化软实力，提升、丰富了国内民众精神文化生活，同时也表明了对国际社会的文化吸引力和感召力；"国际影响力"和"国际地位"的显著体现，说明市民感知的北京文化中心建设增强了国际社会对中国的了解和认同，也为中国文化的国际传播和交流搭建了重要平台。

(a)政府推动文化建设

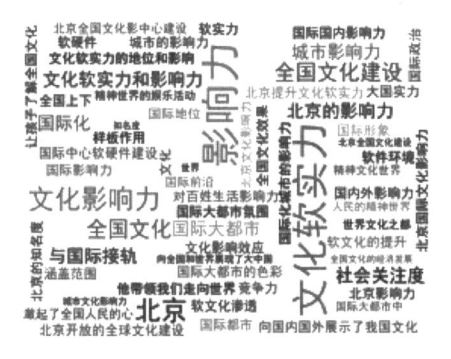

(b)宣传传播

(c)文化影响力

图5 政府推动文化建设与宣传传播、文化影响力显著提升

（5）历史与现代交相辉映、科技赋能文化建设取得成效

首都文化是一个集古都文化、京味文化、红色文化和创新文化于一体的有机整体，四个方面相辅相成、有机统一，共同塑造着北京的首都风范、古都风韵和时代风貌，构成了首都独特的精神标识。

市民群体正向情绪的感知文本中也可以归纳出"古都文化""京味文化""红色文化"和"创新文化"四个方面（图6a-d），古都文化主要体现在历史文化名城保护上，与其相关的保护体系、保护条例的制定得到了市民群体的称赞，在北京全国文化中心建设中，借助丰富的文化资源和历史遗迹，促进文化认同与国家民族凝聚，从而推动了地区发展与经济繁荣；在京味文化方面，高频词汇为"传统文化""文化传承""北京文化""老北京"等，体现出市民对北京特色地域文化的认可，相比于古都文化，京味文化更多表现为"老北京建筑""宣南文化"等具体的文化符号，细化了京味文化的物质载体和精神内涵，反映了市民群体对北京深厚文化底蕴的自豪感和归属感，表现出了市民对京味文化传承与发展成效的高度认

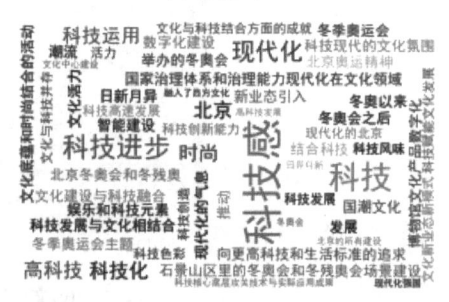

(a)古都文化　　　　　　　　　(b)京味文化

(c)红色文化　　　　　　　　　(d)创新文化

图6　历史与现代交相辉映、科技赋能文化建设取得成效

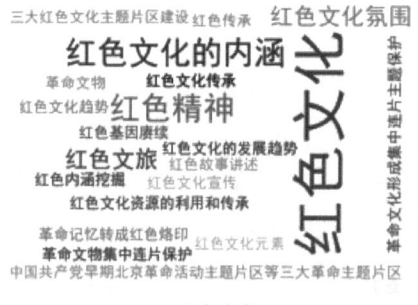

同；红色文化方面，"红色文化的内涵""红色文旅""红色精神"的出现次数较多，结合"革命文物""革命文化区"等词汇，能够表明在北京全国文化中心建设过程中能够利用现有的红色文化资源传播红色精神，实现对革命精神的传承，成为连接过去与现在、历史与未来的精神纽带；在创新文化层面，"科技感""科技进步""现代化"等出现的频率较高，表明北京市在文化中心建设中，积极探索并实践了文化与科技的深度融合，提升了文化产业的科技含量，促进了科技在文化领域的创新应用，为创新文化发展提供了强有力的技术支撑。

通过对古都文化、传统京味文化和革命红色文化的挖掘和创新，使其在新时代焕发出新的活力，真正形成了历史与现代交相辉映，科技创新推动文化建设的局面。

（6）市民对老城整体保护的感知评价

在老城整体保护中，老城主要指明清时期北京城护城河及其遗址以内的区域，即老城的核心地带，保护的对象为世界遗产、文物、历史建筑、革命史迹、历史文化街区、特色地区、地下文物埋藏区等，以及自然与人文景观如历史河湖水系、山水格局、历史街巷、传统地名等。因此，对市民感知文本中所提及的老城保护和文化遗产的保护利用可以整体看作对老城整体保护的感知。

在老城保护方面（图7a），"老城保护""古都风韵"表现出市民群体对老城作为历史文化遗产身份的认同和政府老城保护措施的认可，"中心城区旧城改造""故居恢复""老城街巷传统风貌"等词汇，表明在老城保护的同时，政府也推动了老城的现代化发展，推动其与现代生活的有机融合，实现老城的可持续发展；感知文本中也频繁提及了"中轴线"一词，表明了市民对中轴线是北京城市文化的重要符号和在北京老城保护中的核心地位的认可。

在文化遗产保护与利用方面（图7b），"古建筑""文物保护力度""文化遗产""老字号"等词出现的频率较高，说明在北京全国文化中心建设的过程中，市民群体对文化遗产价值的认识和文化认同感、自豪感得到了提升，"文化遗产保护""非遗传承""文创品牌增量""文化创意商品结合"等表明市民认同层面文化遗产的保护和活化利用，文化遗产能更好地融入现代文化中，而"非遗走进课堂""文化遗产的相关电视节目"等词的出现也说明了市民对媒体和教育创新宣传手段加强文化遗产宣传的认可。

(a) 老城保护 　　　　　　　　　(b) 文化遗产保护与利用

图 7　市民对老城整体保护的感知评价

（7）社会主义核心价值观引领、市民幸福感显著提升

社会主义核心价值观的引领和市民幸福感分别为政府文化建设和市民需求层面关注的重点内容，两者分别成为市民层面文化需求和政府层面文化建设的原因，同时随着北京全国文化中心的建设，也能提升市民的幸福感，丰富社会主义核心价值观的内涵。

在社会主义核心价值观引领上（图8a），"文化自信""祖国""自豪感"和"市民素质"等词汇出现的频率较高，表现出市民对北京文化乃至中国文化的高度认同和自豪感，是社会主义核心价值观的内在要求，说明在北京全国文化中心建设的过程中国家文化软实力的增强，"素质""市民素质"等则说明了市民群体行为举止和道德素养的提高，增强了外界对北京文化建设的认同感和好感度。

在市民幸福感方面（图8b），"幸福感""幸福指数""人民生活水平"等词的出现频率较高，说明了市民群体在物质和精神层面的满足程度较高，而"外来人口"和"退休人口的幸福指数"等也表现了对少数群体的日常生活的关注，在北京全国文化中心建设的过程中伴随着市民文化需求被满足，市民群体的生活水平、幸福感、安全感和获得感都得到提高。

（8）三条文化带建设、文化产业、文旅融合发展的感知相对较少

通过对文本信息的统计可知，在三条文化带建设、文化产业和文旅融合发展三个方面（图9a～c）相比于其他的内容来说，提及的次数较少，这可能与近年来政府部门宣传重心不足，市民参与程度不够有关。

三条文化带建设方面的关注点在"三山五园""大运河""长城"三

(a)社会主义核心价值观引领　　　　　　(b)市民幸福感

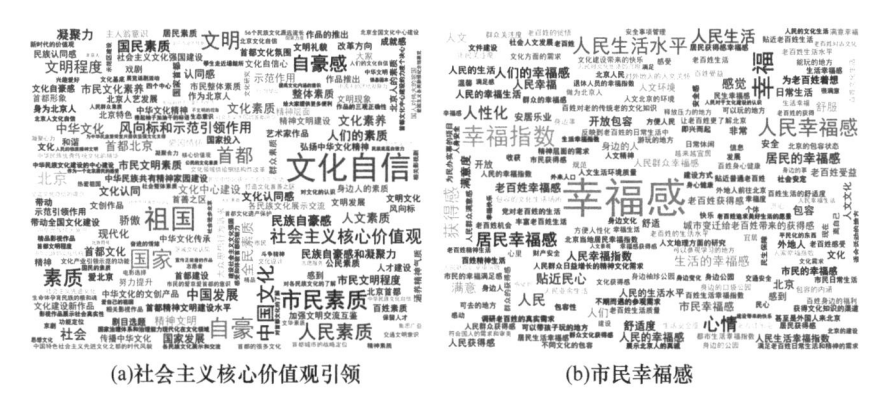

图8　社会主义核心价值观引领、市民幸福感显著提升

个方面，永定河文化带仅突出了三山五园，整体的关注程度较低。文化产业更多与"经济发展""经济建设"和"文创产品"相关联，说明了在北

(a)三条文化带建设　　　　　　(b)文化产业

(c)文旅融合发展

图9　三条文化带建设、文化产业、文旅融合发展

京全国文化中心建设的过程中市民群体认同文化产业对经济发展的促进作用。从文旅融合上来看，北京的文化与各个景点之间联系紧密，因此在近年来北京全国文化中心建设过程中的关注度不高，但因北京在文旅层面一直排在前列，因此较少的文本数量也能看出近年来北京各个景点的改进和努力得到了市民群体的认可。

综上所述，北京全国文化中心建设过程中，正面情绪文本表现在市民需求和政府建设两个层面。在个体层面，市民群体认为文化建设更加融入日常生活、贴近百姓生活；文化活动与设施供给丰富，能够满足不同群体多样化的文化需求；关注生态环境改善与公园绿地建设，从而提高了市民群体的生活质量，市民的幸福感、安全感和获得感得到了全方位的提升。在政府文化建设层面，政府发挥了社会主义核心价值观的引领作用，通过政府推动文化建设与宣传传播，使得北京的文化影响力显著提升；推行首都文化中的四个文化，形成了历史与现代交相辉映，科技赋能文化建设的格局；推动了市民群体对老城整体保护、三条文化带建设、文化产业、文旅融合的发展，加深了市民的认识。

（三）市民负面情感分析

在市民感知文本中，北京市民的负面情感很低，仅占文本总数的10.51%。从负面情感的词云图中可以发现（图10），相关词汇主要集中在疫情影响，政府的宣传力度与内容，文化的形式和口号与百姓感受体验的匹配程度，京味儿、烟火气、接地气以及市民群体的文明行为和道德素养等方面。

（1）城市"烟火气"少了，不接地气

首先，随着城市管理的加强，一些传统的生活设施如地摊、早市等被取缔或限制，给居民的日常购物、饮食等带来了不便。这种变化虽然提升了城市的整洁度和秩序感，但也让市民感到生活缺少了便利和亲切感。"大型展览馆、博物馆非常好，街道整洁了，但生活却不太方便了，如买菜等小事。"（2415号样本，50—59岁，女，朝阳区）"拆得管得没有烟火气了，取消了很多早市，生活不方便了。"（4768样本号，50—59岁，女性，海淀区）其次，北京作为历史文化名城，其独特的文化韵味和地方特色是吸引游客和居民的重要因素。然而，一些具有京味文化的元素如传统招牌、小吃店等逐渐消失，使得城市的文化特色逐渐淡化。"流于形式，华而不实，缺少人文气息，脱离群众。简单例子，看看街上门店的招牌就知道了，一水儿的印刷体，这很没文化！这样下去以后不会再有全聚德、同仁堂……这样有特色的招牌了。"（5220号样本，40—49岁，男性，通州区）

（2）文化建设融入市民生活的程度不够

首先，虽然绿地、博物馆等文化设施数量增加，但市民群体缺乏与日常生活紧密相关的配套设施，如路边休憩座椅、干净文明的公共厕所等，影响了市民的使用体验和满意度。"绿地增加了，博物馆增多了、休闲的人增多了、高龄人数增多了，急需路边休憩的座椅及体现文明行为的厕所、对养狗家庭的素质教育（随处狗粪太没素质）。"（2043号样本，50—59岁，女，丰台区）其次，部分市民认为文化建设过于宏观或表面化，缺乏与居民生活紧密相连的内容，市民群体希望文化除了文物的展示和高雅艺术的享受，而应更多地融入百姓的日常生活。"全国性感觉不强，文化应该不只是文物的陈列和介绍，书店设计得高大上，听不起的音乐会，应该更融入百姓生活，让百姓能随时随地去学习、接受，理解并逐步参与文化学习和参与传承的过程中。去过宁波科技馆，那儿的博物馆感觉更加以人为本，内容、形式、氛围都很好。"（7620号样本，30—39岁，女，大兴区）社区作为市民生活的重要场所，部分市民认为社区层面文化建设相对薄弱，文化活动主要面向退休人员，上班族和其他年龄段的群体参与度低，导致文化建设的影响力有限。"街头的特色文化宣传和地标性建筑有所增加，但是社区内的主要是退休人员参与，上班族体会不到。"（7447号样本，40—49岁，女，朝阳区）

（3）文化活动管治严，缺乏活力

北京因其特殊定位，文化活动受到较为严格的管治，文化活动强调了政治因素，而忽视了艺术性和文化本身的多样性，市场机制的作用相对有限，从而影响了北京文化活动创新性，在一定程度上表现为缺乏活力。"差异性仅体现在'北京'上。艺术/文化类相关活动不如上海/深圳更活跃、更开放，政治性太强。"（2228号样本，30—39岁，女，东城区）

（4）市民群体中存在不文明行为

北京全国文化中心建设过程中，市民群体中仍存在一些不文明行为，一方面表现在市民生活细节中表现出的素质低下，另一方面表现在交通秩序上，缺乏交通安全教育。这些问题不仅影响了城市的整体形象，还进一步阻碍了文化中心建设的深入推进。"各种硬件设施明显越来越多、越来越好。但人的素质有待提高、改善,随地吐痰,吵架,狗屎随地拉而且不清理,垃圾不认真分类,老北京排斥外地人,等等。"(4326号样本,50—59岁,女,东城区)"老年人代步车、共享单车以及行人不遵守交通规则,闯红灯颇多。"(4881号样本,40—49岁,男,东城区)

(5)文化场所对公众开放程度不够

首先,在北京全国文化中心建设过程中,部分市民认为文化场所的开放程度不足,一些文化场所政府投入大量资金进行修缮和保护,但投入参观和利用的程度很低。其次,也表现在部分文化设施如博物馆、展览馆存在开放时间短、预约困难的情况,也大大降低了该类文化场所对市民群体的开放程度,参与率降低。"很多文物建筑得到了腾退和保护,只是政府维护成本提高,需要破题。有些也没有完全对公众开放。"(2659号样本,40—49岁,女,丰台区)"部分文保单位进入难,普通老百姓还是没有参观机会。"(2883号样本,20—29岁,女,房山区)

(6)文化建设仍存在短板

首先,目前北京文化建设中仍存在短板,主要表现在精神文明创建、艺术文化创新和文化氛围的营造。在物质层面,北京对历史遗迹、文物瑰宝等事物的保护和活化利用效果显著,但在精神层面的提升,弘扬优秀的时代精神上略有缺陷。"文化建设应针对北京文化建设中的短板,而不是事倍功半地一味求长板。相比世界城市,社会精神面貌有不足。企业家精神,公民参与精神,文化包容度等皆为短板……"(9577号样本,50—59岁,男,朝阳区)其次,艺术产品的创作上缺乏创新,文创产品同质化现象较为严重;各种文化产品的艺术性不足,市民接触到的高水平的、内涵丰富的文化产品有限。"室外雕塑没有高水平的大师级别的。文创商品思路太窄。"(8419号样本,40—49岁,女,顺义区)最后,文化氛围的营造难以吸引年轻群体,需要进行多元文化的发展,激发文化创作的活力。"1. 硬件提升很明显,面子足了;2. 没有经典,没有大师,没有名著,大量曾经的经典消失,大量曾经的大师级人物集中去世,招摇过市的是抖音、头条、拼多多;3. 相比北京又红又专的文化建设方向,南方城市的文化氛围更吸引年轻人。"(8983号样本,50—59岁,男,通州区)

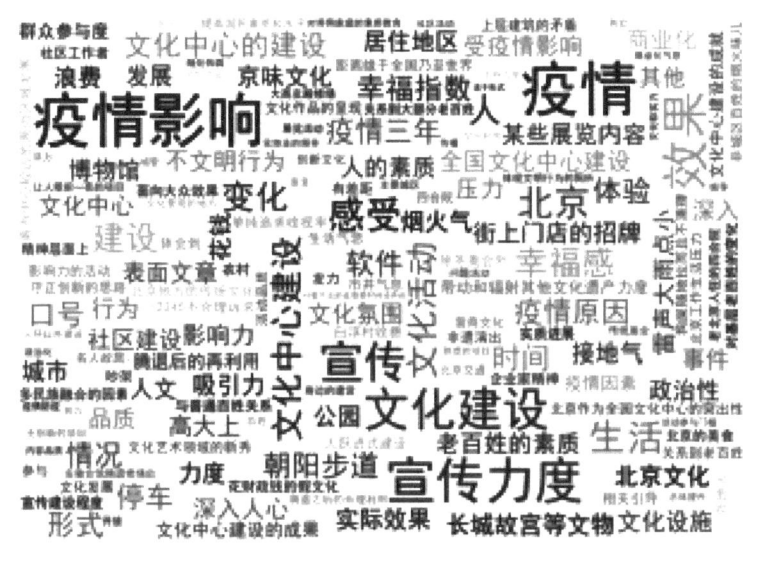

图 10 负面情感词云图

四 结论与建议

（一） 研究结论

本文通过定性和定量相结合的方法对北京全国文化中心建设过程中市民群体的感受文本的情感分析得出如下结论：

第一，北京市民感受文本集中"社会主义核心价值观""幸福感""城市生活""城市文化氛围""环境改善""多元化文化需求""文化设施与文化空间""文化影响力""文化活动参与与文化消费"等 24 个方面。深入挖掘 24 个方面，形成了以"百姓文化需求""政府文化建设""幸福感""社会主义核心价值观""文化融入城市生活贴近百姓需求"五个部分为主题的北京全国文化中心建设成效市民感知结构，各个部分层层相扣、联系紧密。

第二，北京市民对北京全国文化中心的感受呈现出正向、积极的态度。从情感分析来看，北京市民的感受文本中，持正面情绪感受文本 4805 条，占比 84.88%，集中在"社会主义核心价值观""幸福感"和"城市生活"三个方面；负面情绪感受文本 595 条，占比 10.51%；中立态度文本 261 条，占比 4.61%，集中在"城市生活"和"文化活动参与与文化消费"两个方面。

第三，北京全国文化中心建设过程中，正面情绪文本表现在市民需求和政府建设两个层面。在个体层面，市民群体认为文化建设更加融入日常生活、贴近百姓生活；文化活动与设施供给丰富，能够满足不同群体多样化的文化需求；关注生态环境改善与公园绿地建设，从而提高了市民群体的生活质量，市民的幸福感、安全感和获得感得到了全方位的提升。在政府文化建设层面，政府发挥了社会主义核心价值观的引领作用，通过政府推动文化建设与宣传传播，使得北京的文化影响力显著提升；推行首都文化中的四个文化，形成了历史与现代交相辉映，科技赋能文化建设的格局；推动了市民群体对老城整体保护、三条文化带建设、文化产业、文旅融合的发展，加深了市民的认识。

第四，对负面情绪感受文本分析可知，市民的负面评价主要源自百姓需求与政府供给不匹配，主要表现为城市建设过程中"烟火气"少了，不接地气；文化建设融入市民生活的程度不够；文化活动管治严，缺乏活力；市民群体中存在不文明行为；文化场所对公众开放程度不够；文化建设在精神文明创建、艺术文化创新和文化氛围的营造方面存在短板。因此，在北京全国文化中心建设进一步的发展中，要加强政府层面与市民层面沟通和联系，了解市民真实需求，以达到供需匹配。

(二) 建议

针对北京全国文化中心建设的成效及市民的情感分析，以下是三条具体的建议，旨在进一步提升文化中心建设的实效性和市民的满意度。

(1) 加强市民文化需求与政府文化建设之间的衔接

北京市民对文化中心建设成效的感知主要集中在城市生活、文化活动与消费、文化设施与文化空间等方面，建议政府进一步加强市民文化需求与政府文化建设的衔接，应通过持续的市民需求调研，深入了解不同年龄、教育背景、就业行业和居住时长的市民群体对文化设施、文化活动和文化消费的多样化需求。基于市民群体的需求，优化文化资源配置，提高文化设施的可达性和市民文化活动的参与度，确保文化建设真正贴近百姓生活，满足市民日益增长的文化需求。

(2) 提升文化宣传传播的效果，增强文化国际影响力

在北京全国文化中心建设过程中文化宣传和传播发挥了积极作用，因

此建议政府进一步提升文化传播效果，增强北京文化的国际影响力。具体措施包括加强文化品牌的塑造和推广，利用现代科技手段创新文化传播方式，如数字文化平台、社交媒体等，拓宽文化传播渠道。同时，加强与国际文化机构的合作，举办高水平的文化交流活动，提升北京文化在国际舞台上的知名度和美誉度。

（3）深化社会主义核心价值观教育，提升市民文明素质

政府应将社会主义核心价值观教育融入国民教育体系，使社会主义核心价值观深入人心；积极挖掘和宣传在践行社会主义核心价值观方面表现突出的个人和集体，树立先进典型，发挥榜样的示范引领作用。同时，通过对一些市民群体中存在的个别不文明行为和文化活动缺乏活力的反馈，建议加强市民文明素养教育，特别是在公共场合的行为规范、交通安全意识等方面的教育。

致谢：真心感谢北京联合大学区志源、李晓航硕士研究生在基于大语言模型的情感分析过程中提供的帮助。

大运河文化标识的居民感知及影响因素对比分析

——以北京老城大运河国家文化公园传统利用区为例

杜 峰 成志芬[*]

摘要：加强大运河（北京段）国家文化公园传统利用区居民对大运河文化标识的感知有利于更好地保护与传承大运河文化。本文以大运河（北京段）老城三个传统利用区——南新仓传统利用区、鼓楼西大街传统利用区、南锣鼓巷传统利用区为例，采用野外观察法、问卷调查法、统计分析法分析居民对三个传统利用区内大运河文化标识的感知情况、感知的影响因素。本文得出三个结论：首先，南新仓传统利用区、南锣鼓巷传统利用区和鼓楼西大街传统利用区三个区域在大运河文化标识的数量、类型和空间分布上呈现出显著差异。其次，三个传统利用区居民对大运河文化标识的整体感知水平相差不大，感知最好的是南新仓传统利用区，最差的是鼓楼西大街传统利用区，各个区域的居民对四个题目内容的感知存在差异。最后，影响三个区域受访者对大运河文化标识感知的个人属性因素不尽相同。共同的影响因素为居住地、职业、文化水平。影响各个传统利用区居民感知的正向因素和负向因素不相同。共同的正向影响因素为居住地，共同的负向影响因素为文化水平。

关键词：大运河；传统利用区；文化标识；居民感知；影响因素

---

[*] 杜峰，北京联合大学地理学2023级硕士研究生。成志芬，北京联合大学北京学研究所教授，通讯作者，研究方向：文化地理学、北京学。

一 引 言

（一）大运河国家文化公园传统利用区

2019年12月，中共中央办公厅、国务院办公厅印发《长城、大运河、长征国家文化公园建设方案》。大运河国家文化公园北京段是其中的重点段，该段的建设可以为其他省市、其他段的建设提供参考。[①] 2021年，北京市发布《北京市大运河国家文化公园建设保护规划》，提出"建设管控保护、主题展示、文旅融合、传统利用4类主体功能区"[②]。其中，传统利用区规划的重点任务是提取与合理植入大运河文化元素，提升大运河文化传播力度。大运河国家文化公园在北京老城共有三个传统利用区：南新仓传统利用区、南锣鼓巷传统利用区、鼓楼西大街传统利用区。

（二）文化标识

所谓标识，就是用来表明特征的记号或事物，表明事物的某种特征。[③]凯文·林奇（Kevin Lynch）的《城市意象》（*The Image of the City*），盖尔·戴博勒芬克（Gal Deborefink）的《城市标志设计》（*Urban Identities*），凯瑟琳·狄克逊（Katherine Dixon）以及菲尔·贝恩斯（Phil Baines）的《标牌与标识》（*Signs：Lettering in the Environment*）等都分析了标识的特征及重要性。[④]

文化标识是一种独特的城市记忆和身份象征，承载着地域的历史、传统与精神。文化标识不仅仅是物质的标志，更是一种无形的力量，它通过特定的符号、建筑、习俗或艺术形式，传递着一个地区的文化价值观和社会理念。[⑤] 大运河作为劳动人民集体的文化记忆，代表着中华民族自强不

[①] 《中共中央办公厅、国务院办公厅印发〈长城、大运河、长征国家文化公园建设方案〉》，[2019-12-05]［2021-12-01］http://www.gov.cn/zhengce/2019-12/05/content5458839.htm。

[②] 《北京发布规划加强大运河文化保护传承利用》，《建筑技术开发》2021年第24期。

[③] 王颖梅、陶长江、胡家镜等：《基于游客认同的文化遗产景区安全标识系统研究——以青城山都江堰景区为例》，《地域研究与开发》2017年第2期。

[④] 资惠宇、胡子灵、佘美萱：《广州碧道水生态设施标识系统优化设计初探》，《广东园林》2022年第4期。

[⑤] 姜吉荣：《系统论视角下大运河国家文化公园标识系统设计研究》，《江苏师范大学学报》（哲学社会科学版）2023年第2期。

息的劳动精神，大运河国家文化公园是对外展示中华文化的巨大平台，需要提炼与优化出具有文化辨识度的文化标识去唤醒现代人对于古老运河的文化记忆，最终达到提升民族凝聚力、增强人们文化自信的目的。① 文化标识体现为具体的历史遗迹和文化景观，如运河沿岸的古桥、古塔、古镇等，它们不仅向世界展示了中华文化的深厚底蕴，也成为连接过去与未来、传统与现代的重要桥梁。② 道路护栏、路灯造型、公园景区标识导向、街道景观、道路旁楼宇夜间霓虹灯等都可融入文化标识符号，既表征地域文化，又强调空间的可识别性。③ 文化标识不是简单意义上的符号和某种形象表达，而是具备高度影响力、辨识度，汇聚众多文化元素并具备产业综合带动效应的文化品牌。④ 因此，建立大运河国家文化公园文化标识系统能够更加充分地利用文化资源，展现大运河国家文化公园的个性和特点，体现大运河国家文化公园的独创性与差异性，从而加深游览者的印象。⑤

二 案例区概况

（一）南新仓传统利用区

朝阳门内，以平安大道为南北分界，有两处成方连片的仓房，南侧分别为旧太仓、富新仓、兴平仓、南新仓；北侧则是海运仓和北新仓。按照光绪《顺天府志》的记载，旧太仓计八十三廒；富新仓计六十四廒；兴平仓计八十一廒；南新仓计七十六廒；海运仓计百廒；北新仓计八十五廒。⑥《明英宗实录》记载："正统十年（1445）五月，以在京居贤、崇教二坊

---

① 王健、王明德、孙煜：《大运河国家文化公园建设的理论与实践》，《江南大学学报》（人文社会科学版）2019 年第 5 期。
② 秦宗财：《大运河国家文化公园系统性建设的五个维度》，《南京社会科学》2022 年第 3 期。
③ 申献双、闫志勇、张兰兰等：《衡水地域文化标识的设计及应用》，《衡水学院学报》2016 年第 3 期。
④ 高飞：《"长江文化浙江段"的文化内涵与文化标识建设研究》，《浙江海洋大学学报》（人文科学版）2022 年第 4 期。
⑤ 曹仲达、何靖：《大运河国家文化公园标识导视系统设计研究》，《美术教育研究》2021 年第 6 期。
⑥ （清）周家楣、（清）缪荃孙编纂，左笑鸿点校：光绪《顺天府志》第 2 册，北京出版社 2018 年版，第 293 页。

草厂筑仓收粮。"①

南新仓传统利用区，位于北京市东城区东四十条 22 号，是明清两朝的皇家粮仓之一，俗称"东门仓"。始建于明永乐七年（1409），在元代北太仓的旧基上兴建，至今已有 600 余年的历史。这座古老的仓库见证了古代劳动人民的勤劳、勇敢和智慧。

南新仓传统利用区现保留着 9 座古仓廒，是全国仅有且北京现存规模最大、现状保存最完好的皇家仓廒之一。它不仅是京都史、漕运史、仓储史的见证，还具有较高的文物价值。1984 年，南新仓传统利用区被北京市人民政府公布为北京市第三批市级文物保护单位，2013 年更被列入全国重点文物保护单位。

南新仓传统利用区不仅是历史时期南粮济京的重要代表性建筑，还是南北大运河漕运的重要组成部分，街区内部具有丰富的运河文化标识。因此，厘清街区内部文化标识的空间分布情况，对建设大运河国家文化公园具有重要意义。

图 1　南新仓传统利用区区位图（第一作者手绘）

---

① （清）于敏中等撰：《日下旧闻考》，北京古籍出版社 1981 年版，第 860 页。

（二）南锣鼓巷传统利用区

南锣鼓巷传统利用区，位于北京市东城区境内，与元大都同时期建成，呈南北走向，北起鼓楼东大街，南至平安大街，长约787米，宽8米。南锣鼓巷传统利用区在元朝时属于五十坊之一的靖恭坊。元大都建成后，居民迁入新城（即元大都新城）的规定是，作官和有钱财者优先。住宅的规模最大限定为八亩（约5300平方米）。① 明朝时，南锣鼓巷传统利用区属于二十八坊之一的昭回靖恭坊。清朝早中期，实行"满汉分居、兵民分置"的政策。在内城，按照五行观，分配八旗的居住范围。南锣鼓巷传统利用区属于镶黄旗的活动范围。清末民初，南锣鼓巷传统利用区属于内左三区的范围。1928年后，南锣鼓巷传统利用区属于内五区的范围。之后，南锣鼓巷传统利用区成为东城区的一部分，现在由东城区交道口街道办事处管辖。

南锣鼓巷传统利用区主要由西南侧的玉河、一条南北走向的主巷及其东西各8条胡同组成，形成了"蜈蚣"状或"鱼骨"状的布局。主巷全长

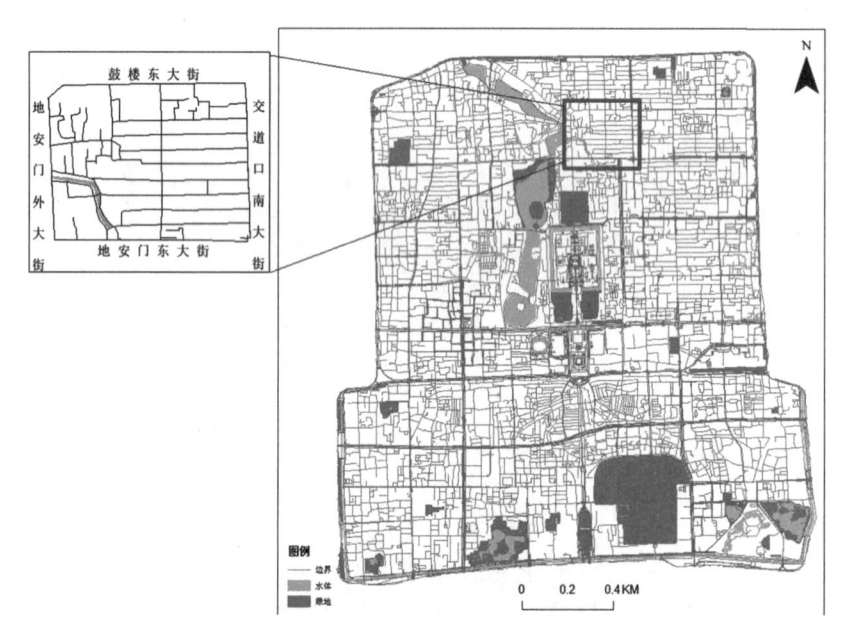

图2 南锣鼓巷传统利用区区位图（第一作者手绘）

---

① 北京市古代建筑研究所编：《宅院》，北京美术摄影出版社2022年版，第4页。

787米，北通北锣鼓巷。东面的胡同依次是菊儿胡同、后圆恩寺胡同、前圆恩寺胡同、秦老胡同、北兵马司胡同、东棉花胡同、板厂胡同和炒豆胡同。西面的胡同自北向南分别是前鼓楼苑胡同、黑芝麻胡同、沙井胡同、景阳胡同、帽儿胡同、雨儿胡同、蓑衣胡同和福祥胡同。

(三) 鼓楼西大街传统利用区

鼓楼西大街传统利用区，修建于元大都时期，位于什刹海北岸，沿着后海水域的走势而建。它与地安门外大街、旧鼓楼大街、鼓楼东大街交汇于鼓楼，成为元大都时期最热闹的地方之一。这条街道素有"斜街市"之称，拥有浓厚的文化底蕴。元大都时期，斜街是一个非常繁华的商业区，临近大运河的终点码头积水潭，南北货物都在这里被吞吐，它承载了灿烂的漕运码头文化。无论是达官贵人所需的高档商品，还是普通百姓所需的日常用品，这里应有尽有。①

清朝光绪年间的《顺天府志》中将其称为"鼓楼西斜街"。到了清末，这条街分为两段：东段称为"鼓楼西大街"，西段则被称为"果子市大

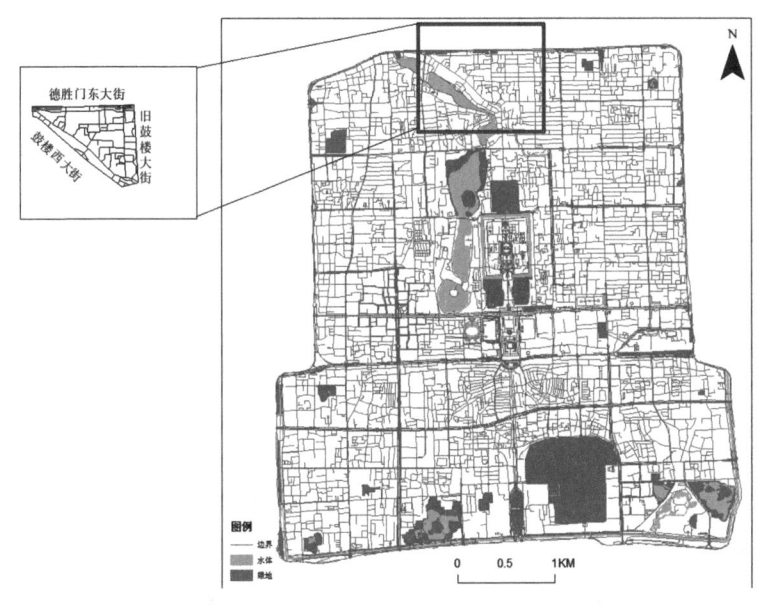

图3 鼓楼西大街传统利用区区位图（第一作者手绘）

---

① 谢国计：《不忍细读的元朝史》，台海出版社2022年版，第132页。

街"，因为那里有大型的水果市场。民国时期，这条街被划分为四段，从东至西分别是"鼓楼西大街""甘水桥大街""果子市大街"和"丁字街"。1965年，这四段统一称为"鼓楼西大街"。这条街道上有许多种类繁多、各具特色的历史遗存、遗址和人文风物。[①]

三　数据来源与研究方法

本研究于 2023 年 9 月在南新仓传统利用区发放调查问卷 105 份，收回有效问卷 100 份；于 2023 年 10 月在南锣鼓巷传统利用区发放调查问卷 110 份，收回有效问卷 105 份；于 2023 年 11 月在鼓楼西大街传统利用区发放调查问卷 105 份，收回有效问卷 100 份，问卷总回收有效率达 95%（有效问卷是指，对问卷题目回答完整，能清晰地了解被调查者的内容并进行回答）。问卷主要包括两部分内容：第一部分主要调查传统利用区内居民对大运河文化标识的了解程度和感知情况，第二部分为传统利用区内居民的个人信息（如年龄、性别等）。本问卷调查采取分层配额抽样法。首先，根据传统利用区数量分为三个层（每个街区为一层），根据每个传统利用区内居民的数量，分配每个街区的样本数。其次，在每个传统利用区内，配额男女比例大致相同。最后，在这些条件下，随机入户进行调查。

本研究首先采用 SPSS 26.0 软件对数据进行描述性统计分析，分析居民的感知情况。然后使用探索性因子分析法和主成分法（Principal components）进行影响因素分析。

四　大运河文化标识空间分布情况

（一）南新仓传统利用区

在实地调研中，发现南新仓传统利用区共分布有 21 处大运河文化标识，这些标识的类型包含仓廒（历史遗留）、喷泉、立碑、字刻、雕塑、建筑小品、灯柱、壁画共 8 种（图 4）。在这 21 处运河文化标识中，首先，

[①] 侯仁之主编，什刹海研究会、什刹海景区管理处编：《什刹海志》，北京出版社 2003 年版，第 296 页。

仓廒作为数量最多的一类运河文化标识，其历史气息最浓厚，展现形式最直观，且在空间上也呈现出东北—东南—中部的分布形式。这些经历史遗留下的仓廒，在今天仍旧发挥作用，一大部分经修缮之后再次活化利用成为文创店，在其历史性之上赋予了新的文化内涵。其次，数量第二多的文化标识是表达了不同文化元素的灯柱，这些灯柱通过形象化设计，将有关大运河的内容以文字简介的形式植入其中。从图4中可以看出，南新仓传统利用区不仅文化标识数量多，种类丰富，且这些文化标识在空间分布上也相互依衬，并非孤立地分布在街区中，比如在仓廒旁分布着各种形式的灯柱，等等。

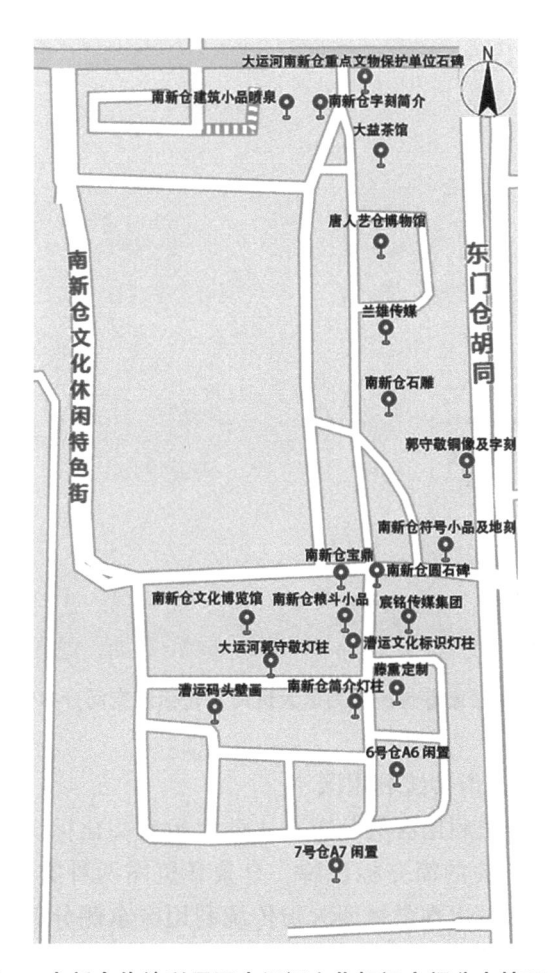

图4 南新仓传统利用区大运河文化标识空间分布情况图

（二）南锣鼓巷传统利用区

在南锣鼓巷传统利用区中共有 17 处大运河文化标识（含重复的 6 个井盖与 6 个路灯）。这些文化标识的类型有壁画、石碑、标识碑、井盖、路灯、屏风共 6 种，且空间分布呈现出沿运河南部、中部集中分布的格局。由图 5 可以看出，南锣鼓巷传统利用区的大运河文化标识在数量上较为适中，文化标识的类型也较为丰富，但在空间分布上，存在集中分布于玉河沿岸的现象，而在南锣鼓巷传统利用区的主巷及各个胡同中，均缺乏大运河文化标识的分布。

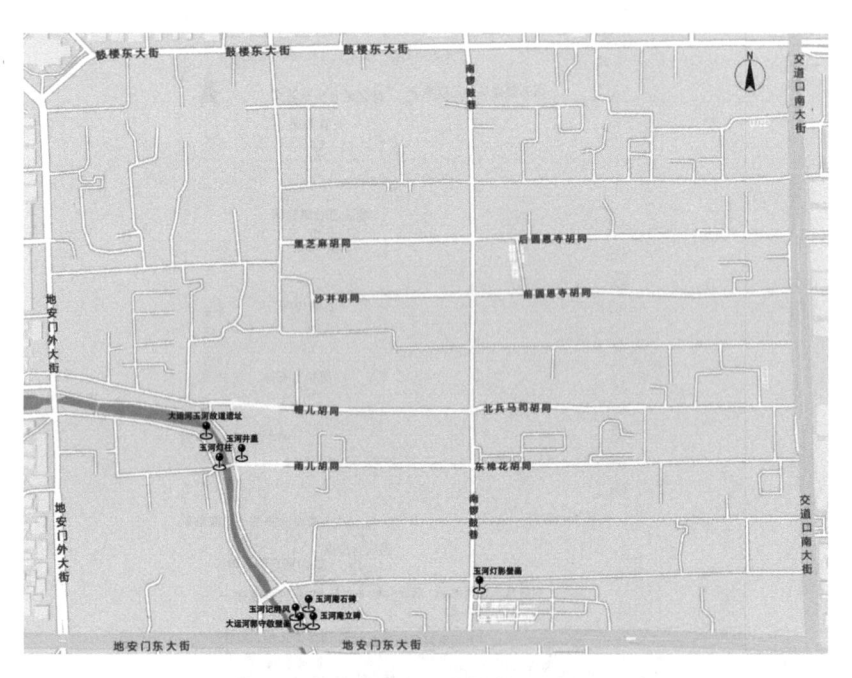

图 5　南锣鼓巷传统利用区大运河文化标识空间分布情况图

（三）鼓楼西大街传统利用区

鼓楼西大街传统利用区共分布有 4 处大运河文化标识。这些文化标识分别为与大运河有关的简介标识牌、全景导览图两种类型（图 6）。这些标识的空间分布呈现出在鼓楼西大街传统利用区东侧分散的分布格局，从图 6 可以看出，鼓楼西大街传统利用区的大运河文化标识数量最少，类型单一，且空间分布亦不均匀。

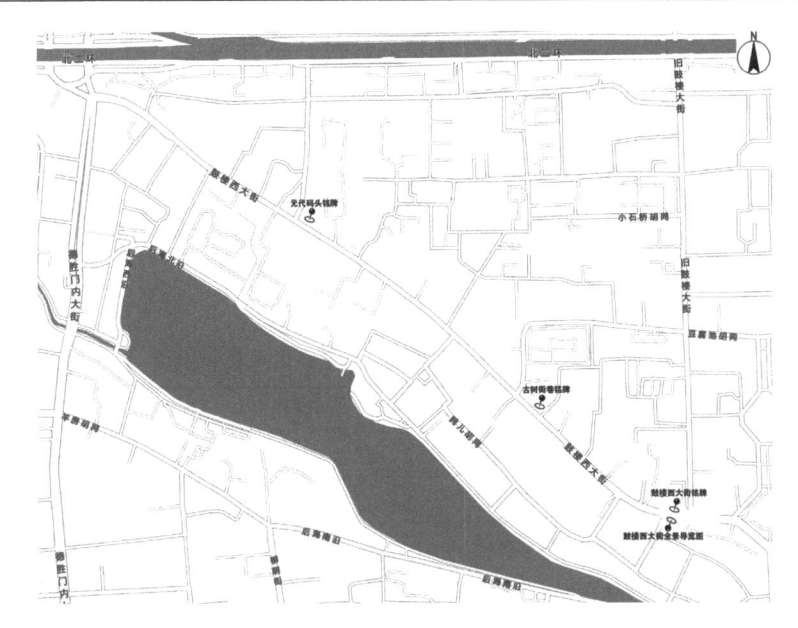

图6　鼓楼西大街传统利用区大运河文化标识空间分布情况图

可见，南新仓传统利用区内的文化标识数量最多，类型也是最为丰富的，且文化标识的空间分布情况也较为均匀；鼓楼西大街传统利用区的文化标识数量最少，类型也较为单一，空间分布情况也不是很合理；南锣鼓巷传统利用区的大运河文化标识在数量上较为适中，介于南新仓传统利用区和鼓楼西大街传统利用区之间，文化标识类型也较为多元，但在空间分布上，集中分布于街区某一位置。

五　居民对大运河文化标识感知情况的比较

居民对大运河文化标识的感知影响他们对大运河文化遗产的态度和行为。在国内外的研究中，居民感知通常被视为一个多维度的概念，包括对物理环境、社会环境以及政策和服务提供的感知。例如，中国科学院城市环境研究所的研究人员构建了居民感知的三级评估系统，包括物理感知、心理感知和文化感知，以反映社区居民综合感知现状。[1] 居民对大运河文

---

[1] Linwei, H., et al., "Method for the Evaluation of Residents' Perceptions of Their Community Based on Landsenses Ecology", *Journal of Cleaner Production*, 2021. 281: p.124048.

化标识的感知可以从多个维度进行分析，包括认知维度、情感维度和行为维度。认知维度涉及居民对大运河历史、文化价值的了解和理解；情感维度则关注居民对大运河的情感联结和文化自豪感；行为维度则反映了居民在文化遗产保护和传承中的实际行动。[1] 本文中居民对传统利用区大运河文化标识感知的衡量维度及量表设计如表1所示。量表的分值均为正整数，自1开始依次增加，分值越高表示感知程度越好。

表1　居民对大运河文化标识感知衡量维度及量表设计

内容	代码	分制
看见过该街区的大运河文化标识吗？	C1	二分制
会因大运河文化标识而更喜欢本街区吗？	C2	五分制
本街区的大运河文化标识数量如何	C3	四分制
本街区的大运河文化标识表达情况如何	C4	五分制

（一）南新仓传统利用区感知分析

在大运河国家文化公园的建设中，需要找到将大运河文化遗产转化为国家认同的元素和机制。[2] 运河文化应是地方文化的符号和标志。[3] 关于居民对"看见过该街区的大运河文化标识吗？"（C1）的感知，经分析，31%的居民表示没见过，69%的居民表示看见过，居民量表均值为1.69。关于居民对"会因大运河文化标识而更喜欢本街区吗？"（C2）的感知，38%的居民比较会，15%的居民非常会，26%的居民表示一般，20%的居民有点会，1%的居民绝对不会，均值为3.46。关于对"本街区的大运河文化标识数量如何"（C3）的感知，19%的居民不知道，34%的居民认为偏少，24%的居民认为偏多，23%的居民觉得正好，其量表均值为2.51。关于对"本街区的大运河文化标识表达情况如何"（C4）的感知，2%的居民认为表达很差，23%的居民认为表达较差，53%的居民认为表达一般，

---

[1] 黄鑫、邹统钎：《家国情怀：大运河旅游者文化自觉机制构建》，《旅游学刊》2023年第1期。
[2] 安倬霖、周尚意：《文化遗产如何建构国家认同？——基于大运河国家文化公园的案例分析》，《中国生态旅游》2023年第3期。
[3] 成志芬、唐顺英、华红莲：《大运河（北京段）传统村落居民对运河文化的认知及认同研究——以通州三个传统村落为例》，《北京联合大学学报》（人文社会科学版）2018年第2期。

15%的居民认为表达较好，只有7%的居民认为表达非常好，均值为3.02。认知情况尚可。总体来看，南新仓传统利用区居民在感知维度的均值之和为10.68。

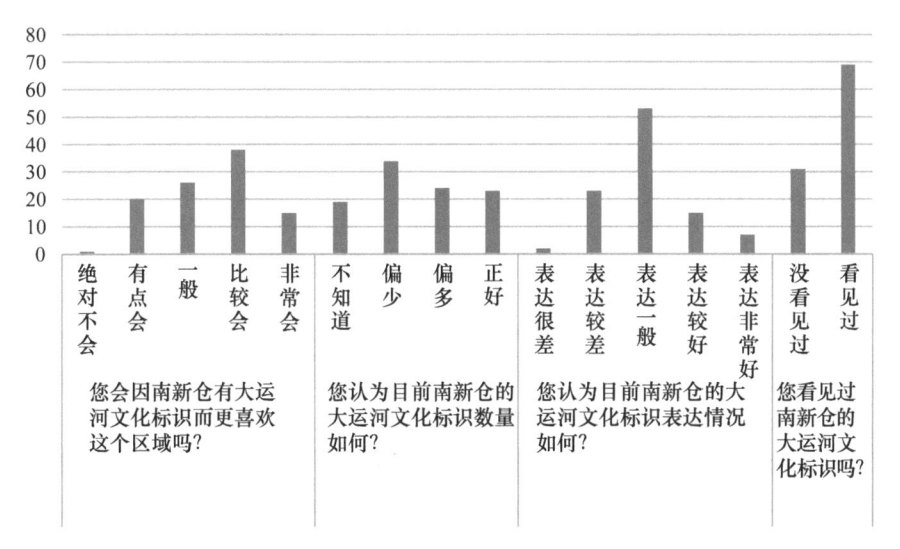

图7 南新仓传统利用区居民感知分析图

（二）南锣鼓巷传统利用区感知分析

关于对C1的认知，近六成的居民表示没看见过，四成的居民表示见过，均值为1.43。关于对C2的认知，3%的居民表示绝对不会，18%的居民表示有点会，22%的居民表示一般，43%的居民表示比较会，14%的居民表示非常会，均值为3.48。关于对C3的感知，不知道的居民占两成，认为偏少的居民占55%，认为偏多的居民约占4%，认为正好的占21%，均值为2.26。关于对C4的认知，认为表达很差的居民约占6%，认为表达较差的居民约占27%，认为表达一般的居民约占50%，认为表达较好的居民约占17%，只有2%的居民认为表达效果非常好，均值为2.83。总体来看，南锣鼓巷传统利用区居民在认知维度的均值之和为10。

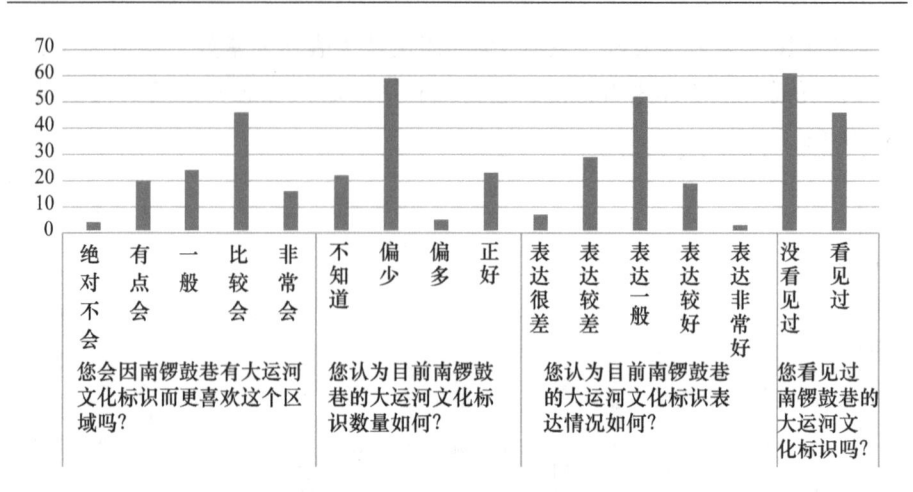

图 8　南锣鼓巷传统利用区居民感知分析图

（三）鼓楼西大街传统利用区感知分析

关于对 C1 的感知，46%的居民表示没见过，54%的居民表示见过，均值为 1.54。关于对 C2 的感知，1%的居民表示绝对不会，30%的居民表示有点会，29%的居民认为表达一般，32%的居民表示比较会，只有 8%的居民表示非常会，均值为 3.16。关于对 C3 的感知，14%的居民不知道，74%的村民认为偏少，3%的居民认为偏多，9%的居民认为正好，均值为 2.07。关于对 C4 的感知，10%的居民认为表达很差，47%的居民认为表达较差，36%

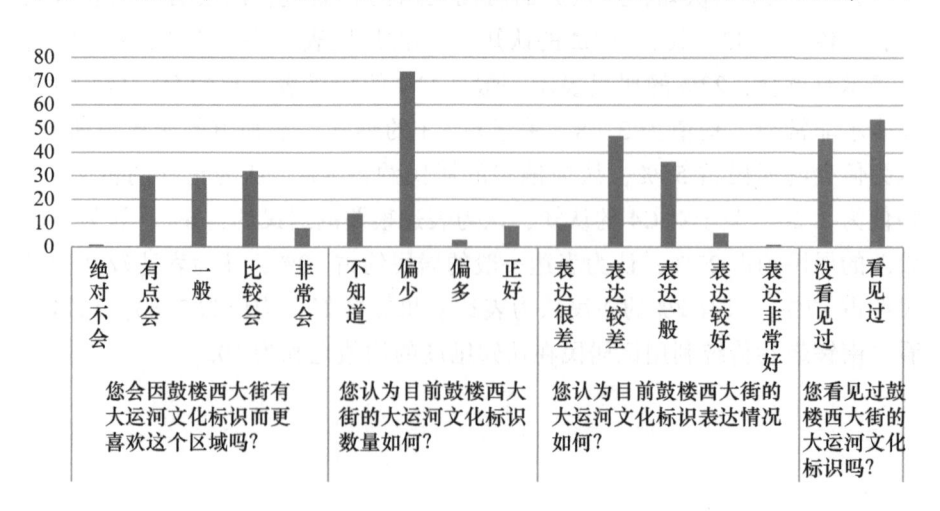

图 9　鼓楼西大街传统利用区居民感知分析图

的居民认为表达一般，6%的居民认为表达较好，只有1%的居民认为表达非常好，均值为2.41。总体来看，鼓楼西大街传统利用区居民在感知维度的均值之和为9.18。

（四）感知对比分析

对三个传统利用区居民的大运河文化标识感知情况进行比较，结果如下：

第一，三个传统利用区居民对大运河文化标识的整体感知水平相差不大，得分均值都在10分左右。得分最高和最低的是南新仓传统利用区和鼓楼西大街传统利用区，分别为10.68分、9.18分，南锣鼓巷传统利用区处于二者之间，为10分。第二，关于对C1题项的感知，量表均值得分最高的是南新仓传统利用区，均值为1.69分；分值最低的是南锣鼓巷传统利用区，均值为1.43分。这说明南新仓传统利用区的大运河文化标识能够准确地让居民识别，识别度最低的是南锣鼓巷传统利用区。在对C2题项的感知中，量表均值得分最高的是南锣鼓巷传统利用区，均值为3.48分，得分最低的是鼓楼西大街传统利用区，量表均值为3.16分。这表明南锣鼓巷传统利用区的文化标识是这三个传统利用区中最具设计感与美学价值的，能够引起居民的喜爱，设计最为单调和不能引起居民所喜爱的是鼓楼西大街传统利用区。对C3题项的感知中，得分最高的是南新仓传统利用区，均值为2.51分，得分最低的是鼓楼西大街传统利用区，均值为2.07分。这表明南新仓传统利用区的大运河文化标识数量最多，鼓楼西大街传统利用区的文化标识数量最少，与调研情况相一致。值得注意的是，C4题项的感知情况与C3一样，量表均值得分最高与最低的同样是南新仓传统利用区和鼓楼西大街传统利用区，量表均值分别为3.02分、2.41分。这表明南新仓传统利用区的大运河文化标识表达情况最好，鼓楼西大街传统利用区表达最差。第三，南新仓传统利用区在所有题项的得分中，除C2的分值略低于南锣鼓巷传统利用区，其他题项得分均高于另外两个街区。而鼓楼西大街传统利用区除C1题项均值得分高于南锣鼓巷传统利用区外，其他题项均值得分都低于南新仓传统利用区和南锣鼓巷传统利用区。

六 影响感知因素分析

(一) 被调查居民的基本属性

由表2可知,在三个传统利用区的被调查居民中:共有305位被调查对象,其中162位是男性,143位是女性,分别占调查总人数的53.1%和46.9%。从居住地上看,首先以外地游客和学生为最,占比为28.5%,其次是城六区居民,占比为23.9%,再次是北京郊区,占比为20%,复次为居住在街区周边的居民,占比为15.4%,最后最少的是居住在街区内部或在此工作的居民,占比为12.1%。从年龄构成上看,问卷调查者遍布各个年龄阶层,但以中青年阶层为主,年龄主要集中在25—54岁,占整个调查问卷总人数的55.1%,这一群体属于当前社会的主流人群,基本可以代表主流群体的看法和认知;其次是24岁以下人群,占22%,这类群体以大学生为主。从文化水平上看,本科以上文凭达到64%,占受访人数的绝大部分;从职业分布上,涵盖社会上多数主流职业,其中尤以从事外企私企和学生比例最高;从收入情况看,7000—10000元群体占比最大,其次为3000—7000元和10000—15000元,这三部分收入构成占整个调查人数的71.2%。

表2　　　　　　　　调查问卷人口统计特征

变量名	变量	变量值(人)	百分比(%)	变量名	变量	变量值(人)	百分比(%)
性别	男	162	53.1	文化水平	初中	23	7.5
					高中	25	8.2
					大专	62	20.3
	女	143	46.9		本科	139	45.6
					研究生	56	18.4

续表

变量名	变量	变量值(人)	百分比(%)	变量名	变量	变量值(人)	百分比(%)
居住地	外地	87	28.5	职业	下岗或无业	99	32.5
	北京郊区	61	20.0		临时工或个体	29	9.5
	北京城六区	73	23.9		私企或外企	83	27.2
	街区周边	47	15.4		国企	63	20.7
	街区内	37	12.1		国家机关和事业单位	31	10.2
年龄	24岁及以下	67	22.0	收入	3000元以下	65	21.3
	25—39岁	103	33.8		3000—7000元	74	24.3
	40—54岁	65	21.3		7000—10000元	75	24.6
	55—69岁	59	19.3		10000—15000元	68	22.3
	70岁及以上	11	3.6		15000元以上	23	7.5

（二）信度测量与效度检验

1. 信度测量

信度用于反映分析结果的一致性和稳定性，本文用科隆巴赫系数（Cronbach's α）作为反映信度的指标，即内部一致性系数。科隆巴赫系数越接近1，信度就越好。一般认为 Cronbach's α ≥ 0.70 时，就认为其内部一致性较好，属于高信度；当 0.35 ≤ Cronbach's α < 0.70 时，其信度一般；当低于0.35则不可取。从分析结果可知（见表3），南新仓传统利用区调研题项的科隆巴赫系数值为0.822，鼓楼西大街传统利用区调研题项的科隆巴赫系数值为0.803，南锣鼓巷传统利用区调研题项的科隆巴赫系数值为0.856，三个街区都为高可信度，即测量结果具有内部一致性和稳定性，说明问卷题项设计可靠。

表3　　　　　　　　　　调查问卷信度分析

案例地	科隆巴赫系数	基于标准化项目的科隆巴赫系数
南新仓传统利用区	0.822	0.806
鼓楼西大街传统利用区	0.803	0.849
南锣鼓巷传统利用区	0.856	0.892

2. 效度检验

为了简化数据，能够对题项进行因子分析，而 KMO 和 Bartlett 球形检验的目的是检验调查数据是否能进行因子分析。KMO 测度用于检验采样是否充足，检验变量间的偏相关是否足够小。KMO 取值在 0—1 之间，其值越大，因子分析效果越好。Kaiser 认为，如果 KMO 的值小于 0.5，则不适合进行因子分析。球形检验用于测度相关阵是否为单位阵，即变量分类至各因子的集中度是否足够，它可以表明因子模型是否合适。由表 7 可得出，题项的 KMO 值均大于 0.5，Bartlett 的球形检验的显著性概率均为 0.000<0.050，说明了变量之间存在相关性，适合进行因子分析。

表 4   KMO 和 Bartlett 球形检验

案例地			
案例地	KMO 测度		0.771
南新仓传统利用区	度量 Bartlett 球形检验	近似卡方	2742.832
		自由度 df	595
		显著性概率 Sig.	0.003**
鼓楼西大街传统利用区	KMO 测度		0.764
	度量 Bartlett 球形检验	近似卡方	2168.663
		自由度 df	467
		显著性概率 Sig.	0.005**
南锣鼓巷传统利用区	KMO 测度		0.826
	度量 Bartlett 球形检验	近似卡方	2866.754
		自由度 df	603
		显著性概率 Sig.	0.000**

注：**表示在 0.05 的水平上差异显著。

（三）居民感知的影响因素分析

因子分析通过减少数据的维度来揭示变量之间的潜在关系。在研究居民对大运河文化标识感知的影响因素时，因子分析可以帮助我们从大量的可能变量中提取出几个关键因子。[1] 霍艳虹等利用因子分析来探索城市运

---

[1] 郑菲菲、郭新茹、何亚兰：《大运河江苏段非遗活态传承影响因素及文旅融合路径研究》，《淮阴师范学院学报》（哲学社会科学版）2021 年第 3 期。

河文化景观的公众意象感知，通过分析游记文本数据，构建了文化景观意象感知描述体系。① 方田红等通过因子分析研究了京杭大运河杭州段居民对旅游影响的感知，发现居民对旅游开发的感知受到多种因素的影响，包括与旅游业的关系和在当地生活的时间长度。② 在江苏打造大运河文化标识的过程中，因子分析被用来识别影响文化标识建设的关键因素，如视觉识别系统的明确性和节庆活动的整合等。③

1. 南新仓传统利用区影响因素分析

在信度及效度检验后，采用主成分分析方法提取因子，并选择最大方差旋转法进行正交旋转，按照特征值大于1的原则进行因子数目的提取。在探索性因子分析的过程中删除了1个选项，保留了5个选项，最后提取2个公因子，可以解释总方差的85.116%。

从因子分析结果可以看到（见表5），第一个公因子 α1 = 0.926，均值 = 4.562，由3个因子组成，解释了居民对南新仓传统利用区的大运河文化标识受到年龄、居住地、职业等方面的正面影响的感知，所以将因子一命名为正面影响。第二个公因子 α2 = 0.813，均值 = 2.261，由2个因子组成，解释了居民对南新仓传统利用区的大运河文化标识受到文化水平、性别等方面的负面影响的感知，所以命名为负面影响因子。由因子均值可知，南新仓传统利用区居民对大运河文化标识的正面影响大于负面影响。

从表5中能够得知，年长者和那些居住地更接近南新仓传统利用区的居民，对于该区域的功能和文化标识的感知程度更高。职业稳定的居民更可能注意到南新仓传统利用区的大运河文化标识。较高文化水平的居民倾向于认为大运河文化标识的分布不够合理。因为，文化水平较高的居民不仅对大运河文化标识有更深入的了解，而且对其分布的合理性有更高的感知标准；反之，文化水平较低的居民则在这些方面的认知较为有限。女性对南新仓传统利用区大运河文化标识的感知相对男性要更强，这可能是因

---

① 霍艳虹、李源：《城市运河文化景观的公众意象感知——以扬州为例》，《风景园林》2023年第2期。
② 方田红、励栋磊：《京杭大运河杭州段居民对旅游影响感知研究》，《华东理工大学学报》（社会科学版）2017年第5期。
③ 闫秋羽、郝冬冬：《常州大运河景观文化带标识导向系统设计》，《包装工程》2020年第4期。

为女性更加注重文化标识美学价值和设计，而男性则更加关注于大运河文化标识背后的历史意义与价值。

表5　　　　　　　　南新仓传统利用区探索性因子分析

公因子	变量	因子载荷	解释率	信赖度	特征值
正面影响感知	年龄	0.787	58.420%	0.926	4.562
	居住地	0.856			
	职业	0.640			
负面影响感知	文化水平	-0.921	26.696%	0.813	2.261
	性别	-0.869			

2. 南锣鼓巷传统利用区影响因素分析

在对南锣鼓巷传统利用区探索性因子分析的过程中删除了1个选项，保留了5个选项，最后提取2个公因子，可以解释总方差的86.646%。第一个公因子 $\alpha 1 = 0.882$，均值 = 4.281，由2个因子组成，解释了居民对南锣鼓巷传统利用区大运河文化标识受到年龄、居住地方面的正面影响的感知，所以将因子一命名为正面影响。第二个公因子 $\alpha 2 = 0.915$，均值 = 4.660，由3个因子组成，解释了居民对南锣鼓巷传统利用区的大运河文化标识受到职业、文化水平、收入方面的负面影响的感知，所以命名为负面影响因子。由因子均值可知，南锣鼓巷传统利用区居民对大运河文化标识的负面影响大于正面影响。

从表6可知，年长者和那些居住地更接近南锣鼓巷传统利用区的居民，对于该区域的功能和文化标识的认知程度更高。这可能是因为年长者通常拥有更丰富的生活经验和对本地文化标识的深厚感情，居住地越靠近大运河文化标识，对其了解的程度与可能性就更大。然而，职业稳定的居民可能对文化标识的设置持更为批判的态度，可能是因为他们对于城市规划和文化遗产保护有更高的期望和标准。文化水平越高、收入越高的居民对南新仓传统利用区的大运河文化标识感知就越差，这可能是因为这部分居民投入工作的时间更长，闲暇时间少，对街区内的大运河文化标识关注较少。

表6　　　　　　　　南锣鼓巷传统利用区探索性因子分析

公因子	变量	因子载荷	解释率（%）	信赖度	特征值
正面影响感知	年龄	0.715	40.266	0.882	4.281
	居住地	0.779			
负面影响感知	职业	-0.893	46.380	0.915	4.660
	文化水平	-0.566			
	收入	-0.528			

3. 鼓楼西大街传统利用区影响因素分析

在对鼓楼西大街传统利用区探索性因子分析的过程中删除2个选项，保留了4个选项，最后提取2个公因子，可以解释总方差的61.802%。第一个公因子α1=0.736，均值=5.383，由2个因子组成，解释了居民对鼓楼西大街传统利用区的大运河文化标识受到性别、居住地方面的正面影响的感知，所以将因子一命名为正面影响。第二个公因子α2=0.610，均值=3.537，由2个因子组成，解释了居民对鼓楼西大街传统利用区的大运河文化标识受到职业、文化水平方面的负面影响的感知，所以命名为负面影响因子。

从表7可知，居住地对于居民了解鼓楼西大街传统利用区作为大运河建设保护的传统利用区以及识别大运河文化标识的影响显著，即居住地距离鼓楼西大街传统利用区越近，居民对该区域的功能和文化标识的认知程度越高。性别作为一个变量，也显示出男性居民相较于女性居民，更可能了解鼓楼西大街传统利用区的传统利用功能。这是因为，居住地越靠近大运河文化标识则越可能促进居民对其周边文化标识的日常接触和认识，而经济能力可能影响个体参与文化活动的机会和频率。性别差异在文化认知中的作用可能与社会化过程和性别特定的角色期望有关。

表7　　　　　　　　鼓楼西大街传统利用区探索性因子分析

公因子	变量	因子载荷	解释率（%）	信赖度	特征值
正面影响感知	性别	0.926	43.225	0.736	5.383
	居住地	0.741			
负面影响感知	职业	-0.460	18.577	0.610	3.537
	文化水平	-0.348			

(四) 三个区域影响因素的对比情况

经比较，三个传统利用区的居民对大运河文化标识感知的影响因素对比有以下结果：

第一，影响三个传统利用区居民对大运河文化标识感知的个人属性因素不同，共同的影响因素为居住地、职业、文化水平。具体到各个传统利用区，影响南新仓传统利用区居民感知的因素还有年龄、性别；影响南锣鼓巷传统利用区居民感知的因素还有年龄和收入；影响鼓楼西大街传统利用区居民感知的因素还有性别。

第二，影响各个传统利用区居民感知的正向因素和负向因素不相同。共同的正向影响因素为居住地。共同的负向影响因素为文化水平。具体来说，影响南新仓传统利用区和南锣鼓巷传统利用区居民感知的共同的正向因素为年龄和居住地；影响南锣鼓巷传统利用区和鼓楼西大街传统利用区共同的负向因素为职业和文化水平。

七 结 论

第一，在大运河国家文化公园（北京段）的"传统利用区"中，南新仓传统利用区、南锣鼓巷传统利用区和鼓楼西大街传统利用区三个区域在大运河文化标识的数量、类型和空间分布上呈现显著差异。具体而言，南新仓传统利用区的文化标识数量最多，类型也最为多样，包括壁画、标识牌、路灯和建筑小品等；南锣鼓巷传统利用区次之，拥有井盖、壁画和屏风等元素；而鼓楼西大街传统利用区则以标识牌和导览图为主。空间分布方面，南新仓传统利用区的文化标识主要散布于东部和南部区域，南锣鼓巷传统利用区的文化标识则集中于玉河沿线的南部和中部，鼓楼西大街传统利用区的文化标识则散布于鼓楼西大街传统利用区的东侧。

第二，三个传统利用区居民对大运河文化标识的整体感知水平相差不大，得分均值都在 10 分左右。得分最高和最低的分别是南新仓传统利用区和鼓楼西大街传统利用区，各个区域的居民对四个题目内容的感知存在差异。具体来说，对 C1 题项的感知中，量表均值得分最高的是南新仓传统利用区，分值最低的是南锣鼓巷传统利用区。对 C2 题项的感知中，量表均值得分最高的是南锣鼓巷传统利用区,最低的是鼓楼西大街传统利用区。对 C3 题项的感知中,得分最高的是南新仓传统利用区,最低的是鼓楼西大街传统利用区。对 C4 题项的感知中,得分最高的是南新仓传统利用区,最低的是鼓楼西大街传统利用区。

第三,影响三个区域的受访者对大运河文化标识感知的个人属性因素不尽相同。共同的影响因素为居住地。南新仓传统利用区还受到年龄、职业、文化水平和性别的影响;南锣鼓巷传统利用区还受到年龄、职业、文化水平和收入的影响;而鼓楼西大街传统利用区还受到性别、职业和文化水平的影响。影响各个传统利用区居民感知的正向因素和负向因素不相同。共同的正向影响因素为居住地,共同的负向影响因素为文化水平。这些发现为提升大运河文化标识的公众认知提供了参考。

开拓老北京民俗文化传播的新形式

——以首都博物馆"岁华纪胜——老北京民俗展"为例

陈 思[*]

摘要：北京传统民俗文化源远流长，首都博物馆"岁华纪胜——老北京民俗展"力图用展览语言对老北京民俗文化资源进行创造性转化和创新性呈现。展览以四季轮转时间为主线。横向，将四季重要节俗有序铺开；纵向，以重要节令为点，追溯其渊源，挖掘其深厚的文化内涵，讲述老北京的民俗信仰、人情风尚及生活智慧。空间设计上，提炼出极具老北京特色的标志性建筑与老物件，营造独特"京味"场景，并以数智化赋能打造交互沉浸式展览空间，立体再现老北京淳厚的民俗风貌和悠久灿烂的历史文化，让古老民俗变得可听可视、可感可触、可亲可爱。本展览也为新时代背景下博物馆如何对优秀传统文化资源进行整合和传播提供有益的借鉴。

关键词：老北京；民俗文化；时令节俗；文化传播；策展

古都北京，历史悠久，文化厚重，为多民族交融汇聚之区，多民族文化相互渗透，官俗与民俗合二为一，礼俗相应，多元共融，形成了具有浓郁中华民族特色的京味民俗，其蕴含着中华民族博大精深的文化基因。然而，这些古老的民俗文化与今人生活渐行渐远，亟待传承、发展与传播。党的十八大以来，习近平总书记就新时代文化传承发展指出"中华优秀传统文化是中华民族的精神命脉"[①]，因此，在实现中华民族伟大复兴的新征

---

[*] 陈思，首都博物馆副研究员，研究方向：北京史、艺术史论、古代石刻。
[①] 习近平：《论党的宣传思想工作》，中央文献出版社2020年版，第114页。

程上,从优秀传统文化当中汲取营养,以新的表达形式重释经典、传播经典,"实现中华文化的创造性转化和创新性发展"①,是新时代文博工作者的历史使命。在习近平总书记重要论述指引下,首都博物馆积极探索优秀传统文化资源传播的新路径。2024年全新打造的"岁华纪胜——老北京民俗展"即是根据时代的特点和要求,对馆藏老北京民俗文物资源进行整合、提炼、加工、重构、拓展、完善,用展览这种载体和传播渠道呈现,以增强老北京民俗文化的影响力和感召力。本展以老北京四季节俗为切入点,以四合院春夏秋冬变换的景观为独特空间,撷取京城人家时令节俗的事与物,讲述老北京人好礼乐生的精神特质及生存智慧。展览紧扣"时空人"三大要素,贯通"过去—现在—未来",并以最新的数字赋能形式为载体,让节俗文化"活起来",立体地再现老北京淳厚的民俗风貌和悠久灿烂的历史文化。

一 以"四季"为时间线索串联时令节俗,构建纵横延伸的民俗文化脉络

北京传统民俗文化源远流长,要以展览的形式对其进行创造性呈现与有效传播,就要充分挖掘其历史文化内涵并梳理其脉络,形成清晰的大框架和内部逻辑。北京地区四季分明,"顺时而动"的岁时文化是串联老北京民俗文化的有效方式。故而展览以四季时间为主线。横向,将四季重要节俗有序铺开,形成四季轮转的时间轴,可联结古、今与未来,表达四季更替、岁华常新的主题;纵向,以重要节令为点,追溯其渊源,挖掘其深厚的文化内涵及历史逻辑,讲述老北京的民俗信仰、人情风尚及生活智慧。中国是"礼仪之邦",北京人更是注重"礼节",一年四季,节令繁多,几乎天天都有"说法儿",为了避免展示的分散、琐碎,每个季节只筛选出老北京人喜闻乐见且最具特色的节俗二至三个。春季,着重展现春节、花朝、清明。夏季,分为"端午"和"消夏"两大部分。秋季,以七夕、中秋、重阳三大节为主线,呈现人生最美好的期盼——"七夕"美好爱情、"中秋"阖家团圆、"重阳"延年益寿。冬季,选择"取暖消寒"与浓墨重彩"过大年"两大主题,表现冬季在冰冷沉寂中孕育着蓬勃的生

---

① 习近平:《论党的宣传思想工作》,中央文献出版社2020年版,第115页。

机与活力。为了有助于观众深入地了解和记忆每个节令的习俗，根据展项的主题不同，选择不同的叙事方式，梳理出各节俗展项的内部逻辑作支撑，将相关的人、事、物，系统而全面地进行展示。

端午是夏季第一个重点展项，其节俗活动丰富多彩，插艾草、食角黍、观射柳、划龙舟。人们驱邪避毒、追思先贤，展现深厚的文化内涵与积淀，体现出中国人的宗教信仰、伦理价值、审美情趣。如何将诸多节俗有逻辑地展现，是展览的关键。策展紧紧围绕着"避毒"主题，按照由外而内、由表及里的顺序将文物、场景进行组织。从环境布置、衣着佩饰、饮食养生、竞技游乐等方面采取措施，全方位避毒。其一，由外而内，首先是"外"部环境的布置，从植物（挂菖蒲、艾草）→动物（贴剪纸老虎、鸡）→神灵（贴灵符、钟馗、张天师像），人们以环境布置抗"五毒"，由植物、动物、神灵步步升级。展厅同步配以艾草、剪纸、钟馗像及五毒符等文物。然后由环境到贴身佩饰，如，身穿虎头衣帽→手戴五彩丝→身佩草药香囊。展柜陈设虎头帽、虎头鞋、五毒肚兜、五色丝和各类香囊等老物件。或以阳兽（虎）为吉祥物驱邪，或用五毒图案肚兜以毒攻毒，或借钟馗、张天师等神明之威及五彩丝五行之力镇邪，同时还利用香囊装上白芷、川芎等药草以芬芳驱虫，达到从心理建设到科学防毒二者兼备的效果。其二，由表及里，从外部的环境、衣着，转向内服防病的饮食节物，端午节令食品（粽子、五毒饼）、吃应季水果（四果：桑葚、樱桃、杏子、枇杷）、喝药酒（雄黄酒、菖蒲酒、艾叶酒等）。再由服食到强身健体的户外竞技娱乐活动，如龙舟竞渡、驰马射柳、游天坛打马球等，通过多姿多彩的民俗活动，让端午从"恶月恶日"成为良辰佳节。文物有喝雄黄酒的器具、累丝龙舟金饰件、射柳图、骑马童子等。端午展项以重点文物"天中五毒献瑞图"作总结。此图几乎集齐端午所有的元素，描绘端午节（天中节），"五毒"（蝎子、蛇、蟾蜍、壁虎、蜈蚣）一改往日毒性，献上祥瑞的场景。让老虎、"五瑞"与"五毒"对立统一，和谐相处，共同营造出喜庆祥和的氛围，体现出中国哲学中"阴阳"统一、对立与互化，展示出古人的智慧和丰富的想象力。

消夏展项，主体以方位为逻辑，分为"外景"纳凉与"内景"造凉两部分。首先，老北京夏日"外景"纳凉，选择消夏"四胜"：什刹海、二闸、菱角坑、葡萄园等，展厅以前两个场地作为主场景，呈现夏季老北京人外出纳凉消夏的活动。其次是"内景"造凉，还原老北京的夏季院落

"天棚、鱼缸、石榴树"场景，并结合老北京消夏的特色冰食及制冰食的冰箱、冰棍桶等器物展示，辅以扇子、虫戏等趣味风物，将老北京人消夏氛围全面展现。

七夕、中秋两展项均以方位——"天上""人间"为线索。七夕"天上"，有浪漫的牛郎织女神话传说，天阶夜色，银河两岸牛女双星遥望，喜鹊集飞合成鹊桥，突出重点文物"鹊桥相会故事镜"来应景。七夕"人间"展示不同群体的共同需求和相异需求。女子乞巧智，相应的风俗是拜女星"投针验巧""喜蛛应巧""穿针乞巧"等，而男子求功名，七月七日魁星诞辰，拜魁星保佑自己考运亨通。夫妻祈求"多子多福"和和美美，习俗多种多样，如"种生求子""拜磨喝乐"等。中秋节，同样由"天上"月宫神话与地上"人间"中秋团圆，遥相呼应。老北京各种习俗活动都围绕着月亮展开。中秋节摆设家宴，把酒言欢，阖家拜月，仪式隆重，祈佑平安。有祭月、赏月、吃月饼、看花灯、馈送水果、玩兔儿爷等风俗，通过对比展示，使天上人间交相辉映，呈现一派团圆美满的景象。

"年俗"展项，是以时间为展陈逻辑。老北京过年的序曲、中曲、高潮是以腊八、小年、大年为三个重要节点。即由"腊八食粥"拉开过年的序曲，到小年祭灶、采买年货、扫房贴花，再到大年三十除夕团圆守岁，把年俗推向高潮。从小年到大年，其间还有五个小插曲，老北京人说，过了小年，每天都有说法儿。腊月二十四——扫房子，除旧迎新。腊月二十五——做豆腐，豆腐谐音"兜福"。腊月二十六——割猪肉。腊月二十七，宰年鸡，"鸡"与"吉"谐音。腊月二十八，贴花（春联、门神、年画、窗花等）。老北京年俗从序曲至高潮，步步升级，热闹而有序，迎接着新春的到来。

二 提炼"京味"元素，打造古今贯通的沉浸式展览空间

关于开拓中华优秀传统文化新传播形式的实践，习近平总书记强调，"要把优秀传统文化的精神标识提炼出来、展示出来，把优秀传统文化中具有当代价值、世界意义的文化精髓提炼出来、展示出来"[1]，"岁华纪胜——老北京民俗展"旨在贴近北京各阶层生活，唤起人们对往昔优秀传

---

[1] 习近平：《论党的宣传思想工作》，中央文献出版社2020年版，第342页。

统文化的美好记忆，因此在策展时，致力于让整个展厅更具有"京味"，提炼出了老北京地标性的建筑、场景、居所、老物件，紧扣时间上的节令，空间上的活动，营造"京味"场域，以场景化的空间氛围来强调北京特色，让观众沉浸其中，真切感受到此景此情即是老北京民俗所独有。

（一）突出老北京标志性地点，唤起往昔美好记忆

首先，在节令习俗展示时，以场景还原老百姓心中最具代表性的地理方位、建筑等标志性场域，例如"消夏"展厅的主场景"什刹海荷花市场"，辅场景"二闸"，均是"消夏四胜"中最具地标性的场所，凸显了老北京地域特色。昔日北京的皇室贵族多选择避暑山庄、玉泉山、碧云寺等清幽之处避暑消夏。京城市井百姓，则别出心裁地开辟了几处清凉的消夏场所，充满生活气息。其中什刹海、二闸、菱角坑、葡萄园，时称"消夏四胜"。什刹海为老北京人心中的"消夏四胜"之首，此展厅主场景还原了自然环境中大片水域、长满荷花的什刹海荷塘、别具一格的庙会式的消夏场所：夹堤而葺的茶棚、茶客和小贩，长堤上的民间杂艺表演，众多商贩和曲艺杂耍艺人穿梭于长堤两侧的席棚之间，叫卖和喝彩之声此伏彼起，还有会贤堂的堂会戏等。结合夏季音效：虫鸣、蛙声、吆喝声，体现出昔日什刹海荷花市场，既热闹非凡，又有夏日之清凉的特点。在荷花市场的大场景下，延伸出文物展区："带"荷"元素的系列文物，包括"莲荷鹭鸶白玉活链盖卣"等精美展品。又由什刹海主场景的茶棚、摊贩拉的板车上摆放着老北京消夏冰食：大冰碗儿、酸梅汤、河鲜菱藕、莲子、西瓜等，再引出制作冰食的器物——"冰箱"、木桶式冰激凌机、冰棍筒等"解暑神器"。辅助场景中"二闸泛舟""伏日洗象"，同样是北京独有的地域景象。二闸在东便门外，是运河的一道闸口，始建于元代，因漕运而建，因漕运而兴。夏天，河道两岸桃柳成荫，风景如画，故也是老北京人的消暑胜地。其特色在于"水"，旧时人们可从大通桥畔（头闸）解缆泛舟，缓缓东行至二闸，再登岸游玩；也可以从二闸乘舟东行至平津上闸。盛夏观看大象洗澡，亦是旧日京城一道有趣的景观。京城自元大都时即用大象作皇帝仪仗队的先导。明清时期，每逢夏季三伏，驯象师将大象驱至宣武门外护城河洗澡、戏水，大象或扬鼻吼叫，或举鼻喷水。市井万人空巷，都会集在护城河看热闹。现在宣武门附近还留下大象曾经的"足迹"——"象来街""象房胡同"等。馆藏文物青玉游船、累丝嵌宝石荷

舟游人金饰件、铜鎏金太平有象等，作为重点文物融入场景之中。

重阳节俗"陶然共醉菊花杯"，选择了北京标志性地点——陶然亭，北京南城"陶然亭"闻名京华，与京城士人重九登高、赏菊等节俗有关。此处原有高台——黑窑厂窑台，登高近可览水景，远可眺西山。康熙年间，监督窑厂事务的工部郎中江藻在此建亭，由白居易诗句"更待菊黄家酝熟，与君一醉一陶然"[1]，取名"陶然亭"。从此，陶然亭成为京城士人重九之日登高宴游的首选之地，故而重阳节以"陶然亭"为主场景，配合馆藏文物"陶然亭秋宴图"，此图绘乾隆辛亥（1791）秋日，翰林院侍读学士法式善邀请文人雅士宴饮于陶然亭的场景。张赐宁（字桂岩）作画，伊秉绶题字，中间绘陶然亭一带景色及游乐人群图景，四周布满赵藩等名人题跋，如此将节俗、文物融入老北京人熟悉的场景，让观众加深对节日习俗印象的同时，倍感亲切。

（二）还原老北京四合院居住环境，营造身临其境的氛围

展览尽力还原出老北京的居住环境，让观众得到沉浸式的体验。"四合院"是最具北京特色的民居形式，承载着深厚的传统文化内涵，是北京城的一张历史名片。展厅整体还原了四个四合院门，设计参考了老北京四合院宅门的各种类型：广亮大门、金柱大门、如意门、蛮子门等，还有各式雕花窗棂、建筑构件，营造出四合院的氛围。尤其是冬季展厅保留的旧时垂花门（图1），十分自然地融入展厅内容，透过门向前可以看到外面冬季的冰上运动展区，互动屏背景呈现中山公园后海冰场的景象。有溜冰、拉冰床及各类冰嬉，来来去去，景象颇为壮观。还有"窖冰"场景，寒冬京城采冰人到积水潭、护城河等地取冰，用专用工具将冻得厚实的冰面切割成一米见方的冰块，运至冰窖，用以来年消夏，配有相关的油画、老照片及冰床、冰鞋等实物展品。行至门后引入九九消寒图、冬至"阳生补子""献袜履长"等展品，以及老北京家庭冬季围炉取暖的火盆、手炉、足炉、熏炉等各式各样炉子，同时展柜还陈列灶王神牌、"龙鹿象"锡五供、灯烛、五蝠攒盒、太平鼓等文物，呈现红红火火腊鼓忙年的人间烟火气。通过此"垂花门"可将冬季的温暖家景与冰冷户外两个世界串联在一起，行走其中，身临其境，颇有意味。

---

[1] 萧涤非等：《唐诗鉴赏辞典》，上海辞书出版社1983年版，第912页。

图1　冬季展厅垂花门

夏季主场景什刹海外景对面，还营造出老北京四合院家庭内部纳凉的场景，将老北京人耳熟能详的俗语"天棚鱼缸石榴树、先生肥狗胖丫头"具体形象化，唤起京城百姓一院清凉的美好记忆（图2）。老北京夏天搭天棚的风俗历史悠久，紫禁城里的宫殿、官府衙署、百姓家的庭院都要搭建起天棚降暑热，以防暴晒，展厅复原的天棚特别有京味，绕在棚架上的青藤垂下大大小小的葫芦，挂着鸟笼、蝈蝈、蛐蛐笼，辅以虫鸣鸟语等音效，给观众深切的代入感，在天棚下还设有"虫戏"相关文物。老北京四合院里常摆放鱼缸，鱼缸里养着金鱼，有些还兼养着荷花、睡莲、水草等植物，是夏日内景的点睛之笔，策展时选择极富特色的清代粉彩龙纹鱼缸文物，作为一个重要元素融入场景中，缸外壁以粉彩绘颜色各异的龙纹和花卉纹，缸内有金鱼、荷叶、水草等图案，姿态生动鲜活，能与缸内养着的金鱼融为一体，一虚一实，一动一静，充满夏日生趣。"五月榴花耀眼明"，展厅制作了一株开满红花的仿真石榴树作为夏秋时节老北京四合院里的一道美丽的景观。入夏时节石榴花开，火红夺目，故阴历五月被称为"榴月"。石榴多籽，寓意日子红红火火、团圆美满、多子多福。老北京人对石榴树颇有感情，多用它点缀庭院，依院落大小，置数盆乃至数十盆，并以鱼缸杂列其间。设置场景时，重在还原其意象，不过分写实，也不塑造人物，让观众沉浸其中成为主角。

图 2　夏季"天棚鱼缸石榴树"场景

（三）选取独有的京味老物件为记忆点，突出老北京节俗风味

老北京拥有许多非物质文化遗产，凝聚着代代传承的历史文化精华。展览选取充满老北京人记忆的标志性老物件，作为重点展物，并以老物件为核心，融入老北京节俗场景，营造浓郁的"氛围感"，突出老北京的韵味。

兔儿爷，是老北京中秋节最具特色的物件儿，中秋的展厅以兔儿爷为中心，构造拜月场景。京畿地区中秋拜月时供奉"兔儿爷"，造型千奇百状、滑稽有趣。中秋节前夕，城坊街巷多设兔儿爷货摊，京城人"集聚天街月下，市而易之"①。兔儿爷既是中秋祭供之神又是中秋玩赏之物，成为老北京中秋的标志性节俗物品。因此展厅生动还原了老北京中秋节祭兔儿爷、拜月的情景（图3）：地点选择北京白塔寺附近的一户人家，背景是中国现存较早较大的元代藏式佛塔——白塔。观众透过圆形的月洞门，可以看到浩瀚璀璨的星空，一轮圆月映照着白塔，庭院里大红石榴挂满枝头，中间供桌上摆放着兔儿爷和兔儿奶奶，并以月饼、柿子、石榴、桃子等物供之，生动呈现老北京旧日中秋节拜月的场景。让观众既了解此风

---

① 张次溪：《老北京岁时风物》，北京日报出版社2018年版，第287页。

俗，又化身成为拜月的主角融入场景，故而此场景成为观众最喜爱的"打卡地"。展厅还搭起兔儿爷摊子，一层层地摆放着粉面彩身，身后插着旗、伞的兔儿爷——有大有小，有的骑着老虎，有的坐着莲花，还有背着鲜红的小木柜，个个精工漂亮。生动有趣的兔儿爷既是中秋佳节供物，也是儿童们特别喜爱的"耍货"，也由此向观众科普兔儿爷的不同坐骑，代表不同的寓意，骑虎（祛邪辟灾）、骑麒麟（学业有成）、骑狮子（事事如意）、骑鹿（俸禄）、骑象（气象万新）、坐桃子（长寿）、坐葫芦（福禄）、坐牡丹花（大富大贵）等。

图 3　中秋拜兔儿爷场景

北京特色的老物件还有鸽哨，也是很多老北京人对旧京的记忆。鸽哨是装在鸽子尾部的一种哨子，每当鸽子飞行时空气穿过哨管就会发出哨音。老北京养鸽子之风发端于清中后期的八旗子弟中，后逐渐流传，成为极具老北京特色的民俗风情。一条胡同里养鸽子的至少有三五家，养鸽、放鸽、"盘鸽子"（养鸽者摇晃着挂着红布黑布的竹竿指挥鸽群飞翔），乐此不疲。每当群鸽齐上秋日晴空，听着驯鸽者指挥，忽上忽下、盘旋而过，悠扬的鸽哨总能引人驻足，循着声音仰望蓝天，鸽子似北京天空流动的音符。郁达夫在《故都的秋》中写道："早晨起来，泡一碗浓茶，向院子一坐，你也能看得到很高很高的碧绿的天色，听得到青天下驯鸽的飞声。"① 展厅摆列各类鸽哨，配以清脆的鸽哨音效，为观众带来老北京人最难忘的秋声。

三　数智赋能文物创新性活化，增强以观众为主体的交互性体验

文化的传播与发扬需要借助媒介，近年来随着5G、人工智能（AI）、增强现实（AR）、虚拟现实（VR）、裸眼3D、全息扫描等新技术的迅速发展，也不断催生突破时间和空间限制的新型文化媒介。习近平总书记指出，"让收藏在禁宫里的文物、陈列在广阔大地上的遗产、书写在古籍里的文字都活起来"②，"加快构建中国话语和中国叙事体系，讲好中国故事、传播好中国声音，展现可信、可爱、可敬的中国形象"③。利用先进技术开拓中华优秀传统文化传播的新形式，可以让古老的民俗具有更加丰富的表现形式，并走向更广阔的舞台，焕发出新时代魅力。故而数智赋能活化"节俗"，是本次展览的一大亮点。

传统的展览形式，多以展品、文字、图片等作为载体，观众可通过观赏文物了解其背后的历史风俗和文化内涵，但一些有趣的节俗活动，其精彩之处，仅依凭静态文物难以生动再现。本展览试图打破传统展陈方式的束缚，进一步加强数智赋能，寓教于乐，充分利用最新的数字媒介技术，根据掌握的历史古籍、藏品等，对民俗文化资源进行数字化、影像化改造，用通俗的语言、动态的图像对民俗活动进行创造性转化，为观者搭建理解民俗文化的桥梁，让节俗真正"活"起来。同时增强展览体验的交互性，调动观众主体能动性并沉浸其中，充分领略传统民俗的无限魅力。

例如对于端午节的各种竞技游乐活动：射柳、打马球、划龙舟等项目的展现，就让数字化展项和文物展品形成联动配合，运用数字大屏和智能交互，为观众提供"可触、可感、可玩"的观展体验（图4）。化静态文物为流动之风俗，让展览更加生动立体、活灵活现，可以更大程度加强观众的体验感和理解度。端午射柳，是一项带有游牧渔猎民族军事竞技色彩

---

① 郁达夫：《闲书》，译林出版社2015年版，第47—48页。
② 习近平：《加强文化遗产保护传承　弘扬中华优秀传统文化》，《求是》2024年第8期。
③ 习近平：《高举中国特色社会主义伟大旗帜　为全面建设社会主义现代化国家而团结奋斗——在中国共产党第二十次全国代表大会上的报告》，人民出版社2022年版，第46页。

的运动。辽金至明清，北京地区都有端午节驰马射柳的竞技遗俗。《金史》记载："金因辽旧俗，以重五、中元、重九日行拜天之礼。"拜天礼毕，"行射柳、击球之戏，亦辽俗也，金因尚之"①。这种习俗在清代之后渐渐消失，传统展示方式只能凭借古籍的记载和遗存的文物马鞍、弓箭、图画等让观众进行想象。而本次展览以《绮春园射柳图》、馆藏《观射图轴》"漆盘（射柳）"为蓝本，运用三维激光扫描、摄影测量、数字建模等先进技术，提取所需元素，并通过数字影像技术，使古代文物中的人物、马匹、弓箭等形象动态呈现于屏幕之上，游戏选择古籍记载中较有趣味性的明清时期射柳方式，把鹁鸽装入葫芦悬于柳树，射中葫芦则鸟飞出，以鸟飞得最高者为赢家。观众可以通过触屏设备，亲身参与互动体验，操控弓箭进行射柳，实现了展陈艺术和技术实践的创新性突破。

图 4 数智赋能增进民俗文化的互动体验

端午其余的活动龙舟竞渡、天坛打马球也是如此，从清画院画十二月月令图轴《五月竞舟》中提取龙舟及竞渡者形象，让观众体验龙舟竞相驰骋，旗鼓喧天，紧张而赛龙舟的热烈场景。从章怀太子墓壁画《马球图》提取古代人打马球的画面，根据古籍中记载的打马球规则，还原马球这种体育与军事训练结合的运动，再现北京明清两代端午节游天坛"避毒"，及赛马、打马球的场景。

冬季展区融民俗文化、古代文物、现代科技于一体，让老北京冬季的娱乐活动，如拉冰床、溜冰等风俗在现代科技的动态演绎中获得新生。采

---

① 许嘉璐：《二十四史全译·金史》，汉语大词典出版社 2004 年版，第 608—609 页。

取大小屏幕结合的方式，小屏循环播放 3D 动画数字技术"复活"的清代《冰嬉图》，复原乾隆时期八旗兵冰上活动，姿态各异，各显绝技，鱼贯而行，组成一条巨龙，蜿蜒盘转，场面颇为壮观。将花样滑冰的高超技艺，栩栩如生地呈现在观众面前。另有一面巨型 LED 屏，展现溜冰、拉冰床、窖冰等风俗（图 5），屏幕的动态画面参考馆藏的清代冰床、英国摄影师托马斯·查尔德于 19 世纪 70 年代拍摄老照片中乘坐"冰床"的北京人、中山公园后河冰场，以及清代《燕京岁时记》记载："冬至以后，水泽腹坚，则什刹海、护城河、二闸等处皆有冰床，一人拖之，其行甚速。长约五尺，宽约三尺，以木为之，脚有铁条，可坐三四人。雪晴日暖之际，如行玉壶中，亦快事也。"[1] 文物、古籍、老照片在数字技术赋能下活起来，呈现旧京冬日，雄伟的城楼、高高的城墙与低矮的民居之间的护城河冰面上，人们不畏严冬，在冰上嬉戏，有溜冰的，有拉冰车的，还有追逐冰车的狗，充满了生气与活力。转至侧面消寒部分配合文物又一小屏幕，让观众亲手体验古人风雅的消寒活动，有"双钩填墨消寒图"，选择"南宫垂柳亭前红泉流"九个字，每个字都是九画，先双钩成幅，像练习书法的

图 5 LED 屏展现溜冰、拉冰床、窖冰等风俗

---

[1] （清）富察敦崇：《燕京岁时记》，北京出版社 2018 年版，第 112 页。

"描红"一样,从冬至日(头九第一天)开始填写,每日填一画,时光流转,笔墨生香,九字填完寒冬过去,春回大地。有依据明代《帝京景物略》记载制作的"梅花消寒图":"日冬至,画素梅一枝,为瓣八十有一,日染一瓣,瓣尽而九九出,则春深矣,曰九九消寒图。"[①] 还可以画"铜钱消寒图",右下有古钱九九八十一枚,每枚铜钱均有上下左右中五个部位,消寒图的方法"上黑是天阴,中黑天严冷,满黑纷纷雪,下黑是天晴,中白暖气生,左雾右生风"由冬至日起日日点染,以记每日气候之不同变化,充满情趣。

以数字技术赋能民俗文化经典,让"传统"与"当代"相结合,打通了古与今、虚拟与现实之屏障,将古代节俗文化的丰富资源:古籍文字、文物实体、历史文化以及先人的生活美学、生存智慧……一并融入互动游戏中,通过数字技术引导观众进入沉浸式、互动式的"新视界",让老北京民俗活动,借助新媒介的传导,有效地突破时间和空间的限制,拉近了古代民俗和当下观众的距离,让古老民俗变得可听可视、可感可触、可亲可爱。更让观众成为主体沉浸其中,亲身感受老北京独特的节令习俗,由旁观和被动接收,变为主动参与的主角。重塑传统节日的仪式感,增强观众对传统文化的认同感和归属感。融声、光、电、影、音于一体的高科技,让观众更为直观地了解民俗文化的内容、形式及活动的过程。在感悟历史的同时,切身体会历史文物连接现代技术焕发出的全新活力和无限空间,开拓了文物活化传播的新形式。

结　语

岁月如轮,四季如歌,老北京人有着自己的生活节奏。这种节奏就寓于各种节俗、礼仪之中。它们遍布于京城纵横交错的胡同里,融合在百姓世世代代生命的年轮中。一事一趣味,一物一来历,处处透着老北京人的生存智慧与生活艺术,极具个性、亲和力和强大生命力。老北京民俗展,正是对这种民俗文化鲜活地再现。其让传统民俗穿越历史时空隧道与当下观众产生心灵交汇、共鸣,渗透到民众的日常生活和流行文化当中,显示出多元互动、相生共存的形态。民俗文化以展览的形式呈现和传播,让更

[①] (明)刘侗、于奕正:《帝京景物略》,上海古籍出版社2001年版,第105页。

多的人更好地认识其源远流长、博大精深，增强文化自豪感和自信心，推动中华文明在新时代展现出蓬勃生机。

综上，"岁华纪胜——老北京民俗展"力求以新时代展览的语言将古老的民俗文化资源立体呈现，提炼出京城标示性的景与物来凸显京味民俗的符号特征，以文物和数字化技术配合构成贯通过去、现在、未来的历史情境和场域，一年四季的流转，古今空间的融合，由此纵横时空相互交错，虚拟体验与现实观感相互印证，形成最有记忆点、体验感的展览空间，记载并传承着一段段古老而鲜活的老北京节俗，表达出一代代人对幸福生活的祈盼、对北京城的真挚热爱和对民族的认同感、归宿感。一方水土滋育一方人情，希望通过老北京民俗展览，让京味民俗文化得以创新性呈现与有效传播，留住京城的永恒记忆，留住老北京的根与魂，推动中华文脉绵延繁盛、中华文明历久弥新。

外部嵌入与内生赋能：乡村旅游带动乡村振兴的路径

——以北京市密云区金叵罗村为例

宋青芳　杜姗姗　周瀚文[*]

摘要：乡村振兴战略是党和国家做出的有关农业、农村、农民的重大决策部署，乡村旅游是乡村振兴的重要抓手。本文选取乡村旅游助力乡村振兴的典型村——北京市密云区金叵罗村为例，援引"外部嵌入—内部赋能"分析框架，外部嵌入从制度嵌入、资本嵌入、观念嵌入来探究，内部赋能从资源赋能、主体赋能、结构赋能来分析，旨在探讨乡村旅游带动乡村振兴的路径与逻辑。结果表明：第一，乡村发展需要外部力量的有效提前嵌入，以外力驱动内生力量，使内生力量成为发展的主体，从而实现内外动力的综合分析；第二，加强有效的外部嵌入，形成乡村发展的基础，制度、资本、观念的嵌入构成了乡村发展背景与基础，形成了"村两委—返乡精英—村民"的治理模式，加大乡村财政投入与基础设施的建设，助推人才吸纳与激励政策，深化土地制度改革，促进外部嵌入的有效发展；第三，推动内生赋能，激活与培育内生主体，形成了"村两委和返乡精英—资源开发利用—村民自主可持续发展"的模式，培育乡村人才，促进思想与行为转变，实现乡村资源的高质量开发与利用；第四，注重内外部优势结合，实现可持续发展，促进内外部资源优势相结合，建立多元治理结构，实现乡村的可持续发展。最终基于乡村发展现状，

---

[*] 宋青芳，北京联合大学应用文理学院硕士研究生，研究方向：乡村发展；杜姗姗，北京联合大学应用文理学院副教授，研究方向：城乡规划；周瀚文，北京联合大学应用文理学院硕士研究生，研究方向：乡村发展。

在外部嵌入的推动下，尤其以制度嵌入、资本嵌入、观念嵌入影响并推动乡村内部主体的思想进步，促进资源开发，促进主体合作，经济增长，带动并实现内生赋能，形成一条可持续的发展路径。

关键词：外部嵌入；内生赋能；乡村振兴；乡村旅游；金巨罗村

一 引 言

乡村振兴战略是党和国家着眼于乡村社会发展实际、顺应新时代发展要求而做出的重大决策部署，乡村旅游作为乡村振兴的重要抓手，融合农业与旅游业，带动就业并增加农民收入、推动产业结构优化与升级、激发乡村的内生活力[1]，旅游乡村的培育、发展经验对其他乡村具有重要的借鉴意义。

旅游乡村的影响因素与发展经验是学界关注的重点，一般采用调查问卷、访谈、地理探测器模型、缓冲区分析、地理加权回归等方法从定性与定量两个层次展开研究，一般从主导与次要因素[2][3][4]、重要性排序[5]、内部与外部[6][7]等角度来探究，内部和外部因素通常相互影响，但内外部视角研究中多以单视角展开研究，大多数学者从更容易被个体或组织所感知的内部动力来探究，以问卷调查、深度访谈等方法直接获取个体的主观感受和动机，增强乡村内生动力成为学界共识[8][9]，外部动力

---

[1] 韩宸辰、范纯营：《乡村振兴背景下社区居民参与乡村旅游的内生动力研究——以皖北地区为例》，《山东农业大学学报》（社会科学版）2023年第2期。

[2] 陈航、王跃伟：《乡村旅游高质量发展赋能乡村振兴潜力评价及障碍因素诊断》，《中国农业资源与区划》2024年第3期。

[3] 田彩云、管祥泰、田惠文：《黄河流域乡村旅游重点村空间分布特征及其影响因素研究》，《旅游学刊》2023年第8期。

[4] 张慧、李嘉琛、刘江龙：《湖南省乡村旅游重点村空间分异特征及影响因子》，《中南林业科技大学学报》2023年第9期。

[5] 陈绍友、于晓霞：《成渝地区双城经济圈乡村旅游重点村空间分布特征及影响因素研究》，《重庆师范大学学报》（自然科学版）2023年第4期。

[6] 朱长宁、王睿、汪浩：《乡村旅游组织管理者行为影响因素研究——理论模型与相关研究命题》，《东岳论丛》2017年第11期。

[7] 苏康传、杨庆媛、吴江、周璐璐、陈鸿基、刘燕：《重庆市乡村空间商品化格局特征、驱动机制及发展模式》，《经济地理》2022年第7期。

[8] 豆书龙、叶敬忠：《乡村振兴与脱贫攻坚的有机衔接及其机制构建》，《改革》2019年第1期。

[9] 李玉恒、阎佳玉、宋传垚：《乡村振兴与可持续发展——国际典型案例剖析及其启示》，《地理研究》2019年第3期。

研究需要更多的定性分析和综合考虑，涉及政策、市场和社会文化等方面的因素。

乡村发展的内生动力源自乡村内部个体的价值观、自我意识等方面，以内部资源的激活与开发为目的而产生的自发动力，激发内在潜能。国家政策也表明乡村发展主体是农民，根本在于提高农民主体性作用。[①] 学界也从内涵[②]、逻辑[③]、动力与机制[④][⑤]等方面对乡村内生发展进行了理论研究[⑥]，以县委书记、乡镇干部、基层组织干部、村民[⑦][⑧]等作为内生发展主体，但存在发展动力不足、短期难以有成效的问题。乡村发展的外部动力是指乡村所在地区以外的因素和力量对乡村发展产生的影响和推动，一般以政府、市场、外部企业与返乡主体为主，一定程度上为乡村注入人才和技术，助推了乡村的发展，但存在政策偏离、资源浪费等问题，使得外部力量与资源难以留在乡村。

内生或外部动力单视角的研究存在动力因子探究不全面的问题，亟须开展综合内、外动力视角的综合分析，已有研究表明要强化外部力量驱动以夯实基础，从而推动内源发展来培育原生动力以实现内外融合，增强可持续发展力[⑨]。虽然提供了综合视角的案例剖析，但尚未形成内外部动力综合分析乡村发展的研究范式。

本文基于对内外部动力视角下，通过案例研究，发现嵌入理论和赋能理论与案例发展过程相匹配，因此形成"外部嵌入—内部赋能"分析

---

① 孙九霞、黄凯洁、王学基：《基于地方实践的旅游发展与乡村振兴：逻辑与案例》，《旅游学刊》2020年第3期。
② 杨高升、庄鸿、田贵良、缪岗辉：《乡村经济内生式可持续发展的实现逻辑——基于江苏省Z镇的经验考察》，《农业经济问题》2023年第6期。
③ 杨锦秀、刘敏、尚凭、吴晓婷：《如何破解乡村振兴的内外联动而内不动——基于成都市蒲江县箭塔村的实践考察》，《农业经济问题》2023年第3期。
④ 张行发、徐虹、张妍：《从脱贫攻坚到乡村振兴：新内生发展理论视角——以贵州省Y县为案例》，《当代经济管理》2021年第10期。
⑤ 吴茂英、张镁琦、王龙杰：《共生视角下乡村新内生式发展的路径与机制——以杭州临安区乡村运营为例》，《自然资源学报》2023年第8期。
⑥ 黄博：《乡村振兴战略与村民自治：互嵌、诉求与融合》，《求实》2020年第1期。
⑦ 王晓毅、梁昕、杨蓉蓉：《从脱贫攻坚到乡村振兴：内生动力的视角》，《学习与探索》2023年第1期。
⑧ 满小欧、李贺云、娄成武：《外源驱动与内源发展：乡村振兴的实践路径与推进机制——基于全国26个典型案例的模糊集定性比较分析》，《东北大学学报》（社会科学版）2023年第4期。
⑨ 顾海燕：《乡村文化振兴的内生动力与外在激活力——日常生活方式的文化治理视角》，《云南民族大学学报》（哲学社会科学版）2020年第1期。

框架，引入"嵌入理论"分析乡村外部的动力及要素，明确外部动力的作用与措施，借以"赋能理论"探究乡村自主发展及外部力量促进乡村发展的动力，"外部嵌入—内部赋能"分析框架的主要目的是明确外部与内部动力的作用，综合探究乡村内外动力发展，从而探究理想的发展路径。鉴于此，本文着眼于乡村旅游带动乡村振兴背景下，以北京市金叵罗村为案例地，总结提炼出乡村振兴背景下乡村旅游的路径与逻辑，以期为其他地区的乡村发展提供参考。

二 "外部嵌入—内生赋能"的分析框架

乡村振兴背景下乡村旅游的发展是内外部力量的共同体现，外部力量的参与和支持为乡村提供资源、技术和资金，推动乡村经济社会发展，是外部的资源、观念、制度及结构等嵌入乡村的过程。同时，也需要政府、企业、社会组织和村民共同努力，促进乡村内部发展，体现了内部的主体、结构、资源等的内部发展实现赋能，内外部动力形成合力，实现目标。

"嵌入"通常是指事物以某种形式进入另一事物并与其相融合，多指本体自身没有的事物进入来促进发展。"嵌入"最初由卡尔·波兰尼提出，认为"经济体系从原则上来说都是嵌入社会关系中的"[1]。格兰诺维特将"嵌入性"内涵扩展至社会关系网格中，开创了一个旨在分析人类经济社会活动方法论新工具。[2] 有学者将嵌入性理论拓展为认知嵌入、文化嵌入、政治嵌入、结构嵌入、环境嵌入、组织间嵌入、双边嵌入等类型[3][4][5]。在乡村地理学领域，主要从嵌入性理论视角，即主要通过对乡村自身所缺的，而要恰好进入乡村的且促进乡村发展的对象进行研究，

---

[1] [英]卡尔·波兰尼：《大转型——我们时代的政治与经济起源》，冯钢、刘阳译，浙江人民出版社2007年版，第232页。

[2] Granovetter M., "Economic Action and Social Structure: The Problem of Embeddedness", *American Journal of Sociology*, Vol. 3, 1985, pp. 481-510.

[3] 兰建平、苗文斌：《嵌入性理论研究综述》，《技术经济》2009年第1期。

[4] 韩庆龄：《嵌入理论下资源型乡贤返乡参与乡村产业振兴的实践机理》，《西北农林科技大学学报》（社会科学版）2023年第2期。

[5] 王勇、王燕飞：《嵌入性理论视角下农村生态产业融合发展路径研究》，《新乡学院学报》2023年第2期。

主要研究乡贤助力乡村发展[1]、乡村治理及产业振兴[2]、乡村旅游开发路径与经验、乡村组织振兴路径[3]等，肯定嵌入在乡村发展的成果。目前基于嵌入视角更多的是外部力量与资源的嵌入，促进乡村的发展，但存在真正的主体难以激发，外部嵌入难以可持续发展，结果不明显[4]等问题。因此为避免过分依赖外部嵌入，使得内部过分依赖外部嵌入而失去促进自身发展的能力与意识。因此引入内生赋能来平衡外部嵌入。"赋能"理论的核心在于"帮助别人成功"，最初由美国学者芭芭拉·布莱恩特·所罗门（B. B. Solomon）在《黑人赋权：社会工作与被压迫的社区》中提出[5]，不同学科的学者从不同角度进行研究，但未形成统一的定义。沈费伟在综合各位学者观点的基础上提出赋能理论是针对社会中的弱势群体，借助交流合作、学习参与、管理决策等过程及各种机会与资源，让弱势群体有参与活动、获取资源、控制生活的能力，从而使之获得更好的生活状态。本文认为赋能理论指通过挖掘开发资源，激发资源与主体活力，提升主体能力，实现自我发展的目标。近年来，赋能理论主要从大数据[6]、数字经济[7]、数字技术[8]、人才[9]、政策[10]等多角度赋能乡村，促进乡村旅游高质量发展，实现文化振兴、产业振兴与转型、人才振兴、乡村治理等，从而肯定内生赋能在乡村发展的作用。

---

[1] 蒋大海：《嵌入性理论下新乡贤助力乡村振兴的逻辑——以 Z 镇为例》，《国际公关》2023年第 11 期。

[2] 贾敏：《嵌入理论视域下新乡贤参与乡村治理研究——基于对 Y 镇的个案分析》，《湖北农业科学》2022 年第 11 期。

[3] 曾凡军、文超：《嵌入性理论视域下乡村组织振兴路径研究》，《科技智囊》2021 年第 1 期。

[4] 沈费伟：《乡村技术赋能：实现乡村有效治理的策略选择》，《南京农业大学学报》（社会科学版）2020 年第 2 期。

[5] Soloman B. B., *Empowerment: Social Work in Oppressed Communities*, New York: Columbia University Press, 1976.

[6] 陈桂生、王玥：《数字乡村富裕共同体：数字乡村建设推进共同富裕何以可能与何以可为》，《天津师范大学学报》（社会科学版）2023 年第 5 期。

[7] 张广辉、乔可可：《数字乡村建设影响农民收入的内在机理与创新探索》，《山东行政学院学报》2023 年第 4 期。

[8] 左孝凡、陆继霞：《从脱贫攻坚到共同富裕：数字技术赋能贫困治理的路径研究——贵州省"大数据帮扶"例证》，《现代经济探讨》2023 年第 8 期。

[9] 李瑶：《乡村人才振兴赋能农业农村现代化建设的路径探索》，《山西农经》2023 年第 15 期。

[10] 曹世婧：《政策赋能乡村贫困治理与产业扶贫的实地评估——基于山西省 P 村的个案调查》，《中国市场》2023 年第 20 期。

基于内外部动力视角下，引入嵌入理论与赋能理论，结合发展出"外部嵌入—内生赋能"的分析框架，聚焦外部力量与乡村之间的双向互动，紧扣外部力量与资源如何激发乡村发展，从而促进外部资源的有效嵌入促进内生赋能，实现外部嵌入与内生赋能的和谐与统一，最终激发并赋予乡村振兴的内生动力，从而推动乡村发展。

基于"外部嵌入—内生赋能"的关系与分析框架（见图1），结合金匦罗村的发展过程，选取乡村中最具代表性的动力要素，基于嵌入的视角，从制度嵌入、资本嵌入和观念嵌入的角度考察对乡村各类资源的整合，赋能维度则表现为从结构赋能、资源赋能以及主体赋能的角度探析乡村内部的资源利用。

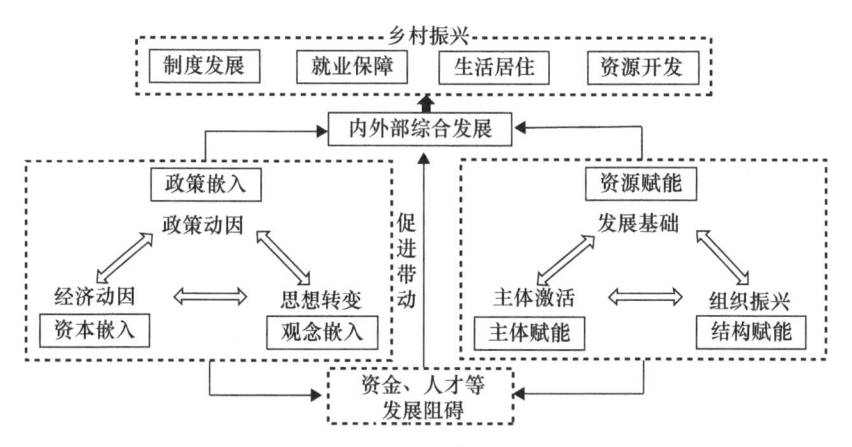

图 1 "外部嵌入—内生赋能"的关系与分析框架

从嵌入维度看，制度嵌入性是指政策、法律等相关制度对乡村社会的影响，是乡村发展与运行的规范性基础，提供制度支撑；资本嵌入是个人人力资本和社会资本对乡村的嵌入，提供资本支撑；观念嵌入是自身的观点看法与价值理念等认知对乡村的嵌入，提供认知支撑。从赋能维度看，结构赋能是对乡村内部主体间关系与结构的赋能，旨在优化与振兴组织结构；资源赋能是对乡村自有的产业与人才资源的赋能，旨在进行资源的优化利用；主体赋能是对乡村主体的赋能，旨在培育与激发主体能力。

三 外部嵌入与内生赋能乡村发展实践

(一) 研究案例概况

金叵罗村位于北京市密云区溪翁庄镇中部，距密云城区9.3公里，密云水库南侧1.5公里。全村共有1120户，3500人，旅游就业人数300余人。村域面积7.83平方公里，土地11745亩，其中耕地4000亩（含基本农田1988亩），山场面积7000亩，其他居住和公共设施用地745亩。金叵罗村位于生态涵养区，林木覆盖率62.47%，旅游产业基础较好，成立合作社，集体分红。

(二) 外部嵌入分析

乡村振兴背景下的外部嵌入与内生赋能，由外往内看，是外部力量致力于实现乡村振兴。而由内往外看，促进资源合理开发与利用，促进乡村发展。

1. 制度嵌入

乡村制度嵌入主要是充分发挥政府的引领作用，政府为乡村产业、人才、文化、生态、组织等作出明确要求与指示。其中乡村带头人培育"头雁"的人才培育政策最为显著，为乡村发展培育并吸引带头人，形成"头雁"队伍、示范引领、辐射带动他人，带动新型乡村主体形成"雁阵"，夯实乡村振兴人才基础，实现人才兴而乡村兴，金叵罗村的返乡精英组成的第十一生产队是政策的印证，吸纳外部人才，形成发展群体，构成乡村发展的中坚力量。同时国家制度为乡村基层组织提供了权力基础和动力机制，对基层组织的工作职责及工作考核有明确要求，督促与监督基层组织干部的工作，推动乡村发展也是基层组织工作者的职责与内容。制度嵌入为乡村提供了基层的执行者并以政策制度支持乡村发展，制度嵌入统筹乡村发展全局，为乡村发展保驾护航。

乡村发展的制度嵌入是自上而下落实，从宏观层面的顶层设计到各级地方政府出台相应的配套制度与措施，再到基层乡村振兴层层落实与推进，从而形成体系化政策网络，这些政策围绕乡村旅游与乡村振兴精准施策，为乡村振兴工作提供了基础与制度保障。同时地方基层组织是政策制度的直接执行者，乡村基层组织是直接的实践者，是国家方针政策最终落实的关键一环，在整个国家的政策实践中具有重要作用，因此制度嵌入中制度、政策与执行人员息息相关。

2. 资本嵌入

基于案例而言，资本嵌入就是人力资本与社会资本进入乡村从而推动乡村的发展。其一，就是本村的村支书伊书华，于2012年4月，在密云区溪翁庄镇党委与金叵罗村党支部的委托下，回到金叵罗村，担任村党支部书记[1][2]。返乡后根据乡村资源、现状以及需求等，经村两委商议，党员大会审议及村民代表决议，以加快农民增收致富为目标，编制了金叵罗村旅游发展规划，确立了金叵罗村发展之路：以"旅游+"为主线，以旅带农，以旅促农，以乡村经济促产业发展[3]，通过发展旅游业来致富。为乡村确立了在农业发展之外的另一条道路，在发展中引领村民成立合作社，推动农业高质量生产，发展采摘园与绿色农业，吸纳筛选11位返乡精英进入，形成金叵罗村的11队，带动村民参与乡村旅游建设与发展。因此，村支书作为重要人力资本，在引领乡村发展、吸纳人才、增强村民参与乡村发展建设方面做出巨大贡献。

其二，金叵罗村基础发展条件吸引一些城市居民的进入，统称为返乡精英，组成了金叵罗村的第十一生产队，每个人都"带艺入队"，给乡村带来一种业态，村支书与返乡精英利用自身的关系网络吸纳资金并引进项目，促进乡村资源的开发与利用。在"住"的方面，向着乡村旅游的目标前进，在乡村农宅的基础上建设集特色居住、工艺体验及亲子家庭型的民宿，带来新的民宿标准，促使乡村民宿向着高质量、优质化发展；同时为"玩"打造场地与项目，通过土地整合与开发，建立以亲子体验的自然教育为主题的农场，实现农业与教育的深度融合，为旅游体验与研学活动奠定了基础；基于"吃"，打造特色甜品品牌，促进农产品的利用与线上线下销售，开发农产品多样性的用途，提升农产品价值。

资本嵌入不仅是人才与资本的进入，更是在嵌入基础上利用资源反哺乡村，人力资本与社会资本相辅相成建设乡村。乡村人力资本进驻，填补

---

[1] 张惠清：《北京市密云区溪翁庄镇金叵罗村第一书记伊书华：农旅融合，打造乡村振兴"绿色引擎"》，《中华儿女》2021年第ZB期。
[2] 张惠清、伊书华：《农旅融合打造乡村振兴"绿色引擎"》，《绿色中国》2021年第24期。
[3] 陈奕捷、李敏、张颖等：《续红色基因创金色未来——金叵罗村的首都生态涵养区乡村振兴实践》，《今日国土》2022年第5期。

了人力资源的空缺，在乡村发展、决策、生产、组织等方面提供新思路。社会资本是指资金的支持，通过人力资本携带资金投入乡村，为乡村发展争取更多的社会资本支持，从而破解乡村发展"原始资本"不足的困境。资本嵌入，具体而言就是进入乡村的人才与资金为乡村所做出的成果。

表1　　　　　　　　　　返乡精英的资本嵌入

时间	视角	事件	成果
2017年	住	老友季精品民宿的落地，其负责人租赁村中3栋闲置的百年老宅，进行改造与装饰，保留乡村庭院的内在机理，建设成为传统与现代并存，集住宿、餐饮、手工活动、特色食品与绿植花草的销售等于一身的精品民宿	盘活闲置农宅、聘请村民做管家服务、助销农副产品
2021年	住	四家农家乐（"馍法时光""太阳花""春阿姨""葫芦DIY"）与专业运营机构的对接，达成"8155"的利益联结机制，采用"微改造，软提升"的形式，对原有的建筑进行重新规划与设计，打造特色主题项目	提供特色项目体验、住宿与餐饮的民俗体验馆
2018年	玩	飞鸟与鸣虫农场根据四季变化提供自然科学、自然戏剧教育、食品与农业、传统节庆文化等主题的课程与活动，与金叵罗村合作社签署了战略合作协议：合作社提供50多亩土地，并陆续投资建筑设计、基础设施及固定资产，先后投入130多万元。负责人主导经营，取得的收益按四六比例分成，合作社拿四成，剩余归农场所有。截至2022年，与合作社分红50多万元，并将每年的面包礼盒销售收入，抽取10%用于帮助村中因大病、失孤、生活困难的妇女	吸引研学团体的到来，开展研学活动，助力村民健康生活
2021年	吃	西口研食社，一是使用法式甜品技术，选用当地的优质材料，增加农产品附加值；二是培训一些村里零基础的大嫂与大姐们，让她们学习到新的技能	促进农产品的深度开发与销售，培训村民技能
2021年	产业	金叵罗村与北青教育传媒共同打造农耕文化实践基地，先后与8所学校建立合作关系，使学生走出校园，深入田间地头，实现真正意义上的以乡土文化开展乡土教育，打造劳动教育新高地，2021年吸引城市学生近1万人次到村开展农耕文化学习课，共青团市委拟将金叵罗村作为"红领巾爱首都"社会实践基地	开展研学活动，固定客源
2022年	产业	北青传媒自然教育、亲游科技、蓝海咨询、北京国际设计周艺术乡村主题展、北京观光休闲农业行业协会乡村振兴工作站纷纷落户金叵罗，一些项目也在洽谈中	吸引大量外部资金与企业嵌入

3. 观念嵌入

村支书在与村民交谈、打交道、集体会议的过程中，通过宣传政策、发展路线与路径等，促进村民积极了解乡村发展政策，参与到乡村的发展过程，从而改变传统观念，深入贯彻发展旅游业来致富的思想，推动村民跟随乡村旅游致富来调整农业类型而发展。同时返乡精英通过项目的建设与经营，潜移默化地促进知识与理念进入，提升乡村旅游的品质与服务，向着高质量发展，从而提升村民在旅游活动中的服务与能力，为游客提供更好的旅游体验。

观念嵌入是一种"软文化"嵌入，是外部的观点看法、认知理念、行为习惯等思维方式对乡村的嵌入，以"润物细无声"的方式引领乡村发展建设，进而影响村民的价值观念和行为方式，最终促进乡村思想转变。

（三）内生赋能分析

乡村的内生赋能主要是指开发乡村资源，发挥其最大化的作用。因此需要推动外部力量、资源与当地资源的整合，撬动乡村资源，形成资源联动效应，释放资源潜力，构造乡村内生发展的资源生命力。

1. 资源赋能

乡村资源内生赋能主要为村民与村集体对资源的利用与开发，乡村的环境是发展旅游的基底，需要对乡村的自然资源进行重新开发与利用，形成发展基础。基于村民对资源的利用，以农业资源和土地与农宅为着力点，以合作社实现集体化、规模化的发展，其中部分农业资源质量和品质提升，发展优质农业资源，形成农业资源品牌，提升价值与知名度，扩大销售；大规模农业资源的合作社的成立，实现管理与人员的统一，提供农业采摘体验与售卖项目；土地与农宅的整合与开发，形成了特色乡村民宿和农场，建成集农业、游玩的儿童农场，提供游、玩、学一体的乡村生活体验，乡村自身资源为乡村旅游的发展提供基础的住宿、游玩、餐饮条件，从而实现乡村内部对资源的赋能。

乡村资源赋能主要是对资源的开发与利用，在外部人力的影响下开发资源，促进乡村旅游的发展。

表2　　　　　　　　　　乡村村民的资源赋能

时间	视角	事件	成果
2014年	住	第一家村民自主建设民宿——北井小院落成，带动民宿建设，2021年，全村注册民俗旅游接待户共90余家，可同时接待500人住宿	为乡村民俗户示范了新的接待标准

续表

时间	视角	事件	成果
2014年	玩	金叵罗农场形成农耕体验区、庄稼种植区、蔬菜采摘区、原木乐园区、素质拓展区、动物喂养区、水上乐园区等板块，有60名村民在农场就业，其中3人为残疾人。农场职工的收入，主要由土地入股、工资、分红三部分构成。每亩租金1500元，工资4000多元，外加年终分红。以土地或资金入股的村民，可享受土地的租金和农场的分红	促进就业，增加收入，建成集农业、游玩、儿童的农场，提供游、玩、学一体的乡村旅游生活体验
2016年	体验	北京市低碳环保协会将金叵罗村定为试点村，辅导乡村进行各项堆肥实验，同时响应中央"厕所革命"的号召，在金叵罗农场增设蚯蚓无水厕所	低碳环保理念的践行
2018年	生态农业	将农田的土壤及灌溉水样本送检，经检测达国家自然保护区标准。金叵罗生态农场种植的绿色粮菜，每周持续供应300多户北京市民——每天清晨四点半采摘，当天摆上市民餐桌	发展绿色农业
2021年	合作	金叵罗村依托北京市农研中心资源区划处、中华女子学院（全国妇联干部培训学院）、北京林业大学马克思主义学院的专业力量，开展了红色资源的整理工作，新增了红色旅游和党建活动项目，数字红馆也即将上线，拓宽了乡村资源开发视野，扩大了增收渠道	红色资源开发，多方合作

2. 主体赋能

主体赋能主要以村民的自我发展为重心，其中村民的积极性与主动性极为重要。通过积极性的引导，村支书组织成立合作社，依法动员村民并整合乡村闲置资源，开发土地与农产品，村民所得分红逐渐增多，从最初的动员参加到自愿加入合作社，现阶段有95%的村民加入，因发展成果加持，村民对乡村发展的积极性逐渐提高。通过焕发村民的主动性，提出"旅游+"发展路线后，成功举办首届樱桃采摘节和金谷开镰节等活动，当年接待游客达到5万余人次，实现收入120万元，间接农户收入600余万元，表明发展路线的正确性，经济成果更为村民的积极参与奠定基础，从而焕发村民的主体性。其次，现有成果及旅游的影响下，村民自建的第一家民宿小院的落成起着示范作用，后陆续建成了多家民宿，旅游经济收入对村民主动性呈正向影响，村民的主动性得到提升。在发展过程中主体性不断提升，旅游项目的丰富与完善，基于游客层面的建议与评论促使乡村的建设与服务不断地微调整，力求提供更加完美的旅游体验与服务，村民主体性作用的发挥，长期主体赋能才能有成效。

归根到底，乡村振兴的目的是促进村民的发展，村民是乡村振兴的主体与内在推进动力，只有带动村民积极参与乡村发展，才能使他们从乡村发展的参与者、旁观者转变为真正的行动者，成为发展真正的内在动力。因此，主体赋能首先要改变观念，使村民内心愿意为乡村发展出一份力，发挥个人积极性；其次要以行动参与投身乡村发展；最后要推动村民在村内事务中有效发挥作用，为乡村发展提供源源不断的动力。

表3　　　　　　　　　　　　主体赋能的过程

时间	视角	事件	成果
2012年	组织	村支书带领下乡村成立樱桃、农业种植专业和民俗旅游合作社，按照村民自愿的原则，以每年每亩1000元、每年每亩递增50元的方式，依法将土地集中起来，共流转1400余亩，由合作社统一管理实现规模经营，入社社员分别为218户、658户和192户。	土地集中管理，组织程度提高，打造农产品规模经济。
2013年	组织	金樱谷农业专业合作社成立，村民通过土地、农宅、樱桃园等闲置资产入股930户，以资金入股213户，入股资金400余万元，坚持不打农药、不施化肥，自然堆肥，物理除虫，人工除草等方式优化土壤有机种植小米和蔬菜，在有机种植基础上，提升产品质量。农场解决了金匣罗村35名60岁以上村民及残疾村民稳定就业，间接为400多名妇女搭建就业培训平台，每年工资性收入达180万余元。	发展生态农业，建立体验、游玩型农场。
2013年	组织	成立小米合作社，大力发展特色谷子种植1000亩，开发贡米打包饭，将小米直接从地头销售转化为餐桌上的佳肴，提升产品价值，年收入达100万元，年人均增收6000多元。开发小米酥等农产品衍生品，注册"金匣罗小米"品牌。	提升农产品的附加值，提升品牌效应，打造小米全产业链发展模式。

3. 结构赋能

案例中，乡村最初的发展驱动力从基层组织，发展到现在的基层组织、返乡精英与村民三方合作，基层组织在乡村振兴中发挥核心领导的作用，村支书聚焦工作职责，引领并促进乡村的发展。从最初的组织涣散问题到村支书加入后的稳定的组织结构，促成合作社的建设，使村民由个体发展转变为团体合作发展；返乡精英的加入形成多元主体共同参与的治理局面，强化基层组织建设，依托项目建设，参与乡村会议决策，年终工作审议，优化乡村经济结构，推动资源整合与产业集聚，带动乡村经济产业化和规模化发展，成为乡村发展的重要力量。最后，村民是乡村发展真正的内生力量，从观念转变到行动参与再到发展思想的转变，提升积极性与主动性，从而发挥主体性，实现内生力量觉醒。长期发展中形成基层组织、返乡精英与村民的稳定结构，实现组织结构的振兴，形成多元主体治理格局。

在乡村的发展中稳定的组织结构是发展的基础，乡村基层组织是主要组成部分，结构赋能改变了之前组织涣散与空转导致乡村发展无序的问题，其中以村支书强化基层村组织的建设，推动乡村组织结构振兴，为乡村发展提供坚强的政治保障，乡村内的各主体相互合作，共同优化组织结构，结构赋能促进乡村基层领导集体稳定合作，长远发展。

（四）外部嵌入与内生赋能的循环发展分析

上述分析表明，乡村的外部嵌入是通过"三维嵌入"，奠定乡村发展基础，首先制度嵌入为乡村的发展提供了发展基础、理论指导与实施方案，贯穿乡村发展的始终，制度嵌入为资本嵌入提供支持与路径，从而吸纳多方资本，通过制度、政策的颁布与实施，丰富乡村的发展观念，结合人力资本的理念，构成观念嵌入，影响村民的思想，为乡村主体从思想层面赋能蓄力。

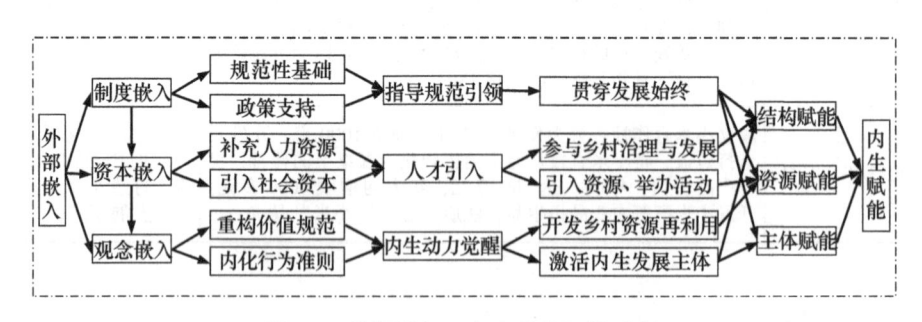

图2 "外部嵌入—内生赋能"的过程

在发展实践中，内外动力共同推动乡村向着高质量与规模化发展：资源赋能以土地、农宅、农业资源为基础深入开发，带动乡村主体发展，实现资源开发，收入增长，最终激活内在动力，促进乡村整体提升，因此以制度嵌入为背景，村民、合作社、外部人力资本与基层组织等主体相互合作，构成稳定的结构，形成多元主体治理格局，实现结构赋能。制度、资本、观念的嵌入与乡村资源、主体、结构赋能相互协作，综合发展，促进乡村高质量发展，村民转变为新农人，实现乡村振兴。总结而言，基于乡村的发展基础与潜力，在制度嵌入的影响下，有资本与政策支持，资本嵌入乡村，促进观念嵌入，从而促进乡村资源的再利用，实现资源与主体赋能，形成稳定的结构赋能，最终各方相互协作，共促乡村发展。

四 "外部嵌入—内生赋能"的乡村发展路径

从实践经验来看,乡村的发展是内外力综合的结果,在外部制度嵌入、资本嵌入、观念嵌入的基础上,着眼于乡村的资源、主体和结构赋能,共同推进乡村振兴。对金叵罗村乡村旅游带动乡村振兴的发展实践进行总结与剖析,明确了解到乡村发展需要加强外部力量的有效融入,以外力驱动内生力量,培育内生力量成为发展的主体,从而促进乡村振兴。基于上述案例的分析,本文得出乡村旅游带动乡村振兴的基本路径如下。

(一)加强有效的外部嵌入,形成乡村发展的基础

基于案例的分析,充分表明了外部嵌入带来外生动力在乡村振兴中的推动作用,政策、人力与社会资本及认知观念的有效外部嵌入,为乡村提供资金、资源、路径与方向;在金叵罗村的基层组织与返乡精英的带领下,使外部资源留得住并发展起来,资源得以集聚并起到带动作用,在这一过程中形成了"村两委—返乡精英—村民"互动合作的治理模式。

因此,外部嵌入的目的在于建设乡村发展基础,制度与政策为乡村的发展指明了路径与方向。一方面,政府加大对欠发达乡村的财政投入与人才引进。建立农村金融体系,提供小额贷款和信贷支持,帮助农民和小企业获得发展资金;政府通过人才吸纳与激励政策,通过鼓励乡村创业、创业补贴等方式吸引人才,完善返乡人才与乡村合作机制,并培育村民的技能与知识,促进返乡人才、村集体与村民的利益联结。另一方面,注重政策的研究与应用,在深化土地制度改革,推进乡村土地整合、承包与宅基地的"三权"分置,整合并充分利用乡村的资源。

(二)推动内生赋能发展,激活与培育内生主体

内生赋能主要关注乡村主体的培育与发展,是实现乡村可持续发展的关键。案例中通过挖掘资源的特色,建立合作社,壮大集体经济,加强培育内生力量,形成特色发展路径,形成了"村两委和返乡精英—资源开发—村民自主可持续发展"的模式。

因此,首先,推动内生赋能目的在于激活村民的主体性,以合作与利益链接的方式形成合作团体,促进集体经济发展,通过规划村民的自有土

地与农业资源等的用途，打造规模化的农业资源产品，大力发展集体经济组织。其次，利用外部资源来培育乡村人才，提升村民的能力与技能，推动本土人才培育。最后，充分利用乡村资源优势，开发农业资源的用途，发展高质量与规模化农业产业，延长农产品的产业链，提高农产品的附加值，建立乡村发展综合体，促进经济增长，实现乡村振兴。

（三）注重内外部优势结合，形成可持续发展

在乡村发展的过程中外部嵌入与内生赋能取得了显著的成果，因此需要促进乡村内生发展动力与外部力量建立联系，相互对接与合作，实现外部嵌入与内生赋能共同助推乡村发展。因此，首先促进内外部主体的协同合作，内部主体为外部主体的进入提供便利与重视，促进外部资源在乡村本土生根发芽；实现内外部资源优势相结合，建立多元治理结构，促进外部主体、企业与乡村内部主体的多方合作参与，共同治理乡村，协商解决问题，最终实现内外部协同发展，统筹乡村内外部力量，实现乡村的可持续发展。

五 结论与讨论

本文援引"外部嵌入—内部赋能"分析框架，对金叵罗村乡村振兴的历程进行剖析，在外部制度嵌入、资本嵌入、观念嵌入的基础上，着眼于乡村的结构赋能、资源赋能、主体赋能，探讨乡村振兴的路径。

本文明确了解到乡村发展需要外部主体的有效提前嵌入，以外力驱动内生主体，使其成为发展的主体，从而实现内外动力的混合分析。

加强有效的外部嵌入，构成了乡村发展的背景与基础，形成了"村两委—返乡精英—村民"的治理模式。推动内生赋能发展，激活与培育内生主体，形成了"村两委和返乡精英—资源开发利用—村民自主可持续发展"的模式。整合内外部优势，基于乡村的发展基础与潜力，在制度嵌入的影响下，资本与政策支持，资本嵌入乡村，促进观念嵌入，从而促进乡村资源的再利用，实现资源与主体赋能，形成稳定的结构赋能，最终各方相互协作，共促乡村发展。

然而，需要注意的是，必须充分考虑各地区自身特点和现实情况，不同地区有着不同的资源禀赋、历史背景和发展需求。目前乡村数量相对较

少，缺乏整体性和系统性，这导致了乡村振兴的经验和模式的传播受限；增加案例数量，以丰富乡村振兴的案例库，在开展乡村振兴实践时，应注重整体规划和系统思维，将农业、乡村旅游、乡村文化等各个方面的发展有机结合起来，形成综合性的乡村振兴案例。

北京学人

勤奋造就事业

——记北京学研究基地学术委员孔繁敏教授

张宝秀[*]

孔繁敏教授在高校学习工作40余年，先是在北京大学历史系学习工作了17年，其间硕士毕业后留校主要从事科研工作，后调到北京联合大学文理学院（今应用文理学院）工作了20余年，担任过副院长、院长和党委书记以及北京学研究基地学术委员会委员等职务。他钟爱教育事业，在教学科研及管理等工作岗位上勤奋不息，不断进取，在多个领域作出了重要贡献。

一 积极探索服务北京的应用型办学之路

在学院领导岗位的这段工作经历中，孔繁敏教授感受最深的是积极探索服务北京的应用型办学之路。当时中国高等教育正处于由精英教育向大众化教育转变、从重点培养研究型人才向培养多类型人才转变的新阶段。高等学校面临调整办学定位、实行分类发展的重大抉择。应用文理学院前身是北京大学分校与中国人民大学第二分校，原来的学科专业照搬老大学设置，自20世纪80年代初期开始，创办分校的前辈们大力探索有别于老大学的应用型办学道路。孔繁敏教授到学院领导岗位工作后，接续奋斗、传承发展，坚持服务北京的应用方向，不断优化学科专业结构，加强学科专业一体化建设，促使基础研究型的文科、理科向应用文科、应用理科

---

[*] 张宝秀，北京联合大学北京学研究所所长、教授，北京市哲学社会科学北京学研究基地主任、首席专家，研究方向：历史地理学、北京学、地方学。

转变。

为面向北京培养文理科应用型人才，孔繁敏教授特别注重深化应用型教育教学思路，即适应首都北京发展需要，设置应用学科与专业；具备必要理论基础，强化实践教学，提高应用能力；重视应用研究，依托行业企业，促进产学研紧密结合；积极开展国际交流与合作，借鉴吸收优质教育资源，提升教育国际化水平。学院在调整学科专业结构布局基础上，进一步确定了以应用为导向的学科专业发展目标任务，形成了市、校、院三级学科专业建设发展滚动机制，确立了以服务北京为方向、以科学研究为动力、以重点学科为示范、以队伍建设为关键、以质量监控为保障的办学优势和特色。学校曾组织召开"应用文理学院办学道路研讨会"，推广学院应用型学科专业建设经验。

图1 应用文理学院办学道路研讨会

在不断探索与实践的基础上，孔繁敏教授主持取得了两项重要应用型科研成果。一是2006年由北京大学出版社出版的《建设应用型大学之路》一书，系统总结了学院应用型本科人才培养的途径及经验，获北京市第五届教育科学研究优秀成果二等奖（2008）。二是承担国家社会科学基金

"十一五"规划2008年度教育学重点课题子课题"做强地方本科院校",2010年完成《应用型本科人才培养的实证研究——做强地方本科院校》一书,由北京师范大学出版社出版。我国高等教育学科的创始人潘懋元先生分别为这两本书题写了"序言",其中说:"2008年6月,我带着几名博士生到北京联合大学应用文理学院进行了一周的调研。北京联合大学是中国最早定位于应用型的大学,应用文理学院更是将培养研究型人才转变为培养应用型人才的典型。"现在我国已认定高等教育培养的人才类型包括研究型、应用型、技能型三种,应用型人才是其中一种类型,应用文理学院的应用型办学成果为学校的改革发展积累了实践经验,也得到了社会认可。

图2 孔繁敏等编著《建设应用型大学之路》

图3 孔繁敏等编著《应用型本科人才培养的实证研究——做强地方本科院校》

二 坚持学以致用的科研方向

孔繁敏教授在北京大学读硕士研究生期间选择宋代兵制为研究方向,

经过系统的科研训练，他真正走上历史研究之路。1982年，他从北大研究生毕业后留校，在中国中古史研究中心工作，继续研究宋代历史和整理古籍，兼任该中心党支部书记。主要工作在学术大师邓广铭、吴小如两位先生指导下校点赵汝愚《宋名臣奏议》，从抄写原稿、查阅诸书，到斟酌考正、标点定稿，为他日后开展历史研究打下了深厚的专业文献基础。中国宋代历史研究涉及内容很多，他对包公十分感兴趣，小时候听过包公审案故事，觉得非常神奇。他在撰写硕士学位论文及校点历史文献过程中，具体搜集考证了这方面资料，并于1986年发表了《包拯年谱》一书。又经潜心研究，1998年发表了《包拯研究》一书，赢得社会广泛好评。中国宋史学会原会长王曾瑜高度评价该书"为研究包拯的大全之作，一部有高度科学性和思想性作品"。他坚持史学经世致用，在安徽电视台《新安大讲堂》主讲《千古包公》十讲，在包公的家乡合肥参与建设包公廉政文化教育馆，在包公工作地开封参与建设包公司法文化博物馆等，大力弘扬包公廉政文化。

图4　孔繁敏编著《包拯年谱》　　　　图5　孔繁敏著《包拯研究》

图6 孔繁敏在合肥包公祠考察　　图7 孔繁敏参加中央电视台纪录频道《千古包公》节目制作与点评

2001年7月13日，北京获得第29届奥运会举办权，实现了中华民族的百年奥运梦想。孔繁敏教授意识到举办奥运是我国具有里程碑意义的大事，作为市属院校应抓住历史机遇，积极为北京奥运做贡献。由孔繁敏教授策划组织，在高校率先成立了北京联合大学奥林匹克文化研究中心，国家体育总局体育文化发展中心将该研究中心确定为其下设的体育文化研究基地之一。自2007年孔繁敏教授被北京奥组委聘为首批北京奥运会、残奥会志愿者通用培训专家，在北京市高校、政府机构等开展培训数十场，受到北京奥组委表彰。他还为北京海淀区学院路高校教学共同体开设了"奥林匹克文化"选修课程。他先后主持有关奥运体育文化省部级课题3项，还获得北京奥组委招标项目，主持编写北京奥运会筹办报告。他带领写作团队历时三年多，完成《走向成功——北京奥运会组织运行工作报告》（即筹办报告）一书，作为北京2008年奥运会重要文化遗产上报国际奥委会，得到了北京奥运城市发展促进会的表彰。他表示，这紧张的三年，是他学术生涯中最费心难忘也是最感欣慰的一段经历，其事迹被收录到中共北京市委教育工委、北京市教委《我们的足迹——北京高校奥运工作先进人物事迹汇编》（北京师范大学出版社2008年版）一书中。

图8　孔繁敏参加北京奥运培训工作研讨会

图9　北京奥运城市发展促进会颁发的荣誉证书

三　热心北京学研究基地的建设与发展

北京学研究所自1998年1月成立以来，尤其是2004年9月设立北京学研究基地以后，一直以应用史学和应用地理学为两大支柱学科，同时团结校内其他相关学科师资力量完成多项服务首都高质量发展的研究课题。

2005年，孔繁敏教授于北京学研究基地成功申报获批了北京市哲学社会科学"十五"规划研究基地项目"北京体育文化发展现状及对策研究"。在此课题研究过程中，除了深入阐述北京体育文化体系及构成要素，还组织相关专业的学生对北京城区大型体育设施及利用、社区体育开展情况进行调查，为进一步开展全民健身活动提供了实证资料。课题成果《北京体育文化》一书由光明日报出版社于2011年出版。

2006年，孔繁敏教授完成北京学研究基地研究项目"北京中外体育文化的交流与发展"。他在北京体育文化研究基础上，向中央苏区体育文化研究拓展，又与原有的奥林匹克文化研究相贯通，形成体育文化研究的特色。

2011年，孔繁敏教授又获得北京学研究基地课题"北京奥运文化遗产研究"立项。依托该研究课题，产出系列研究成果，发表多篇相关研究论文。

2017年，北京学研究基地开始出版《北京学学术文库》。孔繁敏教授申报撰写《北京"双奥"绿色发展》一书，已列为《北京学学术文库》系列专著之一，由北京学研究基地资助，将于2025年正式出版。

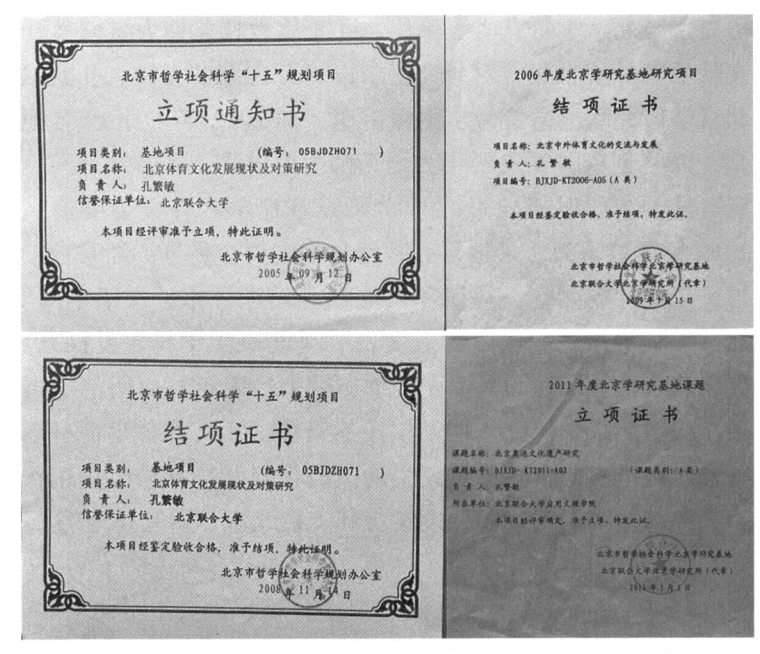

图 10　孔繁敏承担的北京学研究基地有关体育文化研究项目

图 11　孔繁敏主持编写的著作《北京体育文化研究》
《中央苏区体育文化》《奥林匹克文化研究》

孔繁敏教授长期讲授"中国古代史""中国古代政治制度史""中国传统文化专题"等课程。2006 年，北京联合大学获批增列为硕士学位授予单位，2007 年开始招收专门史硕士研究生，2019 年获批中国史一级学科硕士学位授权点，专门史、中国史一直有部分学生侧重北京学研究，导师分布在历史系与北京学研究所等单位。孔繁敏教授长期为研究生开设"中国历史文献学"课程，经常对研究生予以研究文献的指导。孔繁敏教授还曾接受北京学研究基地邀请为学生做讲座，如2012年4月19日他做客北京学讲堂，以"创新引领发展"为题为师生做讲座。

孔繁敏教授在职时担任过北京学研究基地学术委员会委员，退休后2014—2016年又被聘为北京学研究基地学术委员会委员，经常参加北京学学术研讨、工作计划制定、科研项目立项和结项评审、文稿审阅等工作。他还在北京学学术集刊等出版物上发表了《北京学学科建设探究》①《努力推动文化北京的形象建设》②等文章。后来，因年龄原因他不再担任学术委员工作，但北京学研究基地工作任务繁重，尤其是每年都有学术集刊或研究报告出版内容的审核、研究生论文的评审和指导修改等工作，他基本上每年都参与审稿等工作，持续参与和支持北京学研究基地的工作。

图12　孔繁敏受聘为北京学研究基地学术委员会委员

图13　讲授研究生"中国历史文献学"课程

退休后的孔繁敏教授依然保持着对党和教育事业的忠诚与热爱，继续坚持研究与写作。在北京市教育系统关工委2024年"读懂中国"活动中，北京地区63所高校共征集报送微视频249部，其中21部获评微视频一等奖，北京联合大学关工委推荐的孔繁敏教授《钟爱教育》微视频名列其中。

---

① 孔繁敏：《北京学学科建设探究》，载《专家学者谈北京学》，学苑出版社2018年版，第228—232页。

② 孔繁敏：《努力推动文化北京的形象建设》，载《北京学研究文集2006》，同心出版社2006年版，第57—66页。

孔繁敏教授以顾炎武的名句励志："苍龙日暮还行雨，老树春深更著花！"他以老黄牛的献身精神律己：退休不停步、继续往前走！

图14　2016年孔繁敏教授荣获"老教授事业贡献奖"

图15　退休后坚持研究写作

余　记

孔繁敏教授在应用文理学院任职25年，担任学院领导职务14年，先后任副院长、院长和党委书记。我在学院党委、行政领导班子与他共事八年多，他一直是我尊重的领导、学习的榜样，我从他身上学到了很多东西。

孔繁敏教授是一位学者型领导，具有较高的政策理论水平和业务素养。他坚定不移地贯彻落实党的教育方针，注重发挥党员模范带头作用，思想作风过硬，胸怀坦荡，宽厚待人，严格律己，温文尔雅，善于团结同志，营造民主和谐的工作氛围。他工作思路清晰，经验丰富，重点突出，能够较好地把握工作节奏，为推进学院各项事业的发展做出了突出贡献。他在学术研究上非常勤奋，努力钻研，肯下功夫，在史学、高等教育、奥林匹克文化研究领域都取得了丰硕的研究成果，具有较高的学术地位和社会影响力。作为一名教师，他教书育人，学风严谨，备课认真，讲课特别注重运用丰富史料，条分缕析，深入浅出，得到同行和学生们的高度认可。

我进学院领导班子担任副院长的时候，孔繁敏教授任院长，我在他的直接领导下工作，获益良多。他推动我深入开展高等教育应用型人才培养及学科专业建设研究，他主编的《建设应用型大学之路》一书2008年获北京市第五届教育科学研究优秀成果二等奖，我是获奖成员之一，2010年他主编完成由北京师范大学出版社出版的《应用型本科人才培养的实证研究——做强地方本科院校》一书，我是副主编，这些都是他引领我学习和成长的成果。

我接替孔繁敏教授担任院长的时候，他任学院党委书记，我们搭班子一起工作近三年，其间我们党政团结、工作和谐愉快。作为一位年长我十几岁的老领导，他大力支持我的工作，如支持我整合、增加学院实验教学资源，带领申报北京市级、国家级应用文科综合实验教学示范中心，为应用文科、应用理科的发展奠定了更为坚实的基础。

图16　2009年北京联合大学应用文理学院党委集中学习合影
（左三为党委书记孔繁敏，左四为院长张宝秀）

我自2008年6月接任北京学研究所所长、北京学研究基地主任以来，工作上得到了孔繁敏教授持续的支持和帮助。他主持承担北京学研究基地的研究课题、发表文章、撰写著作、参加项目评审、审阅文稿、开展讲座等，基本上是有求必应，而且每次都是按时、认真、高质量完成任务，是颇受北京学研究所同事们欢迎和尊敬的专家。

在此我要向孔繁敏教授多年来对我的培养、提携和工作上的支持、帮助表示衷心的感谢！